[挪威] 克丽丝廷·布鲁兰（Kristine Bruland）等 编

马国英 译

重说工业革命的经济史

REINVENTING THE ECONOMIC HISTORY OF INDUSTRIALISATION

中国科学技术出版社
·北 京·

北京市版权局著作权合同登记 图字：01-2021-4355。

图书在版编目（CIP）数据

重说工业革命的经济史 /（挪威）克丽丝廷·布鲁兰
（Kristine Bruland）等编；马国英译. —北京：中国
科学技术出版社，2022.3

书名原文：Reinventing the Economic History of
Industrialisation

ISBN 978-7-5046-9425-6

I.①重⋯ II.①克⋯ ②马⋯ III.①产业革命—研
究 IV.① F419

中国版本图书馆 CIP 数据核字（2022）第 015956 号

总 策 划	秦德继		
策划编辑	申永刚 刘 畅	责任编辑	申永刚
封面设计	仙境设计	版式设计	锋尚设计
责任校对	焦 宁	责任印制	李晓霖

出 版	中国科学技术出版社
发 行	中国科学技术出版社有限公司发行部
地 址	北京市海淀区中关村南大街 16 号
邮 编	100081
发行电话	010-62173865
传 真	010-62173081
网 址	http://www.cspbooks.com.cn

开 本	880mm×1230mm 1/32
字 数	283 千字
印 张	14.25
版 次	2022 年 3 月第 1 版
印 次	2022 年 3 月第 1 次印刷
印 刷	北京盛通印刷股份有限公司
书 号	ISBN 978-7-5046-9425-6/F·978
定 价	88.00 元

目 录

绪　论

　　自19世纪80年代"工业革命"的概念成为英文学术用语以来，工业化和经济变迁一直就是通俗的和学术性历史著作的核心内容。[1]随着时间的推移，工业革命和工业化的概念成为经济史领域的基础性论题。[2]保尔·芒图（Paul Mantoux）、约翰·哈罗德·克拉潘（John Harold Clapham）、托马斯·索思克利夫·阿什顿（Thomas Southcliffe Ashton）等人的著作相继使工业化的经典主题脱颖而出：西欧的商业扩张、纺织品生产的机械化、工厂的兴起、煤和铁的生产、蒸汽机的广泛应用、劳工的无产阶级化，以及工业资本主义的产生与扩散。[3]这些都是第二次世界大战以后（后文简称"战后"）经济史研

---

① Arnold Toynbee, *Lectures on the Industrial Revolution in England* (London: Rivingtons, 1884).

② 关于工业革命历史的概述，参见David S. Landes, "The Fable of the Dead Horse; or, The Industrial Revolution Revisited", in *The British Industrial Revolution: An Economic Perspective*, ed. Joel Mokyr (Boulder, Co: Westview Press, 2nd ed., 1999), 128–59.

③ Paul Mantoux, *The Industrial Revolution in the Eighteenth Century* (London: Jonathan Cape, 1928); J.H.C lapham, *An Economic History of Modern Britain* (Cambridge: Cambridge University Press, 1926–38); T.S. Ashton, *The Industrial Revolution, 1770–1830* (Oxford: Oxford University Press, 1948).

究议题的核心内容，在英国尤为如此，当时，工业革命是所有历史专业学生所学习的重要问题。菲利斯·迪恩（Phyllis Deane）、彼得·马赛厄斯（Peter Mathias）、埃里克·霍布斯鲍姆（Eric Hobsbawm），以及之后尼克·克拉夫茨（Nick Crafts）、马克辛·伯格（Maxine Berg）和帕特·赫德森（Pat Hudson）的文稿有助于这个话题在学术界和教学之外得到普及。[1]20世纪70年代是观念发生改变的十年。1983年彼得·马赛厄斯在其著名的论著《第一次工业革命》（*The First Industrial Revolution*）第二版序言中指出，自该书20世纪60年代末第一次出版以来，"所谓的经济史其本质一直在经历着翻天覆地的变化"。鉴于经济史在接纳多种多样的新方法方面富有魅力，间或也有吸引力不足的时候，马赛厄斯将这种变化归因于计算机技术的使用和计量史学的兴起。[2]他的这一观点

---

[1] Phyllis Deane, *The Industrial Revolution* (Cambridge: Cambridge University Press, 1965); Eric Hobsbawm, *Industry and Empire: From 1750 to the Present Day* (London: Penguin, 1969); Peter Mathias, *The First Industrial Nation: An Economic History of Britain, 1700–1914* (New York: Charles Scribner's Sons, 1969); N.F.R. Crafts, *British Industrial Revolution in an International Context* (Oxford: Clarendon, 1985); Maxine Berg, *The Age of Manufactures, 1700–1820: Industry, Innovation and Work in Britain* (London: Fontana, 1985); Pat Hudson, *The Industrial Revolution* (London: Edward Arnold, 1992).

[2] Peter Mathias, *The First Industrial Nation: An Economic History of Britain, 1700–1914* (London: Routledge, 2nd ed., 1983), preface.

得到了后人的认同。如今，工业革命以及更广泛地说是经济史称不上一如其在20世纪五六十年代那样，博得公众关切。工业革命的概念本身就遭到了业内人士的批评，经济学家和后现代文化史学家对其均有批判；与此同时，许多已刊发的研究成果越来越技术化和统计化，对普通读者而言，它们变得晦涩难懂。然而，工业革命依旧十分重要，其原因恰恰是我们对工业化进程的看法发生了改变，在国家层面和全球层面均是如此。本书反思了上一代经济史学家所关注的主要议题，以我们对转型的理解的四个主要的观点作为基础，并提出了一个工业化的新观点。

　　工业革命研究方法上的第一个重大改变是曾经被视为局限于英国某地的现象，现在却被认为已经超越了英国甚至欧洲的边界。长期以来，经济史学家提出了一个"传播论"的故事，它的基础是18世纪后半叶英国生产的机械化，并且在接下来的两个世代里这一机械化过程扩展到欧洲大陆和北美，在19世纪和20世纪到达"发达世界"的其他部分。这个古老的说词认为，欧洲（尤其是英国）与世界其他部分之间缺少积极的互动联系，其他地方的变革也未影响到西欧技术和组织的变革。工业革命是从领先国家特有的天赋、技能和见解中发展起来的。在过去的20年，全球史为反驳这一观念做了很多工作，主张对工业革命加以诠释，以及更加宽泛地对长期经济变迁进行解读，认为这一经济变迁依赖于技术创新、有用和可靠的知识，以及塑造全球需求和市场力量方面的全球间联系。[①]
甚至欧洲中心论近期的成果也不得不承认，只有在明确的全球
背景下才能理解工业革命。

第二，在过去的20年，围绕大分流的争论在全球范围内
对工业化进行重新定义，并且采用比较的分析框架，基于此，
它已经对普遍接受的英国和欧洲工业化的进程提出了质疑。彭
慕兰（Kenneth Pomeranz）大分流的概念证实了限定在18世
纪后半叶的一个传统的时间框架，[②]然而，不少学术研究对此
提出疑问，所给出的解释认为工业化与诸如前原始工业化、行
会的作用和"勤勉革命"等过程相关。[③]现在，工业化和前工

[①] 例如，参见艾伦等的研究成果：Robert C. Allen, *The British Industrial Revolution in Global Perspective* (Cambridge: Cambridge University Press, 2009); Joel Mokyr, *The Enlightened Economy: Britain and the Industrial Revolution 1700–1850* (London: Penguin, 2009); and Joel Mokyr, *A Culture of Growth: The Origins of the Modern Economy* (Princeton: Pinceton University Press, 2017). 另见Laura Cruz and Joel Mokyr, eds., *The Birth of Modern Europe: Culture and Economy, 1400–1800: Essays in Honor of Jan De Vries*(Leiden: Brill, 2010); and Jan Luiten, van Zanden and Pim de Zwart, *The Origins of Globalization: World Trade in the Making of the Global Economy, 1500–1800* (Cambridge: Cambridge University Press, 2019).

[②] Kenneth Pomeranz, *The Great Divergence: China, Europe, and the Making of the Modern World Economy* (Pinceton: Princeton University Press, 2000).

[③] Jan de Vries, *The Industrious Revolution: Consumer Bebavior and the Housebold Economy, 1650 to the Present* (New York: Cambridge University Press, 2008); S.R. Epstein and Maarten Prak, eds, *Guilds, Innovation and the European Economy, 1400–1800* (Cambridge: Cambridge University Press, 2009).

业化之间的界线不仅没有上一代人所认为的那么显著，而且随着时间的推移，其连续性、制度的持久性以及经济变革的各个方面本身已经成为研究的主题。[①]

关于大分流的争论，以及它对我们理解全球发展历程的影响，是对第一代尝试通过宏观经济估计和外推（特别是对不同国家，不同时段的人均国内生产总值的变化进行估计和外推），来比较衡量增长和变化并进行批判而产生的。这是自20世纪60年代以来，作为工业化研究关键特征出现的第三个方法论分支，它已经成为许多在国家层面和全球比较的层面研究工业化的著名经济史学家工作的中心。这些经济史学家包括简·卢滕·范·赞登（Jan Luiten Van Zanden）、保罗·马拉尼玛（Paolo Malanima）、利安德罗·普拉多斯·德·拉·埃斯库拉斯（Leandro Prados de la Escosura）、罗伯特·艾伦（R.C. Allen）和史蒂芬·布劳

[①] Giorgio Riello and Tirthankar Roy, "Introduction: Global Economic History,1500– 2000", in *Global Economic History* eds. Tirthankar Roy and GiorgioRiello (London: Bloomsbury, 2019), 15.

德伯利（Stephen Broadberry）。[1]已故的安格斯·麦迪森（Angus Maddison）从20世纪70年代开始从事GDP比较研究，在其公布的GDP估计值的基础上，尼克·克拉夫茨在20世纪80年代中期首次对工业化期间英国的经济增长估计出了新的数值。在随后的十年中，他与尼克·哈雷（Knick Harley）合作，对这些估算进一步予以完善。[2]他强调在传统的工业革

---

[1] Leandro Prados de la Escosura, ed., *Exceptionalism and Industrialism: Britain and Its European Rivals, 1688–1815* (Cambridge: Cambridge University Press, 2005); Jan Luiten van Zanden, *The Long Road to the Industrial Revolution.The European economy in a global perspective, 1000–1800* (Leiden: Brill, 2009); Paolo Malanima, "The Long Decline of a Leading Economy: GDP in Central and Northern Italy, 1300–1913," *European Review of Economic History* 15 (2011): 169–219; Allen, *British Industrial Revolution*; Robert C. Allen, J.P. Bassino, Debin Ma, C. Moll-Murata, and Jan Luiten van Zanden, "Wages, Prices and Living Standards in China, 1738–1925 Compared with Europe, India and Japan", *Economic History Review* 64, Supplement (2011): 8–38; Jan Luiten van Zanden and Bas van Leeuwen, "Persistent but Not Consistent: The Growth of National Income in Holland 1347–1807", *Explorations in Economic History* 49, no. 2 (2012): 119–30; Carlos Alvarez-Nogal and Leandro Prados de la Escosura, "The Rise and Fall of Spain (1270–1850)", *Economic History Review* 66, no. I (2013): 1–37; Stephen Broadberry, Bruce M.S. Campbell, Alexander Klein, Mark Overton, and Bas van Leeuwen, *British Economic Growth, 1270–1870* (Cambridge: Cambridge University Press, 2015).

[2] Angus Maddison, *Contours of the World Economy 1–2030 AD: Essays in Macro-economic History* (Oxford: Oxford University Press, 2007). 如需更多最新情况，请参阅在格罗宁根大学格罗宁根增长与发展中心开展的麦迪森项目：https://www.rug.nl/ggdc/historicaldevelopment/maddison/; N.F.R. Crafts, *British Economic Growth during the Industrial Revolution* (Oxford: Oxford University Press, 1985); N.F.R. Crafts and C. Knick Harley, "Output Growth and the Industrial Revolution: A Restatement of the Crafts-Harley View", *Economic History Review* 45, no.4 (1992), 703–30.

命时期，整体增长非常缓慢，亦即这种变化在19世纪之前并不显著，与之前的观点大相径庭。后来的学者们延续了这种新渐进主义者对西方工业化长期发展所作的诠释，他们认为，英国和低地国家在工业革命之前的几个世纪里就有了显著的增长和变化，以至于他们已经超越了中国，最起码英国在17世纪之前已经打破了马尔萨斯人口增长的上限。[①]英国国内生产总值估计值以及比较工资和价格估计值的可靠性经常受到质疑，尤其是在用于比较时，因为需要使用标准购买力平价，并将其折合为白银（它们本身容易出错）。然而，在最近的因果分析中，还是采用了总体衡量指标广泛的相关性，最突出的例子是，证明了高工资在英国的重要性——它刺激了变革。[②]

在麦迪森的研究项目中，西方对中国、亚洲其他区域以及非洲GDP的估算存在疑问，这促成了许多新研究，并引发了大分流的争论。但是，它们也促使那些对估计值和汇集者的结论不满的历史学家们将分析转移到其他层面和主题上来。就英国而言，随后出现了一系列采用区域性和地方性方法的研究，它们关注工业化积聚、家庭工作单位、童工以及错综复

[①] Van Zanden and van Leeuwen, "Persistent but Not Consistent"; Broadberry, Campbell, Klein, Overton, and van Leeuwen, *British Economic Growth*.

[②] Allen, *British Industrial Revolution*; Robert C. Allen, "The High Wage Economy and the Industrial Revolution: A Restatement", *Economic History Review* 68, no. 1 (2015): 1–22.

杂的家庭收入。^①将这些因素放在一起，有助于在标准的西方工业化史学中创造出一个并行的传统，并且有助于对仅仅依靠总量宏观估计，以及仅只是巧妙利用统计就得出结论提出批判。马克辛·伯格有意识地将她的著作置于这种并行的传统和批判中，这在她1992年的文章《复原工业革命》（*Rehabilitating the Industrial Revolution*）之前就已开始，并在这篇文章中对此表示认可。^②

最后，上一代人已经见证了经济史内外在如何将工业革命和工业化进行概念化方面所发生的显著变化。经济史中计量史学和量化的方法现在与跨学科的方法一道，将经济史、文化史、物质史整合在一起。工业化不再仅被认为是企业家、工厂和经济增长的专属领域，它还包括与消费者、需求和物质产品

① 其中有：Pat Hudson, *Regions and Industries: A Perspective on the Industrial Revolution in Britain* (Cambridge, Cambridge University Press, 1989); and Pat Hudson, "Industrial Organisation and Structure", in *The Cambridge Economic History of Modern Britain*, I: 1700–1870, eds. Roderick Floud and Paul A. Johnson (Cambridge: Cambridge University Press, 2004), 28–56; Maxine Berg, "Women's Work and the Industrial Revolution", in *New Directions in Economic and Social History*, eds. Anne Digby, Charles. Feinstein, and David C. Jenkins (London: Palgrave, 1992), 23–36; Jane Humphries, *Childhood and Child Labour in the Industrial Revolution* (Cambridge: Cambridge University Press, 2010); Jane Humphries and Sarah Horrell, "Women's Labour Force Participation and the Transition to the Male Breadwinner Family 1790–1865", *Economic History Review* 48, no. 1 (1995): 89–117; Jane Humphries and Sarah Horrell, "Old Questions, New Data and Alternative Perspectives: Families' Living Standards in the Industrial Revolution", *Economic History Review* 52, no. 4 (1992): 849–89.

② Maxine Berg and Pat Hudson, "Rehabilitating the Industrial Revolution", *Economic History Review* 45, no. 1 (1992): 24–50.

的接触。这使经济史领域的范围得以扩展，并与人类学、社会学和行为经济学等多种其他学科相结合。[1]

经济史学科的运作方式（例如从国家框架到全球框架）及其所采用的概念和工具（例如从以供给为导向的分析到包含需求的解释模型）的变化，以及它变得专注于有用且适用的知识，这些变化可能是历史潮流变化的结果，也可能是当代关切提出新问题的结果，正如30多年前大卫·坎纳丁（David Cannadine）所言。[2]然而，本书证明特定的历史学家在重写这一议题方面发挥了影响，书中汇集了他们中的一些人，以反思在21世纪经济史的书写方式，并将其与新一代历史学家的贡献放在一起进行讨论，而后者正从截然不同的角度来对这一领域重新进行书写。他们将一个"非常英国化的故事"改写成了一个在全球层面上具有相关性的故事，不仅强调了工业化的全球后果，而且强调了工业化的全球起源。他们向史学同仁发出挑战，要求他们"跳出框框"去思考，考虑诸如印度棉纺织品或中国瓷器这样的奢侈品如何能够不仅只在技术变革的过程中至关重要，而且在从亚洲到欧洲的物质和"感知"转移的过程中也必不可少，它们塑造了欧洲工业"追赶"的过程。

马克辛·伯格所做的努力在所有的这些发展中都有着举

---

[1]　Pat Hudson and Francesco Boldizzoni, eds., *The Routledge Handbook of Global Economic History* (London: Routledge, 2015), esp. Introduction.

[2]　David Cannadine, "The Present and Past in the English Industrial Revolution, 1880–1980", *Past & Present* 103 (1984): 131–72.

足轻重的影响，她在重塑工业革命概念的过程中所起到的作用闻名遐迩。自20世纪80年代以来，马克辛·伯格已经撰写了包括《机器问题和政治经济学的形成》(*The Machinery Question and the Making of Political Economy*)、《制造业时代（1700—1820）》(*The Age of Manufactures, 1700—1820: Industry, Innovation and Work in Britain*)和《奢侈与逸乐》(*Luxury and Pleasure in Eighteenth century Europe*)在内的论著，含义深远，她还编撰了一系列同样有着重要意义的著作和论文集。经济史研究领域女性为数不多，马克辛·伯格位列其中，她在这个由男性主导的领域得到了认可，半个世纪以前，她精彩传记的主人公艾琳·鲍尔（Eileen Power）也是如此。[1]马克辛·伯格提出的观点假定工业革命是一个"开放"的过程，基于与前工业化经济以及更广泛的世界存在深刻的联系。她对更广泛的经济史领域的启发和贡献影响深远，她主张在文化母体内理解经济变化，可能比其他任何经济史学家都要积极。马克辛·伯格促使我们所有人将经济史看作是一个需要更为全面了解过去的领域，而不是将其视为一个独立的研究领域（在经济学和历史学之间处境尴尬）。因此，她认为经济史应该成为所有历史学家以及任何一位从事人文学科研究的学者词汇的一部分。

本书围绕4个主题展开，反映了马克辛·伯格学术研究的各个阶段。"制造业的时代"以马克辛·伯格所谓"另一场工业革

---

[1] Maxine Berg, *A Woman in History: Eileen Power, 1889–1940* (Cambridge: Cambridge University Press, 1996).

命"这一问题作为开端，这是一场由工具、小型机器、熟练劳动力以及妇女和儿童的贡献所引发的革命。"机器的时代"则强调技术在工业化和去工业化叙事中的作用，突出欧洲以外新的空间地理。"奢侈品的时代"将我们的注意力由以供给为主导的叙事转移到不仅要考虑消费，还要考虑消费对制造和零售技术的影响上来。最后，"全球贸易的时代"使我们在全球范围内重新审视工业革命，将最近的全球史与经典的工业化叙事联系起来。

制造业的时代

在本书的第一部分对马克辛·伯格学术研究中突出的、一系列核心且又反复出现的问题予以强调：作为工业革命特征的制造业其本质上的创新；手工技艺在经济发展中的作用；技术知识的积累和传播；缺少从家庭和车间生产到工厂制造的线性转变；在全球不同地区产生持久的半农业形式或者"原始工业"制造业的地缘政治和经济环境。马克辛·伯格最初在其早期关于技术和机械的著作中提出了这些问题，在她开创性的著作《制造业时代》中充分地进行了论证，并在其对英国工业革命期间家庭和工场制造详尽的研究中继续关注这些问题。[1]马克辛·伯格最近对卡奇（Kutch，印度地名）妇女和家庭在

---

[1]　Maxine Berg, *The Age of Manufactures, 1700–1820: Industry Innovation and Work in Britain* (London: Routledge, 2nd ed., 1994); Maxine Berg, "Small Producer Capitalism in Eighteenth-Century England", *Business History* 35, no. 1 (1993): 17–39; Berg and Hudson, 'Rehabilitating the Industrial Revolution'.

外包生产及小工场单元进行的现代纺织加工进行了探索，她强
调资本密集型大规模生产的全球替代方案一直存在，本书的这
一部分会谈到这一点。[1]

马克辛·伯格早期探究英国工业化特征的重要成果在20
世纪八九十年代发表，向主流研究提出了挑战，这些研究仅
仅关注增长的宏观经济方面，包括工业产出、生产率、投资
水平和海外贸易，得出的结论认为，经济增长是渐进的，体
现了早期工作在趋势和传统上的持续性。马克辛·伯格密切
关注实实在在的变化，并且将她的实证分析集中于伯明翰
（Birmingham）和谢菲尔德（Sheffield）的金属业和其他行
业，基于此，她与一小群志趣相投的"原始工业化"和"大规
模生产替代方案"的历史学家们一起，向这样的一种观点提出
了挑战，即彻底的变革主要局限于经济的一个关键部门（棉纺
织业），而其他地方的变化是缓慢且平淡无奇的。[2]

通过仔细研究区域专业化和行业集群方面的创新、小作坊

[1] Maxine Berg, "Useful Knowledge, Industrial Enlightenment and the Place of India", *Journal of Global History* 8, no. 1 (2013): 117–41; Maxine Berg, "Craft and Small-Scale Production in the Global Economy", *Itinerario* 37, no. 2 (2013): 23–45; Maxine Berg, 'Skill, Craft and Histories of Industrialization in Europe and Asia', *Transactions of the Royal Historical Society* 24 (2015): 127–48.

[2] Michael J. Piore and Charles F. Sabel, *The Second Industrial Divide* (New York: Basic Books, 1984); Charles F. Sabel and Jonathan Zeitlin, "Historical Alternatives to Mass Production", *Past & Present* 108 (1985): 133–76; Charles F. Sabel and Jonathan Zeitlin, eds., *World of Possibilities: Flexibility and Mass Production in Western Industrialization* (Cambridge and New York: Cambridge University Press, 1977).

开发的产品和工艺的改进，以及包括妇女和儿童在内的工业劳动力的特殊技能和适应能力，马克辛·伯格认为，工业革命期间的变革确实是革命性的，这一观念应该得到复兴。在经济转型过程中，除机器之外她还强调小型生产单位的活力和专业的手工技艺。这使得她也要考虑这种劳动密集型和技能密集型（而非资本密集型）手工业的生存能力和持久性，这种生产形式一直持续到现在，且在全球各地都存在。在这些地方，政治、经济和社会环境影响着生产要素的供给和相对成本，也影响着当地和远距离贸易中对特定种类产品的需求。[1]

乔尔·莫基尔（Joel Mokyr）、摩根·凯利（Morgan Kelly）

---

[1] Maxine Berg, *The Machinery Question and the Making of Political Economy* (Cambridge: Cambridge University Press, 1980); Maxine Berg, Pat Hudson, and Michael Sonenscher, eds., *Manufacture in Town and Country before the Factory* (Cambridge: Cambridge University Press, 1983); Maxine Berg, ed., *Markets and Manufacture in Early Industrial Europe* (London: Routledge, 1990); Crafts, *British Economic Growth*; Charles Sabel and Jonathan Zeitlin, "Historical Alternatives to Mass Production: Politics, Markets and Technology in Nineteenth-Century Industrialisation", *Past & Present* 108 (1985): 133–76; Berg, "Small Producer Capitalism"; Berg, *Age of Manufactures*; Maxine Berg, "The Genesis of Useful Knowledge", *History of Science* 45, no. 2 (2007), 123–33; Berg and Hudson, "Rehabilitating the Industrial Revolution"; Maxine Berg and Pat Hudson, "Growth and Change: A Comment on the Crafts-Harley View of the Industrial Revolution", *Economic History Review* 47, no. 2 (1994), 147–9; Maxine Berg, *Luxury and Pleasure in Eighteenth century Europe* (Oxford: Oxford University Press, 2005); Maxine Berg, "The British Product Revolution of the Eighteenth Century", in *Reconceptualizing the Industrial Revolution*, eds. Jeff Horn, Leonard Rosenband, and Merritt Roe Smith (Cambridge, Ma: Mit Press, 2011), 47–66.

和寇马克·欧葛拉达（Cormac Ó Gráda）赞赏马克辛·伯格对手工技艺和知识的重视，他们提出了这样一个问题，即工匠和他们熟练的手工劳动是否应该被看作英国工业领先地位主要的推动者。他们考虑了使聚集在英国工业地区熟练的技工得以迅速增加的条件（工资水平、营养、隐性知识的积累和启蒙文化）。他们认为，纺织行业的特殊之处在于它们需要正规科学的投入很少，但在整体经济的其他部分，如果没有注入新的命题性知识（propositional knowledge），就会出现手工改进的报酬递减。莉莉安·希莱尔-佩雷斯（Liliane Hilaire-Pérez）还探究了工匠作为创新技术的创始人和传播者的作用，认为对其贡献的评价取决于重新认识"工艺学"一词在18世纪，特别是在分包、生产和设计的协调以及改造和调整消费品的过程中作为"有用的知识"和"有效的行动"的旧含义，技术活动是有机的：手工发明不仅限于隐性的专门知识，还可能使人们对工作有综合的理解，将其视为一套行之有效的原则。

在凯特·史密斯对18世纪斯塔福德郡（Staffordshire）制陶技艺工作实践的考察中，她展示了知识在工作场所中如何进行传播，这促进了产品和工艺创新，使质量标准化，促使对工具进行调整，并且进一步提高了技能。她所举的例子，是妇女和儿童所使用的脚踏车床的引进和改进。威治伍德（Wedgwood）作为产品创新和设计方面领先的企业家，采取措施来确保这种手工知识不会通过观察或者通过熟练工人的流动而传播给竞争对手。

帕特·赫德森的那一章对处在全球竞争和变革环境下，长期存续的小规模半农村制造业进行了研究。她强调了威尔士纺织业的文化和政治背景、路径依赖，以及农村手工形式的持久性。她展示了在面向全球、服务于完全不同的经济和社会目的的资本主义企业面前，能够让这种半农手工形式持续存在的条件是如何逐渐被破坏掉的。大卫·沃什布鲁克（David Washbrook）的章节还探讨了两个多世纪以来小规模制造业得以持续存在的逻辑。西方有将现代性视为一种单线性或同质性过程的倾向，印度经验对此提出挑战。首先，不应将印度的纺织部门理解为对环境条件作出了适应性反应，包括市场划分，以及将种姓、性别和亲属关系纳入其中，作为促进企业经营的工具，而不是作为阻碍企业发展的工具。

整体而言，第一部分的五个章节说明了地方与全球的相互作用，阐释了工业化、创新和组织变革交织的时间线索甚至包括全球变革的"核心"领域。同时，还说明了跨学科方法对于理解制造业的本质，以及跨越全球空间和数百年时间的工业区域其产品所包含的专业知识方面的重要程度。

机器的时代

早期的工业化史学受困于严重依赖用新技术（这些新技术大部分是在英国发展起来的）来解释变革和增长，没有充分考虑这些技术是如何存在或怎样产生影响的。技术通常被视为纯粹的人工制品，而组织变革和工厂是技术变革的结果。此外，值得一提的技术并没有多少：工业化只是几处关键的创新，比如蒸汽动力和重要的纺织创新。在国际上，工业化被认为是从英国扩散开来的，是对先行者进行模仿。

围绕着这些争论的难点，在20世纪70年代早期学界开始从多个维度释疑。第一，随着哈里·布雷弗曼（Harry Braverman）《劳动与垄断资本》（*Labor and Monopoly Capital*）一书的出版，工作场所的冲突成为焦点，该书集中探讨了将技术投入使用的劳动过程，并探究了管理危机、社会冲突，以及技术变革固有的无序性。[1]第二，是从痴迷于大型的工艺技术转向产品创新和消费的复杂跃迁，这促使对更为广泛的技术领域，包括农业、食品加工、小型金属制造、服装生产和家用设备制造业进行探索。第三，更广泛的组织形式，比如原始工业化、小作坊和苦汗产业被给予了更多的关注。第四，从关注英国，将其作为一个典范和领先的经济体，转变成一种更为复杂的全球经济观，即将全球经济视为一个一体化的技术和经济综合体，这一重要转变在很大程度上要归功于帕特里克·奥布莱恩（Patrick O' Brien）。[2]

马克辛·伯格围绕着这四个认知转变为重写经济史做

---

[1] Harry Braveman, *Labor and Monopoly Capital: The Degradation of Work in the Twentieth Century* (New York: Monthly Review Press, 1974).

[2] 全球经济史网（GEHN），伦敦政治经济学院.

出了贡献。在她最早的著作《19世纪英国的技术与辛劳》
（*Technology and Toil in Nineteenth Century Britain*）里汇
集了关于劳动过程与冲突的原始材料。[①]另外两部著作着眼
于机器的经济意义和政治意义，以及机器对跨行业工作的影
响。[②]她并未忽略纺织技术，而是强调这些技术中的活动和组
织形式极其多样，她将这一点延伸到了农业以及"小型金属行
业"丰富多彩的活动中。在马克辛·伯格的研究之前，金属制
造业广阔的世界被严重忽视了。最后，马克辛·伯格在重塑经
济史，将其纳入新的全球语境方面发挥了重要作用。

　　这些主题在本书第二部分关于机器的章节中有所反映。
简·德·弗里斯（Jan de Vries）重新探讨了原始工业化的概
念，这个术语影响很大，却饱受批评，简·德·弗里斯强调，
自从最初提出原始工业化的概念以来，我们了解了欧洲各地早
期的制造业对人口和文化的影响，以及基于与增长理论同步发
展的理论方向。于是出现了一种工业增长的社会和组织背景，
它为人们更深入、更广泛地理解变革提供了一条途径。帕特里
克·奥布莱恩强调了认真理解"宏观"纺织发明的重要性，
但实际上"经济学家和历史学家都缺乏一种技术进步理论，

---

① Maxine Berg, ed., *Technology and toil in nineteenth century Britain: Documents* (London: CSE Books, 1979).

② Maxine Berg, *The Machinery Question and the Making of Political Economy, 1815–1848* (Cambridge: Cambridge University Press, 1980); and Maxine Berg, *The Age of Manufactures*.

无法对机械化的这个早熟的范例作出解释"，使得这项任务难以完成。奥布莱恩摒弃了许多对创新不恰当的解释，特别是那些认为创新是对经济或技术压力作出自动反应的机械模型（mechanistic model）。他着眼于发明者本身，试图将他们的代理人定位为处在特定的手工艺和技术环境里，并且处在经济和地缘政治变革背景下的创新者。

佐藤修（Osamu Saito）分析了李嘉图和希克斯提出的"机器问题"，具体而言，就是机器的劳动力替代效应是否通过增加机器制造部门的就业得到补偿。他研究了5个国家的劳动力数据，发现部门间的劳动力转移比人们通常想象的要复杂。职业结构的变化很大程度上要受人口增长的影响，因此，尽管初级产业部门中的就业份额下降了，其聘用的劳动力可以有绝对的增长。在很长一段时间内，第二产业的增长可以忽略不计。最重要的是，佐藤修确定了机械化对劳动力的影响只能从性别角度来理解：主要是女性的职业受到了损害，这一过程导致第二产业中大量的女性被替换。这反过来又影响着苦汗产业和第三产业就业的增长。最后，在克丽丝廷·布鲁兰（Kristine Bruland）和基斯·史密斯（Keith Smith）所著的章节，探讨了一项重大的纺织发明——走锭纺纱机，它能自动纺纱，（在当时）被广泛认为是一项划时代的发明。然而，它扩散得很慢。要理解这一点，就需要认识创新得以显露之后富于冲突和斗争的背景。熟练的纺纱工人被自动化淘汰了，实际上他们也是生产的管理者，由其组织并管教辅助工：这种管教的职能不容易被取代。

因此，自动纺纱机在雇主和劳工之间持续的斗争中成为一种威慑性武器，只有在劳资纠纷和管理上出现紧急状况时才被采用。

这些章节跟随马克辛·伯格的脚步，对建立在未经理论化的概念之上，认为大规模的技术变革是18世纪以来工业增长驱动力的工业化史学进行了批驳。一方面，欧洲在前工业时期发生了广泛的变革，特别是在新的市场定位和不断变化的工作组织方面；另一方面，已经发生了的真正具有革命性的创新，有着强大的社会历史背景，影响着创新和传播的过程。

奢侈品的时代

在20世纪80年代，经济历史学家面临着挑战，需要在现有供给主导的模式之外重新思考他们对变革的叙述。社会史和文化史领域新的学术成果认为，消费在前现代社会和当代社会一样，都处于中心地位。一些人认为，"消费革命"可与18世纪末的政治革命和工业革命相提并论，这场革命重塑了欧洲社会。然而。马克辛·伯格近来观察到，"在经济史学家中，除了少数例外，一直不愿对经济变化中的消费加以分析"。[1]马克辛·伯格是非常重视消费及其与工业化关系的经济史学

---

[1] Maxine Berg, "Consumption and Global History in the Early Modern World", in Roy and Riello, *Global Economic History*, 118. A major contribution to the theoretical and historical understanding of consumption is Marina Bianchi, ed., *The Active Consumer: Novelty and Surprise in Consumer Choice* (London: Routledge, 1998).

家群体中的一员，他们人数不多，但很重要。这个新学者群体——其中有许多女性经济史学家——开始对制成品离开工厂后所发生的事情产生了兴趣，而不是对基于一般品类（棉花、煤炭、金属制品等）供应的工业生产加以考量。他们研究了商品是如何被分销和零售的，以及它们是如何影响人们的品位和偏好的，还研究了消费这些商品的人的身份和习惯。[1]

如今，有大量的文献对经济史和消费史的融合进行了研究，既有实证研究，又有理论研究。简·德·弗里斯"勤勉革命"的概念，是将生产、劳动和消费连接起来的一种方式。他认为，从17世纪末开始，消费水平的提高和消费模式的扩展都很明显，这是妇女以及更一般地讲是家庭更多地参与市场交换的结果。马克辛·伯格在1993年发表的一篇关于女性财产和工业革命的文章中，就已经对这一点进行了实证研究。德·弗里斯的模型对诠释欧洲原始工业和工业之间的联系至关重要。[2]德·弗里斯关注的是消费者需求的主要方面，而伯格则强调了奢侈品在欧洲经济转型中的中心地位。

这场争论后来被称为"奢侈品之争"，它说明了这样一

[1] 具体见Joan Thirsk, Economic Policy and Projects: *The Development of a Consumer Society in Early Modern England* (Oxford: Clarendon, 1978); Margaret Spufford, *The Great Reclothing of Rural England: Petty Chapmen and their Wares in the Seventeenth Century* (London: Hambledon, 1984); Beverly Lemire, *Fashion's Favourite: The Cotton Trade and the Consumer in Britain, 1660–1800* (Oxford: Oxford University Press, 1991).

[2] de Vries, *Industrious Revolution*.

个事实，即奢侈品这个类别在18世纪的社会和经济中很重要。丹尼尔·笛福（Daniel Defoe）的《英国商业方略》（*A Plan of the English Commerce*）和后辈马拉奇·波斯特斯华特（Malachy Postlethwayt）出版的《英国商业利益：解释与改进》（*Britain's Commercial Interest: Explained and Improved*）之间的差异，显示出英国人对消费和奢侈品态度正在发生变化。丹尼尔·笛福对炫耀性消费就算不是完全持否定态度，至少也是模棱两可的，但马拉奇·波斯特斯华特认为它是经济进步的源泉。[1]伯格的研究强调当时的人如何越来越将奢侈品视为创新的源泉，日渐认为奢侈品激励人们提高质量标准，降低制成品生产成本。这些是马克辛·伯格2004年的文章《追求奢华》（"In Pursuit of Luxury"）和她2005年的专著《奢侈与逸乐：18世纪英国的物质世界》（*Luxury and Pleasure in Eighteenth-Century Britain*）中提出的研究方向。[2]

---

[1] Maxine Berg and Helen Clifford, "Introduction", in *Consumers and Luxury in Europe, 1650–1850*, eds. Maxine Berg and Helen Clifford (Manchester: Manchester University Press, 1999), 6.

[2] Maxine Berg, "In Pursuit of Luxury: Global History and British Consumer Goods in the Eighteenth Century", *Past & Present* 182 (2004): 85–142; Maxine Berg, *Luxury and Pleasure*. See also Berg and Clifford, eds., *Consumers and Luxury in Europe*; and Maxine Berg and Elizabeth Eger, eds., *Luxury in the Eighteenth Century: Debates, Desires and Delectable Goods* (London: Palgrave, 2002). 采用中文译注的名字。

如马克辛·伯格所言，在这些奢侈品中，许多不仅只由欧洲熟练的大都市工匠生产，而且还从亚洲进口——比如瓷器、丝绸和棉花。在过去的十年里，通过贸易的商品与消费将欧洲与亚洲联系起来，一直是全球史上的一个独特的议题。本书的最后一部分强调，目前在贸易和全球物质文化方面已经做了大量的工作。[①]或许最为重要的是，在全球层面上对消费进行研究促使人们对制造业重新进行评估，也鼓励人们对欧洲人接触来自亚洲和世界其他地方的工艺与技术的方式重新进行评估。在本书收录的娜塔莉·泽蒙·戴维斯（Natalie Zemon Davis）的文章中指出，这种全球范围内的消费和生产并不是18世纪所特有的。哈桑·瓦桑（Hassan al-Wazzan）是一名摩洛哥外交官，他另一个名字利奥·阿非利加努斯（Leo Africanus）更广为人知，他曾经到过非洲和黎凡特（Levant）很多地方。1518年，他在意大利以乔瓦尼·利奥尼·阿非利加诺（Giovanni Leone Africano）的名字生活了数年。在返乡之前，他用意大利语和拉丁语写了几部著作，向欧洲人讲述了他的非洲世界，非洲的宗教和文化，其中的一部著作《非洲志》（*The Description of Africa*），后来被出版印刷并广为流传。在这部作品中，他详细阐述了北非和撒哈拉以南非洲的工匠和商人、他们的手工艺以及他们的产品，其中一些产品还流

---

① Maxine Berg, Felicia Gottman, Chris Nierstrasz, and Hannah Hodacs, eds., *Goods from the East, 1600–1800: Trading Eurasia* (London: Palgrave, 2015).

传到了欧洲。他所描述的世界忙于营生，与宗教战争时期欧洲出现的消极景象形成鲜明的对比。

　　奢侈品和消费拓宽了经济史学家们的研究范畴，人们如何看待和理解经济与社会转型也被纳入其中。对于马克辛·伯格和所有对消费、零售和分销的历史感兴趣的史学家们来说，欲望一直是一个重要概念。海伦·克利福德（Helen Clifford）解释道，商业卡片——一种前近代形式的商业名片，用来宣传商店位置和商店里售卖的商品——是商品做广告和进行零售的重要工具。联系本书前几部分的章节，海伦·克利福德让我们领悟到这样的广告也是传达生产技术的方式，通常描绘的是工作中的工匠或机器。因此，对生产和消费进行区分遇到了难题，无论是在历史上还是在史学中都是如此。

　　除了考虑广告和销售技巧之外，消费史还使用财产清单，将其作为对消费模式随时间推移所发生的变化进行定量和定性分析的途径，特别是对在17世纪和18世纪发生的变化。[1]20世纪80年代，历史学家罗娜·韦瑟里尔（Lorna Weatherill）是最早一批使用计算机系统将财产作为消费指标进行研究的人。[2]约翰·普肯斯（Johan Poukens）和赫尔

---

[1]　Maxine Berg, "Women's Property and the Industrial Revolution", *Journal of Interdisciplinary History* 24, no. 2 (1993): 233–50.

[2]　Lorna Weatherill, *Consumer Behaviour and Material Culture in Britain, 1660–1760* (London: Routledge, 1988).

曼·范德尔·维（Herman Van der Wee）的章节应用这种
方法对600份财产清单进行了分析。这些清单记录了现为比利
时利尔镇（Lier）和它的内陆地区消费陶器、热饮和类似的
中档奢侈品的情况。他们的证据表明，虽然像欧洲其他地方
一样，城市中等阶层可能在私人社交的场合下采用了新的家
用物品，但是在社会阶层较低的农夫和劳工中，情况并非如
此。他们使用的德·弗里斯所谓的"新奢侈品"与中等阶层
的"新奢侈品"差别很大，而且保留了"旧奢侈品"的某些
特征。

最后，贝弗利·勒米尔（Beverly Lemire）探索了沦为
殖民地之后，当地居民制造的物品是如何在殖民网络中流通，
并找到通往大都市的途径。这些"逆向流动"的物品所讲述的
故事，向全球商品和英国工业化的线性叙事提出了挑战。这
些物品还带来了有价值的新研究方向，即本土性和强烈的地
方性或许最好从微观史的角度来进行研究，会产生新的全球
叙事。

本书第三部分的章节强调最近许多关于工业化进程的研究
具有跨学科的性质。马克辛·伯格和其他人所倡导的学术研究
并没有将工业革命简单地视为一种由生产所主导的现象，而是
强调消费和零售的重要性，还强调文化因素影响着前现代时期
新旧物品的消费模式。这类学术研究也为在更广阔的地理范围
内重新思考制造业和工业化做了大量的工作，这一主题将在本
书的最后一个部分展开。

全球贸易的时代

事后看来，显然2000年彭慕兰《大分流》的出版很明显是一个分水岭。①在2000年之前，经济史学家在研究中以欧洲（尤其是英国）经济为基准。例如，他们书写"消费史"，理所当然地认为这是欧洲独有的现象，他们书写"工业化史"，以为任何读者都知道这意指欧洲的工业化。与此同时，中国和印度的历史学家们继续进行他们的学术工作，但没有渴求接触到他们专业领域之外的受众。彭慕兰的著作以及伦敦政治经济学院帕特里克·奥布莱恩自2003年开始领导的"全球经济史学家网络（GEHN）"改变了西方学术界的状况。这个网络的目标包含"扩展地理空间，延长时间线索"，实际上，这意味着让研究英国工业革命的历史学家与研究全球贸易的学者、研究印度纺织品生产的历史学家，或者与研究中国陶瓷生产的学者进行对话。这意味着人们越来越关注全球奢侈品的涌入对英国制造业发展所产生的重要影响。对欧洲以外的消费模式，对亚洲、非洲、美洲和欧洲之间物质和知识的联系越来越感兴趣。这种全球化取向对以国家为基础的历史学提出了根本性挑战。彭慕兰等人认为，英国和西欧之所以实现工业化和现代化，并不是因为它们注定如此，而是因为英国出现了一系列的偶发情况：在纺织制造业中心附近有煤炭，有通过殖

---

① Pomeranz, *Great Divergence*.

民扩张以及奴役被征服的人获得人力和自然资源的途径。[①]对于像帕特里克·奥布莱恩和马克辛·伯格这样的学者来说，全球比较以及对联系进行研究似乎对于理解18世纪欧洲的变革至关重要。[②]

在英国工业革命的情境下，关注18世纪是有意义的，但当地理位置发生变化时，时间线也要延长了。全球史出现了，这个领域不仅将在世界各地工作的学者汇集起来，而且其研究的分期也不再完全由欧洲来决定。1996年，杰里·本特利（Jerry Bentley）曾试图利用跨文化交流对世界史重新进行分期，但是，要把全世界所有的时段划分都纳入其中是很难的（现在仍旧如此）。[③]实际上，很少有历史学家会有书写一部独一无二的全球史的宏愿，大多数历史学家认为自己是全球史这一广阔领域的参与者，他们辟出一块小小的时间与地理空间，

---

① 同上。其他学者则对这一立场持批评态度，强调技术、人力资本和国家政策的重要性。见Prasannan Parthasarathi, *Why Europe Grew Rich and Asia Did Not: Global Economic Divergence, 1600–1850* (Cambridge: Cambridge University Press, 2014); Peer Vries, *State, Economy and the Great Divergence: Great Britain and China, 1680s–1850s* (London: Bloomsbury, 2015); William J. Ashworth, *The Industrial Revolution* (London: Bloomsbury, 2017); and Julian Hoppit's *Britain's Political Economies: Parliament and Economic Life, 1660–1800* (Cambridge: Cambridge University Press, 2017).

② Patrick O'Brien, "Historiographical Traditions and Modern Imperatives for the Restoration of Global History", *Journal of Global History* 1, no. 1 (2006): 3–39; Berg, "In Pursuit of Luxury".

③ Jerry H. Bentley, "Cross-Cultural Interaction and Periodization in World History", *American Historical Review* 101, no. 3 (1996): 749–70.

在其间进行比较或者探求联系，在发现与发展这种全球联系的过程中，以模式的变化进行历史分期。

　　马克辛·伯格的研究在推动经济史领域朝着日益全球化的方向发展方面具有极其重要的意义。在她2000年之前出版的论著中，主要关注的是英国的情况，2001年，她在华威大学（University of Warwick）的就职演讲中探讨了来自印度和中国的奢侈品对英国生产过程的影响。[1]她认为，如果没有从亚洲进口奢侈品，英国的制造商就不会开发出富有创意的产品和工艺，从而促成工业革命。马克辛·伯格和伊格·伊丽莎白（Eger Elizabeth）2003年编撰了论文集《18世纪的奢侈品》（*Luxury in the 18 Century*），全书收录了16篇文章，在最后三篇文章里，"舶来品"代表着全球性；10年后，在马克辛·伯格编撰的《书写全球的历史》（*Writing the History of the Global*）一书中，印度、中国、日本和非洲的学者们已经成为西方历史研究中主要的参与者。[2]在她2015年编撰的论文集《来自东方的商品：1600—1800年》（*Goods from the East, 1600-1800*）中，该书有21章，在所有章节中亚洲都占据了重要地位。[3]

---

[1]　Berg, "In Pursuit of Luxury". This article was based on her inaugural lecture at Warwick.

[2]　Berg and Eger, *Luxury in the Eighteenth Century*; Maxine Berg, *Writing the History of the Global: Challenges for the 21st Century* (Oxford: Oxford University Press for The British Academy, 2013).

[3]　Berg et al., *Goods from the East*.

　　莎拉·伊斯特比-史密斯（Sarah Easterby-Smith）、何安娜（Anne Gerritsen）、贝弗利·莱米尔和乔治·列洛（Giorgio Riello）的文章阐述了参与全球贸易通过各种途径改变了书写历史的方式。乔治·列洛文章的出发点是全球贸易，它最终导致工业革命，但他侧重于印度的采购。正是由于购买印度纺织品给英国东印度公司（EEIC）带来了如此严峻的挑战，再加上对纺织品数量和质量的要求越来越高，英国的工厂才转变成进行大规模生产的场所，成为工业化的特征。莎拉·伊斯特比-史密斯与何安娜都致力拓宽"有用和可靠的知识"的概念。莎拉·伊斯特比-史密斯通过研究植物学来达成这一目标：用在农业、工业和医药上的装饰性植物和"经济植物"被从世界各地带回英国，并被系统地整合到自然知识汇编中，显示了帝国的低层官员和掮客对于项目成功具有重要意义。何安娜的文章表明，那些了解物品的人和那些制造物品的人的洞见在描绘瓷器制造过程的中国瓷瓶上都可以找到，而这种结合被一些人认为严格来讲只有欧洲才有。玛格特·芬恩（Margot Finn）的文章在她所谓的"跨大陆背景"下对财产和金融进行讨论，将大都会与殖民地连接起来。但是，她指出不仅经济物品、人员和思想在帝国或全球范围内流动，帝国网络内部对流动也有限制。玛格特·芬恩强调，摩擦和中断限制了印度和英国之间资本的"流动"，正如18世纪80年代东印度公司派驻孟买的一名外科医生的遗嘱认证账目所显示的那样，这使全球贸易的图景更为复杂。这为史学指明了新的方向：对英国和全球贸易网络进行研究，这已经成为经济史非常重要的组成部分，自从彭慕兰的著作出版以来即已如此；要更充分地考虑开发和维持这种网络的财政、人力和生态成本。

结论

本书所反映的是马克辛·伯格在她长达40年的职业生涯中所关注的经济史的诸多领域，在这40年间，她对自己研究领域中许多长期持有的假设和方法进行了质疑。除此之外，本书还提供了新的研究成果，既有知名学者的成果，也有那些直接从马克辛·伯格的指导中受益的学者的成果。书中的文章都是建立在马克辛·伯格的成果的基础上，去扩展、限定和增进工业化史学，将工业化作为复杂、多样的全球现象，同时将其作为国家、区域和地方的现象。

然而，不可能在一本书中涵盖马克辛·伯格研究和职业生涯的范围和影响。本书只能对其范围略作说明，不仅仅是因为本书未将一些有趣的领域和她的一些著作放入，因为它们不在本书的研究范畴之内，同时，力求全面就像费力捕捉一只仍在展翅飞翔的小鸟。在我们所参考的体系中，必须将马克辛·伯格对经济史历史的长期关切排除在外，也要将经济史作为一门跨越时间和空间的学科所具有的各种表现形式排除在外。马克辛·伯格的上述研究偏好贯穿于她所有成果中，这也往往为她的方法和结论增添了复杂的相对主义元素。她详细考察了女性在英国经济史专业化初期所作出的学术研究贡献，而她富有创新性的关于艾琳·鲍尔的传记基本上没有提及。对于马克辛·伯格关于工业化进程中女性史和性别史方面的研究，我们仅仅一笔带过。[①]

最后，马克辛·伯格在改变研究议题，拓展我们研究领域的边界方面不懈努力，尤其是她在将全球史与微观史学方法上的创新联系起来所做的工作。经济、社会和文化史的一些研究新领域目前还在从中受益，对于这些新领域，我们还没有进行充分的探讨。抛去其他的不管，她的努力促成了一项关于18世纪后期海獭皮贸易的新研究，当时将海獭皮由加拿大西北部运往中国，这项研究十分出色；还开展了许多富有创新性的讨论会与研讨会，鼓励初露头角的学者开展新研究，将微观史学和宏观史学联系起来，并探究"两者之间的空间"。[②]

希望在本书中能够恰如其分地对马克辛·伯格的学术研究致以敬意，同时也能对她本人所探究的研究主题进行补充。她的研究无疑在2020年之后继续走向新的方向，我们对此充满期待。我们还期待马克辛·伯格能够继续分享学术成果，一如既往地慷慨大方。马克辛·伯格的文章具备启发才智的特征，我们期望这一点也能够继续保持。

[①] Berg, *A Woman in History*; Berg, "Women's Work"; Berg, "Women's Property".

[②] Maxine Berg, "Sea Otters and Iron: A Global Microhistory of Value and Exchange in Nootka Sound, 1774–1792", *Past & Present* Supplement (2019), forthcoming.

克丽丝廷·布鲁兰[①]、何安娜[②]

---

① 克丽丝廷·布鲁兰，奥斯陆大学经济史荣誉教授，曾任日内瓦大学经济史教授。她的研究重点是技术的传播，特别是前工业化时期的技术传播。他的论著包括《英国的技术和欧洲工业化》（"British Technology and European Industrialization"，1989），她编撰了《技术转移和斯堪的纳维亚工业化》（*Technology Transfer and Scandinavian Industrialisation*，1992），（与马克辛·伯格）编撰了《历史视角下的欧洲技术革命》（*Technological Revolutions in Europe, Historical Perspectives*，1998）。她对技术变革和创新进行了广泛的研究。最近，她和大卫·莫厄里（David Mowery）共同撰写了《剑桥资本主义史》（*The Cambridge History of Capitalism*）第二卷《资本主义的传播：从1848年至今》（*The Spread of Capitalism: From 1848 to the Present*）中的一章，即"技术与资本主义的传播"（Technology and the spread of capitalism，见Larry Neal and Jeffrey G. Williamson, eds. (2014), *The Cambridge History of Capitalism, Vol II, The Spread of Capitalism: From 1848 to the Present*, Cambridge and New York: Cambridge University Press, 82–127.）。

② 何安娜，华威大学历史系教授，莱顿大学亚洲艺术系主任。她曾就读于莱顿大学，拥有哈佛大学博士学位。她出版的著作涉及许多不同的领域。其中包括中国历史，如宋元明时期的宗教文化、友谊、性别与文学，还有景德镇的历史。也包括物质文化，如与乔治·列洛合编的三部著作：《书写物质文化的历史》（*Writing Material Culture History*），《事物的全球生活》（*The Global Lives of Things*），以及《全球的礼品》（*Global Gifts*）。全球物质文化设计史，以及全球瓷器贸易史。她的著作《青花之城：中国瓷器与早期现代世界》2020年由剑桥大学出版社出版。

帕特·赫德森[①]、乔治·列洛[②]

① 帕特·赫德森，卡迪夫大学历史学名誉教授，曾在利物浦大学教授经济史。她是经济史学会副会长，也是研究英国工业革命的经济史学家，主要从更广泛的经济、社会和文化层面研究工业化。她的著作有与基斯·特赖布（Keith Tribe）合编的《21世纪的资本矛盾》（ *The Contradictions of Capital in the 21 Century* ）、与弗朗西斯科·博尔迪佐尼（Francesco Boldizzoni）合编的《劳特利奇全球经济史手册》（ *The Routledge Handbook of Global Economic History* ）、与石津圣奈（Mina Ishizu）合著的《数字的历史：定量方法导论》、《工业革命》（ *The Industrial Revolution* ），以及《工业资本的起源：西莱丁地区毛纺织业研究（1750—1850年）》。

② 乔治·列洛，佛罗伦萨欧洲大学学院（European University Institute in Florence）近代早期全球史主任，也是华威大学全球历史与文化方向的教授。著有《过去的脚步》（ *A Foot in the Past* ）、《棉的全球史》（ *Cotton: The Fabric That Made the Modern World* ）、《奢侈品：富庶的历史》（ *Luxury: A Rich History* ）、《回归时尚：中世纪以来的西方时尚》（ *Back in Fashion: Western Fashion since the Middle Ages* ）。他出版了大量关于近代欧洲和亚洲纺织品史和时装史的著作。他参编了十余部著作，包括《纺织的世界》（ *The Spinning World* ）、《书写物质文化的历史》（ *Writing Material Culture History* ）、《全球的礼物》。他曾为斯坦福大学（Stanford University）、澳大利亚国立大学（Australian National University）、哥伦比亚大学（Columbia University）和马克斯·普朗克研究所（Max Planck Institute）的访问学者。2011年他被授予菲利普·勒沃胡姆奖（Philip Leverhulme Prize）。

第一部分

制造业的时代：
知识、制造和生产组织

第一章
会不会是工匠引发了工业革命？

　　马克辛·伯格的《制造业的时代：1700—1820》是有史以来书写工业革命的最佳著作之一。[1]它将经济史和政治史最好的元素与人文学者的直觉——技术变革对不同群体（包括妇女、儿童、各种职业和工人阶级的不同成员）而言意味着什么——结合了起来。她公允地批判了对工业革命狭隘的看法，即认为工业革命仅限于棉花和钢铁等一系列富有魅力的产业，这些产业的扩张骤然发生，引人注目。她对当时工业革命的传统解释提出疑问，这种观点强调资源禀赋和农业生产力的作用，并且认为英国的独特性在于"其制造业者令人惊异的勤勉和创造力"。[2]她强调，工业革命期间各种各样的制造业都取得了进展，其中大部分是在小作坊里取得的，而金属行业大部分都处在这些小作坊里。马克辛·伯格坚持认为，分析经济变革的宏观经济方法必须辅之以更具地区性的行业研究，

---

① Maxine Berg, *The Age of Manufactures, 1700–1820: Industry Innovation and Work in Britain* (London: Fontana Press, 1985 [2nd revised edition, London: Routledge, 1994]).

② 同上，第7页。

这是正确的。[1]

最重要的是，马克辛·伯格坚持认为，进步的功劳必须由两个群体共享：一个群体包括工程师、发明家和技术高超的工匠，有的有名，有的没那么知名，他们不仅把蓝图变成现实，将模型等比例进行放大，还引入了大量相对较小的微型发明和轻微调整，这些发明和调整逐渐使设备的效率、产品的质量，以及劳动者辛苦劳作的工作环境都得到了提升。[2]另一个群体人数更多，由大量的妇女和儿童组成，他们为第一代工厂提供了有效、温顺和廉价的劳动力，这是不可或缺的资源。马克辛·伯格的著作最早对此进行论述，他恰如其分地对这个群体在英国工业化中的意义予以强调，认为他们至关重要。

工匠和经济进步

马克辛·伯格在后来的一篇文章中回到工匠问题上来，并强调了她在书中已经提出的观点，即"传统手工业"部门所取得的进步，比许多研究工业革命的经济史学家所给予其的赞誉

[1] Maxine Berg, *The Age of Manufactures, 1700–1820: Industry Innovation and Work in Britain* (London: Fontana Press, 1985 [2nd revised edition, London: Routledge, 1994])，第6–7、203–206页。

[2] 这类研究的一个例子是吉利安·库克森（Gillian Cookson）最近的一本书，这本书在标题和总体方法上都明显受到了伯格研究的启发。Gillian Cookson, *The Age of Machinery: Engineering the Industrial Revolution, 1770–1850* (Woodbridge: Boydell & Brewer Press, 2018).

都大。在她看来，工匠们进行"仿制和改装"，建立了一种模仿经济，"引致自我维持（self-sustaining）的改进过程"。①或许我们对这一论述唯一的疑问是"自我维持"这个词。在一个纯粹的手工世界里，一系列微小的发明可能会带来相当大的技术进步。②不论如何定义工匠，当时一些比较有趣的"伟大发明家"都是工匠，例如纽科门（Newcomen）和他的助手约翰·卡利（John Calley）、亚伯拉罕·达比（Abraham Darby）、约翰·凯伊（John Kay）、詹姆斯·哈格里夫斯（James Hargreaves）、约翰·哈里森（John Harrison），这些人还有很多。在纺织业和金属加工行业，传统上被视为工业革命先兆的早期创新——梳棉机、飞梭、早期的珍妮机，铁砧、压力机、新合金和改进了的机床——都来自手工作坊。在小作坊里工作的工匠们善于对现有工艺进行渐进式的改进，利用更精细的分工，通过边干边学来改进技术——但很少对技术进行革新。如果不注入新的命题性知识（propositional knowledge），手工改进就会开始收益递减。

在一些行业里，没有大量形式性知识（formal knowledge）的投入也可能取得进步。正如唐纳德·卡德威尔（Donald

---

① Maxine Berg, "The Genesis of 'Useful knowledge' ", *History of Science* 45 (2007): 123–33, quotation on 128.

② 一个最新的例子，见Morgan Kelly and Cormac Ó Gráda, "Adam Smith, Watch Prices, and the Industrial Revolution", *Quarterly Journal of Economics*131, no. 4 (2016): 1727–52.

Cardwell）曾经指出的那样，纺织机械方面大多数的进步并不需要令阿基米德都感到惊讶的物理见解。[1]即便如此，即使是最早的那些棉纺织机也需要一定的技术水平，很少有工匠拥有这些。早期工业化的两种标志性机器——理查德·阿克赖特（Richard Arkwright）的水力纺织机有着错综复杂的齿轮和滚轴，以及瓦特（Watt）的蒸汽机有着精巧的阀动装置和精密的调速器——以当时的标准来看，都是异常复杂的技术。英国成功地将这些创新从有前途的概念发展成商业上可以实施的形式，在很大程度上依靠的是只有它拥有数量众多的工匠，这些工匠技术高超，多才多艺，经过培训，可以制造钟表、手表，以及导航和勘测工具。[2]

棉花工业通常被视为工业革命的典型部门，在此处是个例外，因为它依赖的是手工技术。煤和蒸汽机也需要这种技艺熟练的工匠，但除此之外，还需要依赖以实验为依据的科学家和受过良好教育的工程师、学者——例如约翰·泰奥菲尔·德萨吉利埃（John Theophile Desaguliers）、勒内·列奥米尔（René Réaumur）、约瑟夫·布莱克（Joseph Black）、约瑟夫·普利斯特里（Joseph Priestley）、查尔斯·奥古斯丁·库

---

[1] Donald Cardwell, *The Fontana History of Technology* (London: Fontana, 1994), 186.

[2] Morgan Kelly and Cormac Ó Gráda, "From Scientific Revolution to Industrial Revolution: The Role of Mathematical Practitioners", University College Dublin Centre for Economic Research Working Paper no. 15 (2019), 3.

伦（Charles Augustin Coulomb）、克劳德·贝托莱（Claude Berthollet）和汉弗莱·戴维（Humphry Davy）——所提出的见解。这些人游走于尼尔·麦肯德里克（Neil McKendrick）所谓的各种"层次的科学知识和专业技能"之间，推广和采用实验方法、数学实践和开放科学的文化，似乎毫不费力。①与这些科学家密切相关的是一大批我们称之为"数学实践者"的个人：应用数学家、天文学家、教科书编写者和仪器制造者，这个学者群体数量庞大，直到最近才被人们研究，他们既从事与哲学家相关的活动，也从事与工匠相关的活动，在二者之间来回切换。②正如塞丽娜·福克斯（Celina Fox）所言，这些学者不需要去思考宇宙的奥秘，就能创造出一套有组织的、系统的、可量化的和实证的命题知识体系，并且可以被最优秀、最聪明的技工获得。正如她所言，英国有很多懂哲学的技工，也有很多懂机械的哲学家，他们心灵手巧。③

正式或非正式命题知识取得进步以后可能需要几十年的时

---

① Neil McKendrick, "The Role of Science in the Industrial Revolution", in *Changing Perspectives in the History of Science*, eds. Mikuláš Teich and Robert Young (London: Heinemann 1973), 274–319, 引自第313页。麦肯德里克以韦奇伍德为例，说明一个有文化、有学问的实业家如何从应用科学中获益，即使他不符合A.R. 霍尔关于成为"科学家"的非常严格的标准。

② Kelly and Ó Gráda, "From Scientific Revolution".

③ Celina Fox, *The Arts of Industry in the Age of Enlightenment* (New Haven and London: Yale University Press, 2009), 4, and 41.

间才会对技术实践产生影响。三位法国科学家在1786年发表了一篇论文，解释了"钢铁和炼钢"的化学性质，这篇论文非常有名，它显然超出了英国钢铁制造商的理解范围，而且"除了那些已经懂得如何炼钢的人以外，其他人都无法理解"。[1]而到了19世纪20年代，人们已经了解了钢的化学成分，但是大规模生产钢铁又花了40年才成为现实，这得益于人们对钢的认识，这一点毋庸置疑。[2]对于工业革命中的一项更具革命性，但却不那么具有先兆性的进步——煤气照明来说也是如此。它的发明依赖于18世纪的一些科学巨匠，如拉瓦锡和伏特在气动化学（pneumatic chemistry）方面取得的进步，然而手工技术和偶发事件也发挥了重要作用。煤气照明之所以能够成功，是因为它将以实验为基础的科学认知（虽然并不完美）与手工艺的巧夺天工合二为一。[3]

[1] John R. Harris, *Industrial Espionage and Technology Transfer: Britain and France in the Eighteenth Century* (Aldershot: Ashgate, 1998), 220. 论文为Claude Berthollet, Gaspard Monge, and Alexander Vandermonde, "Mémoire sur la fer consideré dans ses differens états métalliques" *Lu à l'Academie des Sciences*, May 1786. Gallica (digital library of the Bibliothèque nationale de France), id: ark:/12148/bpt6k6359836g.

[2] Cyril Stanley Smith, "The Discovery of Carbon in Steel", *Technology and Culture* 5, no. 2 (1964): 149–75; Theodore A. Wertime, *The Coming of the Age of Steel* (Leiden: Brill, 1961), 188–9.

[3] Leslie Tomory, *Progressive Enlightenment: The Origins of the Gaslight Industry, 1780–1820* (Cambridge, Ma: Mit Press, 2012).

进步的文化

自1994年马克辛·伯格的著作《制造业的时代：1700—1820年》第二版出版以来，对工业革命根源的认识有了很大的改变。西欧和世界其他地区之间的大分流这个"大问题"和"为什么是英国"而不是法国或者西欧其他地区这一较小的问题，在它们之间有了更为精确的区分。继彭慕兰发表《大分流》之后，追寻这个"大问题"的论著也相继问世。[1]格里高利·克拉克（Gregory Clark）提出资产阶级思想被迅速传播的观点，罗伯特·艾伦（Robert Allen）的文章将这个"大问题"归因于英国工资高，人力资本有了提高，在此之后，英国引领工业化的问题就引起了人们极大的关注。[2]不出所料，尽管在"小问题"上未能达成共识，但在过去的20年，人们认为文化和制度因素发挥了较大的作用，在这一点上观点一致——所起到的作用比马克辛·伯格的著作中反映出来的还

---

[1] Kenneth Pomeranz, *The Great Divergence: China, Europe, and the Making of the Modern World Economy* (Princeton: Princeton University Press, 2000). 经典的文献还有 Eric L. Jones, *The European Miracle* (Cambridge: Cambridge University Press, 1st ed. 1981). 例如，另见Ian Morris, *Why the West Rules-For Now* (New York: Farrar, Strauss and Giroux, 2010); and Jack A. Goldstone, *Why Europe? The Rise of the West in World History, 1500–1850* (Boston: McGraw-Hill, 2009).

[2] Robert C. Allen, *The British Industrial Revolution in Global Perspective* (Cambridge: Cambridge University Press, 2009); Gregory Clark, *A Farewell to Alms* (Princeton: Princeton University Press, 2007).

多——即使在这些文化和制度因素确切地说具备哪些性质方面仍然存在严重的分歧。究竟是什么让英国制度和文化具有优势，仍然是人们热议的话题。

18世纪的英国有工业革命但没有启蒙运动，而法国有启蒙运动却无工业革命，这个荒谬的观点早已无人过问。两个国家在这两个方面都积累颇丰，但各自又有不同的特点。英国启蒙运动将苏格兰的知识启蒙运动（还有其经济发展的哲学基础）以及英国更商业化、更为实用和更加务实的启蒙运动融为一体，但当然欧洲大陆的思想也留下了自己的印记。[1]英国的启蒙运动很少关注政治和哲学问题，而"进步"这个有点含糊的概念在17世纪变得越来越无处不在。正如保罗·斯莱克（Paul Slack）所言，文化和经济是共同进化的，但在英国，"文化至上"，进步文化取得胜利，使英国比任何其他国家都更早地走上了经济进步的道路。[2]

马克辛·伯格《制造业的时代》一书中有一个重要的观点是，我们可以观察英格兰内部的变化，也可以将其与邻近的地区进行比较，我们可以通过这两种方式学到同样多的东

[1] Roy Porter, "The Enlightenment in England", in *The Enlightenment in National Context*, eds. Roy Porter and Mikuláš Teich (Cambridge: Cambridge University Press, 1981), 1–18; Roy Porter, *The Creation of the Modern World: The Untold Story of the British Enlightenment* (New York: W.W. Norton, 2000).

[2] Paul Slack, *The Invention of Improvement: Information and Material Progress in Seventeenth-Century England* (Oxford: Oxford University Press, 2015), 4.

西，或者会从前者学到更多。当然，这不是一个新论点，但是马克辛·伯格以他非同寻常的敏锐和洞察力提出了这一观点。南部和西部旧的布料业衰落了，被兰开夏郡和约克郡所取代，这与"为什么不是法国"一样，也是一个有趣的问题。马克辛·伯格在对这个问题进行分析时，认可埃里克·琼斯（Eric Jones）早期在区域比较优势方面的研究。我们下文中将要讨论，可以使用英国的这种内部差异来表明英国某些地区具有独特的优势，它还是工业启蒙运动的一部分。

英国卓异论

什么使得英国与众不同？这是许多互补因素的合力所致，这些因素共同作用，形成了工业革命的连锁反应。与法国和西欧大部分地区一样，英国经历了一次工业启蒙运动，这是保罗·斯莱克所描述的17世纪"改进精神（spirit of improvement）"的逻辑延续。这种精神延伸到了英国高素质的工匠阶层，而正是从英国的学徒制中孕育出这种工匠阶层。在最为具体的层面上，工业革命依赖于使机械设备真正运转起来的能力，无数脚踏实地、技术娴熟的工程师使英国具备了这种能力，吉莉安·库克森（Gillian Cookson）将他们称为"心灵手巧的机械师（ingenious mechanics）"，以下是詹姆斯·瓦特（James Watt）对他的搭档马修·博尔顿（Matthew Boulton）的描述："博尔顿先生不仅是一位聪颖的机械师，精通伯明翰生产者的所有技艺，而且他能力很强，能够使他自己或其他人的任何新发明对公众都有用处。"这段描述很有名。[1]

工业革命所依赖的正是这些心灵手巧的机械师。著名的工程师马克·伊桑巴德·布鲁内尔（Marc Isambard Brunel）曾说过，"发明是一回事，让发明奏效是另一回事"。詹姆斯·瓦特问道："制造蒸汽机主要的障碍是什么？这活儿一直都是铁匠的水平。"[2]英国熟练工匠和工程师的能力和文化起到了决定性的作用，尽管瓦特经常不耐烦地抱怨他们有所不足。欧洲大陆的实业家对此了如指掌，他们聘用英国的机械师来安装和维护体现新技术的机器。因为缺乏能干的机械师来将发明变成现实，法国的发明家们感到沮丧，比如一名叫塞诺特（Senot）的机床制造商就是如此。塞诺特是最早制造旋螺丝车床的人之一（1795年），据说比美国人大卫·威尔金森（David Wilkinson，1798年）和英国人亨利·莫兹利（Henry Maudslay，1797年）发明的车床还要好。然而，尚不清楚他的车床是否被使用过，对于塞诺特的情况我们也一无所知，甚至连他的姓氏都不知晓。[3]所有心灵手巧的机械师

---

[1] 引自Samuel Smiles, *Lives of the Engineers*, vol. Ⅳ: *The Steam Engine, Boulton and Watt* (New and rev. ed. London: John Murray, 1878), 382.

[2] 主要的困难在于活塞与气缸的加工制造工艺，在当时的工艺水平下，钢铁工人更像是铁匠而不是机械师。——译者注

[3] Maurice Daumas, *A History of Technology and Invention* (New York: Crown, 1979), 3: 102, 115. 达玛补充道（103），虽然第一次试验（使用新机床）是由法国工程师进行的，但发明和开发的工业阶段是杰出的一代英国工程师的工作。

并非生而平等，法国有一群工匠精英，保拉·贝图奇（Paola Bertucci）称其为"大师（artistes）"，他们是一群学识渊博、富有才智的手艺人，介乎于那些经常光顾巴黎沙龙受过高等教育的学者，以及大量的工匠和满师的学徒工之间。[①]这些18世纪法国大师们的技艺造就了雅克·德沃坎逊（Jacques de Vaucanson）不可思议的原型机器人[②]和机床、孟格菲兄弟（Montgolfier brothers）的热气球、艾蒂安·勒努瓦（Etienne Lenoir，1699—1778年）和他儿子皮埃尔·艾蒂安·勒努瓦（Pierre-Etienne Lenoir，1724—1789年之后）精致的钟表，还有让-安东尼·诺莱（Jean-Antoine Nollet）精心制作的仪器。[③]但与他们英国同行所服务的顾客相比，这些技术熟练的工人所迎合的拥趸更加高端。因此，英国大量拥有而法国缺少的就是技术高超而又务实的实用技工，库克森对其有过详细的描述，他们迎合的是更广阔的市场，关心的是产品是否有用、便宜，并不关心产品是否优雅。因此，法国需要引进这些技工。

　　保拉·贝图奇提供了此类移居外国者几个知名的事例，特别是钟表师亨利·萨利（Henry Sully），他是艺术学会（Societé des Arts）的创始人，还有他的同事威廉·布莱克

---

① Paola Bertucci, *Artisanal Enlightenment: Science and the Mechanical Arts in Old Regime France* (New Haven and London: Yale University Press, 2017).

② 指机械鸭子。——译者注

③ 制成储电装置莱顿瓶，还制作出静电喷涂机。——译者注

（William Blakey）——另一位精通冶金学的钟表专家，他是一位杰出的机械师，深谙炼钢工序，一如他熟知"欧洲所有事物"。[①]在英国，成功在很大程度上取决于市场，而不是富有的赞助人。在法国，阶级和地位这样的政治因素常常阻碍进步。法国工匠和学者为了获得资助、名望和地位而相互争斗，以上这些名利大部分是由宫廷和贵族授予的。法国的艺人们在政治和权力的世界里绸缪帷幄，花了很多时间，费了不少心思，而兰开夏郡和约克郡的工匠们首先担心的是辊子和纺锤、焦炭和蒸汽。

　　18世纪两国间技术扩散的历史显示存在这种差异。约翰·霍尔克（John Holker）是一位詹姆斯二世党人（Jacobite），他于1746年逃离英国，在1756年在法国升任"外国制造监察长"（inspector-general of foreign manufactures）一职。他把一批技术娴熟的兰开夏郡工人转移到了鲁昂（Rouen）尚处于萌芽期的棉花工业中，由此发家致富。迈克尔·阿尔科克（Michael Alcock）不太为人所知，他是伯明翰的一位玩具和纽扣制造商，搬到法国后，在卢瓦尔河畔的拉沙里泰（La Charité sur Loire）建立了一家大型的铁器制

---

① Harris, *Industrial Espionage*, 30.

造厂。^①威廉·威尔金森（William Wilkinson）是布罗斯利（Broseley）的更负盛名的、号称"铁疯子"的铁器商约翰·威尔金森（John Wilkinson）的兄弟，经常往返于英法两国之间，帮助在勒克鲁佐（Le Creuzot）建立了法国铁厂，并且在这些铁厂使用焦炭来生产大炮内膛用铁方面起了重要作用，因此获得了丰厚的报酬。法国的重大发明往往会传到英国，转变成有利可图的产品。^②即使英国在宏观发明和微观发明方面都具有绝对优势，但英国可能在微观发明方面具有比较优势，法国则在宏观发明方面具有比较优势。技术熟练的机械师流向欧洲大陆，而宏观发明及其背后的知识主要是从欧洲大陆流向英国，这说明英国在微观发明方面具有比较优势这一假设是成立的。

几代人以来，手工艺知识基本上是心照不宣的，由师傅传授给徒弟，不依赖书面材料。随着工业革命的到来，当技术书籍和论文越来越多地描述技术实践时，这种情况发生了改变。当然，在这里《百科全书》（Encyclopédie）以及它的许多仿制品和派生品都是典型文献。这些书籍"彰显了培根主义的信念……如果能理解工艺的原理，那么工艺就会变得更

① 见John R. Harris, "Michael Alcock and the Transfer of Birmingham Technology to France before the Revolution", reprinted in John R. Harris, *Essays in Industry and Technology of the Eighteenth Century* (Croft Road, Hampshire: Ashgate Publishing, 1992), 113–63.

② 例如，见Joel Mokyr, *The Enlightened Economy* (New Haven and London: Yale University Press, 2009), 114–15.

好；如果工匠们知晓了其中缘由，那么他们就会去提高自己的技能"。[1]

"金属三角"、煤炭和工匠的技能

到17世纪中叶，从制表到制陶，从酿酒到造纸，从水力发电到机床制造，各个工业部门的创新支撑起英国17世纪由手工业驱动的经济增长，这个过程缓慢而又持久。马克辛·伯格强调，像制造"中产阶级产品"一样，这些部门的生产涉及高水平的精密制造，包含的技术能力十分先进，[2]其中大部分都需要能够铸造、切割材料，以及使材料（尤其是金属和木材）成型的工匠，而棉花和蒸汽技术的发展获得成功正是依赖这些技能。但是，所需要的不仅仅是一代又一代人简单地重复相同的技能：在任何时候，少数特别有才华和创造力的工匠都有能力将技术前沿缓慢地向外拓展。越来越多的文献表明，如果不能利用钟表匠、工具匠、水磨匠和铸工中才华卓著者的精湛技艺，创新就会停滞不前。

正如马克辛·伯格所展示的，这种技术在一个自16世纪

---

[1] Fox, *The Arts*, 275.

[2] Maxine Berg, "New Commodities, Luxuries, and Their Consumers in Eighteenth-Century England", in *Consumers and Luxury: Consumer Culture in Europe 1650–1850*, eds. Maxine Berg and Helen Clifford (Manchester: Manchester University Press, 1999), 63–87.

晚期以来就一直以熟练的金属加工制造为特色的地区最为丰富，我们称之为利物浦-伯明翰-谢菲尔德"金属三角"。因此，工业革命从这个地方开始就不足为奇了。但是，该如何解释冶金业首先集中在这些中心呢？部分原因是煤炭。[1]正是由于存在合适的煤炭，再加上有铁矿石和耐火泥，刺激了伯明翰和谢菲尔德炼铁业的早期发展。同样，在兰开夏郡西南部也有大量种类合宜的煤炭，这一地区在18世纪成了钟表制造和钟表工具制造的代名词。[2]同样地，一位著名的史学家对英格兰西南部各郡（West Country）的毛纺织业进行了研究，他认为该地区缺乏煤炭是这个行业未能成功实现机械化的主要原因，尽管也有人对此持不同意见。[3]

煤炭是1750年以后英国工业进步的一个因素，但与其说利用煤炭可以获得无机能源，不如说它是催化剂，催生了

---

[1] 这一命题的实证支持，见Morgan Kelly, Joel Mokyr, and Cormac Ó Gráda, "Perfect Mechanics: Artisan Skills and the Origins of the British Industrial Revolution", University College Dublin Centre for Economic Research Working Paper 14 (2019).

[2] F.A. Bailey and T.C. Barker, "The Seventeenth-Century Origins of Watch Making in South-West Lancashire", in *Liverpool and Merseyside*, ed. John R. Harris (London: Cass, 1959), 1–15.

[3] Jennifer Tann, "The Textile Millwright in the Early Industrial Revolution", *Textile History* 5, no. 1 (1974): 80–9, 他说："由于附近没有大型煤田，没有重型铁工业或工程工业，也没有其他需要精密工程的地方工业，该地区缺乏一批可资利用的熟练劳动力。"请参见Eric L. Jones, *Locating the Industrial Revolution: Inducement and Response* (Singapore: World Scientific Publishing, 2010).

机械方面大量形形色色的专业知识。[1]采矿既能产生技术，又需要技术：几乎所有在开发蒸汽机方面有所贡献的工程师——乔治·斯蒂芬森（George Stephenson）、约翰·布伦金索普（John Blenkinsop）、蒂莫西·哈克沃斯（Timothy Hackworth）、威廉·赫德利（William Hedley）和理查德·特里维希克（Richard Trevithick）——都接受过采矿方面的培训，也在采矿业工作过。采矿给工程师们带来的挑战最为艰巨，要应对这些挑战，需要综合运用水力学、地质学、冶金学、力学和化学。[2]随着煤炭相继被广泛应用在各种工业生产过程，它就与心照不宣的手工技能的逐渐积累联系在了一起。[3]煤炭的用途起初很简单，在17世纪开始被用于冶炼黄铜、制造玻璃和陶器等要求更高的熔炉工艺，随后在18世纪

---

[1]　比较Gregory Clark and David Jacks, "Coal and the Industrial Revolution, 1700–1869", *European Review of Economic History* 11, no. 1 (2007): 39–72; E.A. Wrigley, *Energy and the English Industrial Revolution* (Cambridge: Cambridge University Press, 2010); Mokyr, *Enlightened Economy*, 100–4, 269–70; Alan Fernihough and Kevin H. O'Rourke, "Coal and the European Industrial Revolution", NBER Working Paper No. 19802 (2014); N.F.R. Crafts and Nikolaus Wolf, "The Location of the UK Cotton Textiles Industry in 1838: A Quantitative Analysis", *Journal of Economic History* 74, no. 4 (2014): 1103–39.

[2]　Donald Cardwell, *Turning Points in Western Technology* (New York: Neale Watson, Science History Publications, 1972), 74.

[3]　John Harris, *Essays on Industry in the Eighteenth-century: England and France* (London: Variorum, 1992), 18–32.

上半叶被用于铸造钢铁。[1]

正是为了接近制造蒸汽机所需的专业的机械技能，詹姆斯·瓦特在1769年从苏格兰搬到了伯明翰的苏豪地区（Soho, Birmingham）。对于一个企业家或者一个地区来说，为了成功实现工业化，就需要能够轻松获得大量不同的机械技能，这就为20世纪七八十年代提出的问题提供了一个可能的答案。这个问题是，为什么像英格兰北部和中部这样广泛存在家庭手工业（"原始工业"）的地区成功地实现了工业化，而像英格兰西部、爱尔兰南部和法国北部这样的地区却没有呢？重要的一点是，能够提供机械方面的专业知识。劳动力供给充裕，但农村的产业工人大多数没有特别的技能，工业化需要的是工程师和工匠，他们需要精通1760年以后投入使用的更为复杂的技术。

尽管如此，英格兰大量供应技术熟练的工匠，所倚仗的不仅仅是它恰巧煤炭充裕。从供给方面看，英格兰的工匠行会力量薄弱，无力阻挡技术熟练的工匠进行技术变革。[2]从需求方面看，从17世纪中期开始，城市扩张、海外贸易增长、农

---

[1] 见约翰·哈里斯所强调，人们通常认为，18世纪下半叶钢铁工业从木炭燃料向煤基燃料的转变是第一次这样的转变，而事实上，这实际上是"最后一次"。几个世纪前，煮皂、酿造和玻璃制造等行业已转向煤炭。John Harris, *The British Iron Industry, 1700–1850* (Houndsmill and London: MacMillan Education Ltd., 1988); Eric Kerridge, *Textile Manufactures in Early Modern England* (Manchester: Manchester University Press, 1985), 165.

[2] Sheilagh Ogilvie, *The European Guilds: An Economic Analysis* (Princeton: Princeton University Press, 2019).

业集约化发展，还有市场一体化程度提高，这些都是日趋繁荣的征兆，也是繁荣的原因。以国际标准来衡量，英国是一个"高薪经济体"。当时人们经常注意到英国工人阶级相对富裕，不平等程度较低，这能在他们日常饮食和服装的质量和种类等方面体现出来，而其日渐壮大的中产阶级则使"新的、豪华的、时尚的消费品"市场得以蓬勃发展。[1]在犯罪记录里发现了更多这一时期"消费民主化"的证据，即随着时间的推移，棉质床罩等物品会从经济阶层越来越低的家庭中被盗走。[2]奢侈品——从乐器和花哨的玩具，到高档的纺织品和鞋类——都需要更细致的活计，也就是说需要技术娴熟的工匠。此外，英国是一个以海军立国的国家，1650—1815年，海战几乎从未间断，这为精密制造的金属产品创造了一个巨大而又稳定的市场，这些产品小到航海仪器和小型武器，大到借助约翰·威尔金森的镗床（1774年获得专利）制造的大型海军铁炮。约翰·威尔金森的发明受到了荷兰一位浇铸工简·维尔布鲁根（Jan Verbruggen）的启发和影响，他能浇铸铁和黄铜。简·维尔布鲁根受雇于伍利奇（Woolwich）的皇家黄铜铸造厂，是其铸造方面的权威。简·维尔布鲁根是最早将卧式

---

[1] John Styles, *The Dress of the People: Everyday Fashion in Eighteenth-Century England* (New Haven: Yale University Press, 2007), 13; Maxine Berg, *Luxury and Pleasure in Eighteenth-Century Britain* (Oxford: Oxford University Press, 2005).

[2] Sara Horrell, Jane Humphries, and Ken Sneath, "Consumption Conundrums Unravelled", *Economic History Review* 68 no. 4 (2015): 830–57.

镗孔技术用于实心铸造枪支的人，这项技术最早由让·马里茨
（Jean Maritz）于18世纪初在斯特拉斯堡（Strasbourg）研发
出来，但约翰·威尔金森的机器对其进行了大幅改进，并且产
生的公差（tolerance）很低，足以为瓦特的发动机制造气缸。

读写能力与人力资本

不能说英格兰顶尖的工匠们目不识丁，他们在车间里学习
和运用自己的技能，而不是在学校里或者从书本上学习。他们
是被亚当·斯密视为"完全多余"的体系的产物，因为在亚
当·斯密看来，获得手工技能并不需要"长时间的指导"。[1]
事实上，英国的学徒制是有效传播手工技术的一种手段，远不
是制度上的累赘，在工业革命之前和工业革命期间都是如此。
该体系为实现隐性知识的代际传递而精心设计，并对最好实施
的技术进行渐进式改进。[2]总的来说，它奏效了，而且效果很
好——1814年废除《工匠法》（Statute of Artificers）后，它
很轻易地幸免于难。仍旧以隐性知识为主：兰开夏郡的手表工匠
们依靠他们的眼力而不是几何学来制造机心表盘面上"所谓月

---

[1]　Adam Smith, *Wealth of Nations*, Part 1, chapter 10, part Ⅱ.

[2]　David de la Croix, Matthias Doepke, and Joel Mokyr, "Clans, Guilds, and Markets:
Apprenticeship Institutions and Growth in the Pre-Industrial Economy", *Quarterly
Journal of Economics* 133, no. 1 (2018): 1–70; Joel Mokyr, "The Economics of
Apprenticeship", in *Apprenticeship in Early Modern Europe*, eds. Maarten Prak
and Patrick Wallis (Cambridge: Cambridge University Press, forthcoming).

桂叶图案"的轮齿，就像约克郡的冶金专家精确地知道什么时候铁是"坚固的"，什么时候"强度高"，什么时候"有韧性"，但却无法以任何可度量的方式来将此表达出来。[1]

这种手工技能并不正规，也不需要从学校学习。1777年7月6日，21岁颇具才华的锉刀匠彼得·斯图布斯（Peter Stubs）结婚了，他在婚姻登记册上签了字，这在他当时的行业中很常见。在彼得·斯图布斯成长的地方，整体识字率很低——即便在19世纪四五十年代，依旧有1/2的新郎和近3/4的新娘无法在婚姻登记册上签字。然而，据来自教区登记册最早的细节资料显示，大多数表匠和锉刀匠——他们是工匠精英的一部分——至少从18世纪50年代起就会签字了。在兰开夏郡普莱斯科特（Prescot）附近的制表业中心，可以观察到表匠和制造工具的人文化水平相对较高。对此，最令人信服的理由是，他们的工作要涉及商业的层面（与手艺方面不同）——买卖原材料、配件和钟表成品——需要他们识字。[2]即使在18世纪初，普莱斯科特早期的制表商就为伦敦的一些联络人工作，他们提供物品的速度也表明，他们产出以他人的工作为基础。[3]仔细

---

[1] Joseph Wickham Roe, *English and American Tool Builders* (New York: McGraw-Hill, 1916), 65; Berg, *Age of Manufactures*, 257.

[2] 阿什顿指出，许多供应彼得·斯图布斯的工匠也与其他人交易。T.H. Ashton, *An Eighteenth-century Industrialist: Peter Stubs of Warrington, 1756–1806* (Manchester: Manchester University Press, 1939).

[3] R.A.H. Ward, "A Watchmaker's Pocket Book", *Transactions of the Historic Society of Lancashire and Cheshire* 122 (1970): 153–57.

研究一下当时其他职业的识字率就会发现，从事个体经营和与贸易相关的职业都非常需要识字，其中包括鞋匠、车轮修造工和细木工这些很典型的工匠，至少在兰开夏西南部是这样的情况。农民可能也需要识字，琼·瑟斯克（Joan Thirsk）强调了印刷业在加速农业技术传播方面的作用。[1]

　　但是，教区登记册反映出另外一个令人惊讶的结果。将兰开夏郡西南部教区记录中被列为表匠和工具制造工的新郎，与已故丹尼斯·摩尔（Dennis Moore）宝贵的汇编材料中记录的来自同一教区的学徒进行比较，结果显示，在18世纪50年代和19世纪，只有少数受雇于制表行业的男性正式成为学徒。[2]这表明，尽管大多数表匠仍然接受成年师父的训练，但却并没有经历过完全正规的培训。[3]尽管不进行正规培训节省时间和金钱，但其代价是缺乏流动性，对潜在贸易伙伴的影响力减轻。因此，可能更有抱负、更具创业精神和更富有的人会选择正规培训。因此，将学徒制和教区登记数据联系起来可以

---

[1]　Joan Thirsk, "Agricultural Innovations and Their Diffusion", in *The Agrarian History of England and Wales*, vols. 5, 2, ed. Joan Thirsk (Cambridge: Cambridge University Press, 1985), 571–4. 然而，书面的手册在农业生产力的影响方面还很不清楚。爱丁堡的医生弗朗西斯·霍姆（1719—1813）写了第一本关于植物营养的书，他认为科学和实践之间的差距仍然很大。见Francis Home, *The Principles of Agriculture and Vegetation* (Edinburgh: Sands, Donaldson, Murray and Cochran for A. Kincaid and A. Donaldson, 1756), 2–3.

[2]　Dennis Moore, *British Clockmakers and Watchmakers Apprentice Records, 1710–1810* (Ashbourne: Mayfield Books, 2003).

[3]　Compare Berg, *Age of Manufactures*, 218–19.

得出两个重要的结论：首先正式的学徒制相当"脆弱"，因为许多未达到法定服务年限的学徒并没有被禁止从事这个行业。形式上的薄弱凸显出英国学徒制体系具有灵活性，以及它对依赖信任和声誉，而正是信任和声誉强化了学徒关系。其次，数据还显示那些签署了正式合同的人比那些没有签署正式合同的人可能更需要识字，这一点是颇令人吃惊的。[1]

诚然，很多在工业革命中干出一番事业的工匠所接受的正规教育不多——理查德·阿克赖特、马修·穆雷（Matthew Murray）、亨利·莫德斯雷（Henry Maudslay）、乔治·斯蒂芬森（George Stephenson）以及威廉·费尔贝恩（William Fairbairn）和彼得·费尔贝恩（Peter Fairbairn）兄弟都是人们熟悉的例子——但这并不意味着教育和科学对工匠和工程师来说并不重要。以制表业为例，在18世纪六七十年代，这个行业为威治伍德和瓦特提供高质量的工具和车床，这对他们来说非常重要。制表业当时是手工文化的堡垒，不过，它也从17世纪应用数学的关键性突破中获益匪浅：罗伯特·胡克（Robert Hooke）和/或克里斯蒂安·惠更斯（Christiaan Huygens）发明的游丝（balance spring）。从19世纪初开始，机床——用詹姆斯·内史密斯（James Nasmyth）的话来说，设计用来将金属部件切割和塑造成"千

---

[1] Neil J. Cummins, Morgan Kelly, and Cormac Ó Gráda, "Artisanal Skills, Apprenticeship, and the English Industrial Revolution: Prescot and Beyond" (Working Paper, 2018).

分之一英寸"的机器——对精度的要求提高了，需要有自16
世纪以来在天文学中开发出来的那种部件。[1]从16世纪到19
世纪早期，天文测量的精度稳步提高了1万倍，到了18世纪
90年代，刻度精确的角度盘（angular scales）和调整螺丝
（adjustment screws）已经被应用到大规模生产的航海六分仪
（sextants）中。[2]

　　随着时间的推移，精度越发重要。[3]从18世纪末到19世纪
初，工业技术上的许多进步最终都被归结到在铁制机器上使
用了数学仪器、钟、表的齿轮、刻度和调整螺丝（还有用来
制造它们的车床、齿轮刀具和其他工具）。19世纪初期，当彼
得·斯图布斯成功地从使用生产钟表匠用的锉刀转变为使用生
产机械时需要用到且要重得多的"谢菲尔德锉刀"时，仍旧没
有精密的切削工具助力："锉刀A是否比锉刀B好，在很大程度
上是一个见仁见智的问题；而斯图布斯产品上的标记很神秘，

[1]　A.E. Musson, "Joseph Whitworth and the Growth of Mass-production Engineering", *Business History* 17, no. 2 (1975): 109–49, 引自第119页。伟大的工程师威廉·费尔拜恩虽然自己没有受过科学方面的训练，但他充分意识到正规科学的重要性，在他的图书馆里，他在一张亚历山大·冯·洪堡的照片下面工作，他们两人有过会面。见Richard Byrom, *William Fairbairn: the Experimental Engineer* (Market Drayton: Railway and Canal Historical Society 2017), 22, 48.

[2]　Kelly and Ó Gráda, "From Scientific Revolution".

[3]　近期最知名的调查见Simon Winchester, *The Perfectionists: How Precision Engineers Created the Modern World* (New York: Harper Collins, 2018).

对销售有益。"①精密科学仪器和重工业机械两个世界之间的联系，体现在了约瑟夫·惠特沃斯（Joseph Whitworth）身上，他在19世纪三四十年代成为世界上首屈一指的机床制造商，同时也是英国标准化零件和精密制造最重要的倡导者。②

地理环境、生活水平与工业革命

在工业革命前夕，由工匠主导的经济增长主要是斯密型增长。它依赖于一体化程度的提高和更加细致的劳动分工，而交通的改善使这些成为可能。这时的海运、航海、运河和收费公路都得到了改善，内陆和沿海的运费都下降了，使区域间价格的离差减小了。这在下文中17世纪中期到18世纪中期谷物价格变异系数（CV）的下降可以反映出来，也可以从18世纪纽卡斯尔和伦敦煤炭价格比的楔形变化上体现出来（见图1-1）。运输条件的改善使制表、花布印染和餐具等相关行业的手工工作越来越专业化。③

---

①   E. Surrey Dane, *Peter Stubs and the Lancashire Hand Tool Industry* (Altrincham: Sherratt, 1973), 67.

②   Musson, "Joseph Whitworth".

③   经典的说法见Rick Szostak, *The Role of Transportation in the Industrial Revolution* (Montreal: McGill-Queen's University Press, 1991). 另见Mokyr, *Enlightened Economy*, 202–11; Kelly and Ó Gráda, "Adam Smith"; Berg, *Age of Manufactures*, 74–5, 255–6, 263.

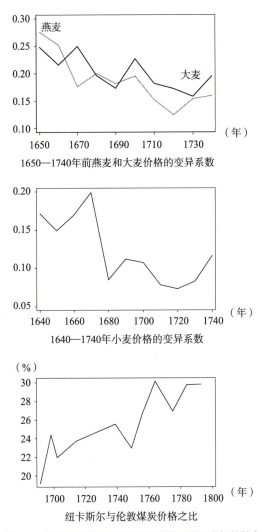

1650—1740年前燕麦和大麦价格的变异系数

1640—1740年小麦价格的变异系数

纽卡斯尔与伦敦煤炭价格之比

图1-1　17世纪中期到18世纪中期英格兰商品市场的整合

资料来源：Peter Bowden, 'Statistics', in *The Agrarian History of England and Wales*, vol. 5.2, edited by Joan Thirsk (Cambridge: Cambridge University Press, 1985); W. Hausman, 'The English Coastal Coal Trade, 1691–1910: How Rapid was Productivity Growth?', *Economic History Review* 40 (1987): 588–96.

马克辛·伯格在《制造业时代：1700—1820年》中对"总量和宏观经济分析"持怀疑态度，她强调在工业革命之前和工业革命期间经济的增长和衰退都带有区域特征。实际上，工业革命彻底改变了英格兰的经济地理格局，使其北部和中部地区从落后者转变为领头羊，它们超过了南部和东部传统上高薪的农业区，而南部和东部的一些地区几个世纪以来一直都是英格兰毛纺织业的核心区域。这种转变在工业革命之前就发生了，因为自17世纪以来，外包工作和小规模的家庭手工业使得北方人口增长加快了，产生了工业革命中黑暗的"撒旦工厂"（Dark Satanic Mills）所需的女工和童工的后备力量。北方在获取水力方面更具优势，这使北方的羊毛工业比其在英格兰西南部诸郡的竞争对手更具优势，上文所讨论的煤矿业也是如此。虽然北部的工资不高，但那里的人营养相对较好（从饮食和身高上可以看出来）。但最重要的是，北方拥有大量供给灵活、具备实用技能的工人——钟表匠、机械师、工具匠——他们在工业革命期间发挥了重要作用，其中有一些人凭借自身实力成了发明家和工厂主。[1]另外，在工业革命前夕，这些技术娴熟的工人数量相对较多，将他们的工资与他们的生产力做一个对比，几乎可以肯定的是，就这一点而言他们要比南部的同行便宜。[2]

---

[1] Cookson, *Age of Machinery*.

[2] Morgan Kelly, Joel Mokyr and Cormac Ó Gráda, "Precocious Albion: A New Interpretation of the British Industrial Revolution", *Annual Review of Economics* 6 (2014):363–89.

　　在18世纪60年代和19世纪30年代，地区间工资的离差保持不变，变异系数为13%，但这掩盖了南北工资差距急剧的逆转。起初，在工业化将要聚集的北方实际工资最低，这反映出北方的农业生产率较低。但是，工业化进程使北方的实际工资显著上升，而南方的工资却停滞不前，甚至还略有下降。基斯·斯奈尔（Keith Snell）关于南方工资的数据库内容特别丰富，它以农村居民点的调查为基础，从中可以看出英格兰南部的实际工资在18世纪80年代到19世纪30年代之间在下降，甚至之后也在下降。[1]推动这些工资变化的，是迥异的劳动力需求，这导致了截然不同的人口增长模式。1761—1831年，在南部和东部不景气的农业郡，人口增长了不到三分之一，而工业郡的人口增长了一倍多，其中兰开夏郡的人口翻了两番。

　　可以通过区域研究的方法，建立模型来对工业革命进行分析，可以领略到马克辛·伯格所说的"工业化早期英国的富饶与多样"。[2]为了对我们的模型进行检验，我们不会去询问"为什么工业革命首先在英格兰发生了"，而是会关注为什么像兰开夏郡和（西）约克郡这样的地方会将诺福克郡（Norfolk）和格洛斯特市（Gloucester）甩在身后。我们建立模型，对1750—1830年英格兰41个郡经济增长的方差进行分析，从所

---

[1]　K.M.D.Snell, *Annals of the Labouring Poor* (Cambridge: Cambridge University Press, 1985),23–66,411–17.

[2]　Berg, *Age of Manufacturers*, 280; Kelly, Mokyr, and Ó Gráda, "Perfect Mechanics".

使用的变量能够反映上文所强调的特征，特别是机械技能、廉价劳动力和水力的可用性。需要说明的是，表示手工技能和水力供给的两个变量解释了19世纪30年代英国工业就业方差的五分之四以上。这个模型相当简单，事实证明，它的解释力非常强大。①

英国顶尖的工匠在总劳动力中所占的比例不高，但他们在缔造世界工厂方面发挥了重要作用。这部分直到现在仍被忽略的"右尾人力资本"（upper tail human capital），也许就是那把失传已久的解读工业革命为何以及如何发生在英国的钥匙。

结论

本文着重探讨了马克辛·伯格所强调的工业革命的一个方面，即体现在英格兰工匠身上的人力资本。②在工业革命初期，人力资本主要存在于机械方面的专业知识上，偶尔也存在于手艺人和能工巧匠的天赋上。这是他们工资相对较高的原因，而且这主要因为他们受过良好的训练、在机械方面很熟

---

① Kelly, Mokyr, and Ó Gráda, "Perfect Mechanics".

② Maxine Berg and Pat Hudson, "Rehabilitating the Industrial Revolution", *Economic History Review* 45 no. 1 (1992): 24–50 (at 31–2); Berg, *Age of Manufactures*, 179–80; Maxine Berg, "Skill, Craft and Histories of Industrialization in Europe and Asia", *Transactions of the Royal Historical Society*, 24 (2015): 127–48.

稳，而且接受过在职培训。正如库克森所言，在那几十年里"最重要的技术进步是在车间里而不是在实验室里取得的，是由机器制造者取得的，这些人显然很少或者根本没有接触过科学书籍或者接受过任何科学教育"。①不过，对于正在走向工业化的英国来说，这种说法可能与纺织业比较契合，与其他行业的吻合度没有那么高。在其他地方，可以看到制造商们越来越依赖科学顾问的建议，通过这一点可以很容易地看出自然哲学家和实业家之间存在互补性。②

在工业革命期间，英格兰的科学知识禀赋不断积累，但是直到19世纪初，科学才在推动经济发展方面充分发挥了自己的作用。就在那时，由启蒙科学所开启的新的知识视野才开始大放异彩。科学影响、指导和启发了技术，但要想让它具有实际价值，就需要有可堪重任的人参与其中。归根结底，是知者与能者之间、智者和制者之间强大的互补性开启了进步的闸门。工匠在其中所起的作用至关重要，但仅凭他们的一己之力，不可能带来持续至今的工业革命，无论他们有多聪明。

------

① Cookson, "The West Yorkshire Textile Engineering Industry", 51.

② 在工业革命早期提供此类咨询服务的科学家中，最著名的是化学家威廉·库伦（William Cullen）和詹姆斯·凯尔（James Keir）；物理学家约翰·T. 德札古利埃（John T. Desaguliers）、约瑟夫·布拉克（Joseph Black）和约瑟夫·普里斯特利（Joseph Priestley）；咨询工程师，如彼得·埃沃特（Peter Ewart）、约翰·史密顿（John Smeaton）和约翰·雷尼（John Rennie）；钟表匠和地质学家约翰·怀特赫斯特（John Whitehurst）。

（摩根·凯利[1]、乔尔·莫基尔[2]、寇马克·欧葛拉达[3]）

---

[1] 摩根·凯利，现为都柏林大学（University College Dublin））经济学教授，在耶鲁大学获得博士学位。1990—1995年，他是康奈尔大学的助理教授。他的研究范围广泛，涵盖的经济史领域包括：分析爱尔兰经济危机和英国工业化的主要原因，以及对历史研究中使用的统计方法进行批评。近期研究成果包括：与寇马克·欧葛拉达合作的"英国工业革命中航船的速度（约1750—1830）"发表于《经济史评论》（"Speed under Sail in the British Industrial Revolution (c. 1750–1830)" *Economic History Review*, 72 (2019): 459–80），与寇马克·欧葛拉达合作的"亚当·斯密，手表的价格与工业革命"发表于《经济学季刊》（"Adam Smith, Watch Prices and the Industrial Revolution" *Quarterly Journal of Economics*, 131 (2016): 1727–52），"早熟的阿尔比恩：英国工业革命的新诠释"发表于《经济学年度评论》（"Precocious Albion: A New Interpretation of the British Industrial Revolution", *Annual Review of Economics*, 6 (2014): 363–89），2019年与乔尔·莫基尔、寇马克·欧葛拉达合著《持续性的标准差》（*The Standard Errors of Persistence*）。

[2] 乔尔·莫基尔是西北大学（Northwestern University）经济学和历史学教授，自1974年以来一直在该校任教。他的研究方向是技术和知识的历史，以及它们对经济增长的贡献。他的论著包括：《财富的杠杆：技术创新与经济进步》（*The Lever of Riches: Technological Creativity and Economic Progress*，1992）、《雅典娜的礼物：知识经济的历史渊源》（*The Gifts of Athena: Historical Origins of the Knowledge Economy*，2002）、《开明经济：英国的经济史（1700—1850）》（*The Enlightened Economy: An Economic History of Britain 1700—1850*，2009），以及《增长的文化：现代经济的起源》（*A Culture of Growth: The Origins of the Modern Economy*，2016）。2006年，他被荷兰皇家科学院（Royal Dutch Academy of Sciences）授予两年一度的"喜力历史奖"（Heineken Award for History）；2015年获得经济史"巴尔赞国际奖"（Balzan International Prize）。

[3] 寇马克·欧葛拉达，都柏林大学经济学荣休教授。他的研究重点是爱尔兰经济史、爱尔兰人口变化，以及爱尔兰大饥荒。他的著作有：《爱尔兰新经济史（1780—1939）》《饥荒人口统计：来自过去和现在的证据》《乔伊斯时代的犹太爱尔兰：社会经济史》《饥荒简史》《食人之谬，与其他关于饥荒及其过去与未来的文章》。

第二章
"什么是技术学?"：
探究工业化来临之际技艺的科学

"什么是技术学（Technology）?"这是苏格兰化学家乔治·威尔逊（George Wilson）在1855年成为爱丁堡大学（University of Edinburgh）技术学钦定讲座教授（Regius Professor）以及爱丁堡工业博物馆（Industrial Museum of Edinburgh）馆长时发表就职演说的题目。[①]在英国，这个职位是新设的，威尔逊觉得他必须向人们解释其中的利害关系。他首先提到，"这个职位的名字，和这个职位的创设一样，都很新颖。'技术学'一词的独特之处在于，英国人对它鲜有所闻，脑子里对它也没有什么印象，因此，我必须从一开始就对我被要求教授的学科做出解释"。然后，他指出"技术学"一词在欧洲大陆更为人所知，它指的是一门在德国被教授的

---

① George Wilson, *What Is Technology? An Inaugural Lecture Delivered in the University of Edinburgh on November 7, 1855* (Edinburgh: Sutherland & Knox, 1855); Robert G.W. Anderson, " 'What Is Technology?': Education through Museums in the Mid-Nineteenth Century", *British Journal for the History of Science 35* (1992): 169–84.

学科。在德国，这个概念与重商主义经济学家约翰·贝克曼（Johann Beckmann）的遗产有关。虽然乔治·威尔逊没有提及《技术学指南：或论手工技术、工厂和工场技术》或《通用技术草案》，但他提到了《发明的历史：发现与起源》（*History of Inventions, Discoveries and Origins*），这是贝克曼唯一被翻译成英文的著作。乔治·威尔逊指出："'技术学'一词的字面意思是技艺的科学（Science of the Art），或者是这方面的论述或论文。"[1]因此，"它的对象不是技艺本身，意即不是技艺的实践，而是指导或者支撑技艺的原则"。当时，技术学是"工业技艺"（Industrial Arts）的科学或"技艺的理论"（Theory of the Arts），它的目标，是研究"艺人们实现自己目的"所遵循的原则。[2]照此说来，所遵循的是约翰·贝克曼的《通用技术草案》，在这部著作中，首次提出按行业从事的活动和行为的目的对其进行分类。[3]

19世纪下半叶，"技术学"的这个含义在英国（更广泛地讲，是在欧洲大陆）和北美丧失了，在这些地方开始采用"技艺的科学"。[4]1859年，威尔逊英年早逝，爱丁堡大学技术学

---

[1] Wilson, *What Is Technology?*: 4.

[2] 同上。

[3] Guillaume Carnino, Jochen Hoock, Liliane Hilaire-Perez, eds., *La technologie générale. Johann Beckmann Entwurf der algemeinen Technologie / Projet de technologie générale (1806)* (Rennes: Presses universitaires de Rennes, 2017).

[4] Eric Schatzberg, "Technik Comes to America: Changing Meanings of Technology before 1930", *Technology & Culture* 47, no. 3 (2006): 486–512.

钦定讲座教授的职位被撤销。工业博物馆的课程被暂停，博物馆购置的手工艺品都被直接用在装饰艺术方面，博物馆演变成了科学和艺术博物馆（Museum of Science and Art），即今天的苏格兰国家博物馆（National Museum of Scotland）。与此同时，自19世纪以来，"技术学"一词的含义已经从技艺的科学转变为科学在工业中的应用，从技术研究或技术理论转向技术本身，当时，工业工程、机械化生产和重化工都得到了发展。技术学变成了机械或化学过程的科学，它不再是有目的的行为活动的科学。1855年，这个转变还未发生。乔治·威尔逊引用了弗里德里希·路德维希·纳普（Friedrich Ludwig Knapp）的《化学技术学：或论应用于技艺和生产方面的化学》（*Chemical Technology, or Chemistry Applied to the Arts and Manufactures*），后者认为，需要将"技术学"理解为"系统地对理性原则的理则进行定义，在技术工艺中所有的过程都以此为基础"，[1]这种提法与行动科学的含义不同。随着应用科学的发展，"有用的知识"以及工业技术世界是建立在有效行动基础之上的观念都被边缘化了。[2]

---

[1] Wilson, *What Is Technology?*: 3–4. 引自Friedrich Ludwig Knapp, *Chemical Technology, or Chemistry Applied to the Arts and Manufactures* (London: H. Baillière, 1848–51), 1:1.

[2] Joost Mertens, "Le déclin de la technologie générale: Léon Lalanne et l'ascendance de la science des machines", *Documents pour l'histoire des techniques*, 20 (2011): 107–17.

　　然而自19世纪以来，人们经常会重新燃起对"技术学"的兴趣，至少在法国是这样，要么与工艺收藏品有关，[①]要么出现在马塞尔·莫斯（Marcel Mauss）、安德烈·勒儒瓦高汉（André Leroi-Gourhan）和安德烈-乔治·奥德里库尔（André-Georges Haudricourt）的人种学和人类学研究中，还会在诸如乔治·康吉莱姆（Georges Canguilhem）现象学的哲学方法方面涉及。他们都认为，技术是"传统的有效行动"，其中不仅包括制作技术（"有用的知识"），而且还包括仪规在内的各种行动。[②]莫斯的追随者，人种学家奥德里库尔解释说，"如果技术学要成为一门科学，那它应该成为人类活动的科学"。[③]有研究将"技术学"理解为将技术编纂成典章，这已成为知识经济概念化不可或缺的一部分。[④]他们避开了把重

[①]　Lionel Dufaux, *L'Amphithéâtre, la galerie et le rail. Le Conservatoire des arts et métiers, ses collections et le chemin de fer au XIXe siècle* (Rennes: Presses universitaires de Rennes, 2017); Géraldine Barron, *Edmond Pâris et l'art naval. Des pirogues aux cuirassés* (Toulouse: Presses universitaires du Midi, 2019); Marie-Sophie Corcy and Liliane Hilaire-Pérez, "Le premier catalogue des collections du Conservatoire des arts et métiers (1818), jalon d'une pensée technologique", paper presented at the conference Nos Jeunes Années. Les début du conservatoire des arts et métiers, 1794–1830, CnaM, 2 October 2018.

[②]　Marcel Mauss, "Les techniques du corps (1934–1936)", *Sociologie et anthropologie* (1950) (Paris: Presses universitaires de France, 1995).

[③]　André-Georges Haudricourt, *La Technologie, science humaine. Recherches d'histoire et d'ethnologie des techniques* (Paris: MsH, 1988).

[④]　Joel Mokyr, *Gifts of Athena: Historical Origins of the Knowledge Economy* (Princeton: Princeton University Press, 2004).

点放在（欧洲）应用科学传播的目的论方法，从而为全球史做出了重要贡献。[1]

然而，在"技术学"回复到这个意义上来，以及更加重视整理典章以后，一种新的研究趋势初露端倪。尽管"技术学"史往往将注意力集中在理论家或学者身上，但新研究却强调从业者在这门技术的科学形成过程中所起的作用。[2]这种观点与沿袭下来的学术观点背道而驰，在传统的学术研究中，长期以来一直认为工匠们依赖本行业隐性的专门知识，受行会的束缚，难以发展出对工作比较与综合的认知，从而制约了他们的发明创造。

本章首先对构成"技术学"这一学科的基本文献所做的研究加以分析。随后，笔者将展示一种新趋势如何增强我们对文化实践的理解，这种文化实践在这门科学兴起时就已存在。之后笔者会关注实践，来展现工匠们如何在生产现场开展技术论证，展示他们将工作抽象成操作原则的能力。

---

[1] Dagmar Schäfer and Marcus Popplow, "Technology and Innovation within Expanding Webs of Exchange", in *The Cambridge World History. Part III: Growing Interactions*, eds. Benjamin Z. Kedar and Merry E. Wiesner-Hanks (Cambridge: Cambridge University Press, 2015), 309–38; Karel Davids, 'Bridging Concepts', *Isis* 106, no. 4 (2015): 835–9.

[2] Pamela H. Smith, *The Body of the Artisan: Art and Experience in the Scientific Revolution* (Chicago: University of Chicago Press, 2004); Matteo Valleriani, "The Epistemology of Practical Knowledge", in *The Structures of Practical Knowledge, ed. Matteo Valleriani* (Dordrecht: Springer, 2017), 1–19.

将"技术学"作为工业技术的
科学进行复原

1968年，雅克·吉尔瑞姆（Jacques Guillerme）和简·塞贝斯蒂克（Jan Sebestik）在《泰勒斯》（*Thales*）杂志上发表了一篇文章，题目为《技术学的开端》（"The Beginnings of Technology"），这篇文章的基础是在乔治·康吉莱姆研讨会上所提交的研究成果。[①]简·塞贝斯蒂克回顾道，乔治·康吉莱姆对技术的旨趣是基于这样一个观点："不可将技术操作简化为理论知识。"[②]即使操作机器属于物理学，但机器首先延伸了人类的躯干。技术活动是由有机体完成的，乔治·康吉莱姆认为，"人通过技术使生命得以延伸"。[③]一旦设定了不可将技术操作简化为理论知识，我们所面临的挑战就是将技术操作的话语构成理解为科学话语，进而构建起技术的理论。

雅克·吉尔瑞姆和简·塞贝斯蒂克搜罗了大量的文献，从

[①] Jacques Guillerme and Jan Sebestik, "Les commencements de la technologie", *Thalès* (1968), republished in *Documents pour l'histoire des techniques* 14 (2007): 49–122.

[②] Jan Sebestik, "Les commencements de la technologie. Postface/préface", *Documents pour l'histoire des techniques* 14 (2007): 124.

[③] 同上，第126页。

文艺复兴时期的技术论文到18世纪的百科全书,还有19世纪制造科学方面的文章。尽管在之后的几十年里他们的研究在很大程度上被人们忽视了,但它奠定了目前该领域一部重要的参考文献——海伦·韦兰(Hélène Vérin)和帕斯卡·杜博-格拉蒂尼(Pascal Dubourg-Glatigny)《简化艺术:从文艺复兴到启蒙运动的技术学》——一书的基础。[①]韦兰和杜博-格拉蒂尼强调了文艺复兴学术性项目的重要性,这些项目通过观察、比较和类比将各种不同的技术简化成了行动的基本原则。这种将实践简化为一般操作的尝试,是基于对具体行动进行综合,从而产生抽象的概念。对于韦兰和杜博-格拉蒂尼来说,这揭示了"一个知识领域。一个独特的领域,即'技术'的领域,这既不同于在车间里建造现场上传播的手艺(trades),也不同于大学里所传授的科学知识"。[②]

跨国研究和比较研究也对这种规范性文献产生了兴趣。例如,对德国官房学派(cameralism)进行研究,使人们能够更好地确定"技术学"作为一门学科出现了,并对它与国

---

① Pascal Dubourg-Glatigny and Hélène Vérin, eds., *Réduire en art. La technologie de la Renaissance aux Lumières* (Paris: MsH, 2008).

② Hélène Vérin, "Rédiger et réduire en art. Un projet de rationalisation des pratique", in *Réduire en art. La technologie de la Renaissance aux Lumières*, eds. Pascal Dubourg-Glatigny and Hélène Vérin (Paris: MsH, 2008), 22.

家科学和官僚机构之间的关系提出疑问。①约翰·贝克曼认为"各种各样的手艺——不管原材料和制成品如何，都必须为相同的目的去开展各种各样的工作"，他还补充说："木匠使用刨子进行工作、抛光玻璃、将织物轧光，这些活动都是为了达到相同的目的，那就是'让物体平整'。"②因此，技术专家打算在实际工作的基础上，构建一个适用于不同手艺操作的一般理论。尽管有各种各样的解释，但历史学家一致认为，这种努力带有政治目的，因为它让行政人员对自然资源有了更多的了解，并为开发这些自然资源提供了技术手段。与此同时，技工的转职促进了发明创造，技术的改进正是得益于此。

约斯特·默滕斯（Joost Mertens）在谈论法国的文章中对路易斯-塞巴斯蒂安·雷诺曼（Louis-Sébastien Lenormand）所起的作用予以强调，后者是《技术学词典》和一系列其他手册的作者，技术学杂志兴起时他也积极撰写文章。③作为技术

① Guillaume Garner, *État, économie, territoire en Allemagne. L'espace dans le caméralisme et l'économie politique, 1740–1820* (Paris: eHess, 2005); Thorsten Meyer, Marcus Popplow, and Günter Bayerl, *Technik, Arbeit und Umwelt in der Geschichte: Günter Bayerl zum 60. Geburtstag* (Münster: Waxmann, 2006); Andre Wakefield, *The Disordered Police State. German Cameralism as Science and Practice* (Chicago: University of Chicago Press, 2009).

② Carnino, Hoock, and Hilaire-Pérez, *La technologie générale*, 21.

③ Joost Mertens, "Technology as the science of the Industrial Arts: Louis Sebastien Lenormand (1757–1837) and the Popularization of Technology", *History and Technology* 18, no. 3 (2002): 203–31. (《技术词典》在1822—1835年出版，共22卷)

学方面一名新任的教授，雷诺曼认为"技术学"的使命是提升对勤勉阶层的教育：他的目标是鼓励工人们比较和转换手艺之间的工艺流程，以培养他们的独创力。雷诺曼在《技术学词典》中，提供了一个双重的技术参考体系，允许不同手艺之间进行比较和相互参照，或者是进行类比（例如印制可能与书籍、壁纸、印花棉或陶器有关），或者是通过邻接（例如制表与抛光、镀金、制造弹簧等有关）。这些对工作的分类与将手艺划归行会的制度性分类存在很大差异（尽管正如我们所见，交叉技能和关联性带来了复杂的联系，在分包网络里更是如此）。他们开启了海伦·韦兰所谓的"技术空间"，[1] 意思在行会、行业，以及学术机构之外在技术知识方面获得了自主权。

在英国，继马克辛·伯格在工业科学和工程方面的研究之后，人们将研究集中在了机器问题上，即安德鲁·尤尔（Andrew Ure）称之为"制造的哲学"或"工业经济"。[2] 在最近的一项研究中，约斯特·默滕斯将雷诺曼的《技术学词典》与安德鲁·尤尔的《技术、制造与矿藏词典（1839—1853年）》（*Dictionary of Arts, Manufactures, and Mines: 1839—1853*）进行了比较：雷诺曼提出了一种包容性的人类

---

[1] Hélène Vérin, *La gloire des ingénieurs. L'intelligence technique du XVIe au XVIIIe siècle* (Paris: Albin Michel, 1993).

[2] Maxine Berg, *The Machinery Question and the Making of Political Economy, 1815–1848* (Cambridge: Cambridge University Press, 1980).

活动观，着重强调工具和行为者，而尤尔只列出了过程，旨在描述通过机械或化学手段将材料转变为"具有交换价值的一般物品"的过程。[1] "技术学"因此成为"经营性生产制造"（operative industry）的科学，其目的是要降低生产成本。卡尔·马克思在《资本论》（*The Capital*）中谴责的正是这种"技术学"：这门"新现代科学"的原则，是将每一个生产过程进行分解，然而却发现"不管所使用的工具多么复杂，人体的一切生产活动必然在这些形式中进行，正像力学不会由于机器异常复杂就看不出它们不过是简单机械力的不断重复一样"。[2] 这种方法终结了就技艺构建起的一般技术学的宏愿，并促使"技术学"的含义从根本上发生了改变。

更一般地说，从文艺复兴到19世纪这段时间更好地理解"技术学"对于发掘这个概念的多重意义至关重要，而这还要感谢历史学家们收集了大量的基本文献。从这些研究还可以看出，"技术学"的概念应该根据不同的语境和用途来进行分析，而不仅仅是将其作为一个概念来进行分析。从这个方面来说，若将各种从属于推广"技术学"的实践纳入考量，新的研究成果就会产生。

[1] Joost Mertens, "The Mere Handicrafts: Ure's *Dictionary* (1839–1853) Compared with the *Dictionnaire Technologique (1822–1835)*", *Documents pour l'histoire des techniques*, 19 (2010): 277–85.

[2] Karl Marx, *The Capital. A Critique of Political Economy*. Volume I. Book One: *The Process of Production of Capital (1867)* (London: Swann Sonnenschein, Lowrey & Co., 1887; Berlin: Dietz Verlag, 1990), 425.

从实践的方面来看"技术学"

让-克劳德·佩罗（Jean-Claude Perrot）在他的《政治经济学思想史》中倡导"抽象的具体历史"，主张"我们必须停止将文本视为理论唯一的载体，同时也要将物品、物质设备纳入考量"，并且"各种社会和文化实践"也是抽象概念的组成部分。[1]在上一代人中，这种方法受到了文化和思想史学家的青睐。研究"技术学"的历史学家现在也在这个方向上进行探索，促使他们去扩大自己所考量的作者和文本的范围。

因为"技术学"旨在促进行业间的交流，加强彼此间的关联，所以目前的方法主张，工匠的社会和文化实践也参与了开放知识的过程，这与工匠们保守秘密的陈词滥调恰恰相反。在18世纪，技术文化的社会基础似乎比处理技术编纂的学术精英的圈子宽泛许多。从很多方面来说，是工匠们首先为技术建立了一个公共空间，例如，通过参加技术协会之类的学术团体的方式为技术创建空间。[2]在成立了"对技术和手艺进行描述"

---

[1] Jean-Claude Perrot, "Quelques préliminaires à l'intelligence des textes économiques", *Une histoire intellectuelle de l'économie politique (XVIIe-XVIIIe siècle)* (Paris: eHess, 1992), 7–60.

[2] Roger Hahn, "The Application of Science to Society: The Societies of Arts", *Studies on Voltaire and the eighteenth century 35 (1963): 829–36;* Liliane HilairePérez, *L'invention technique au siècle des Lumières* (Paris: Albin Michel, 2000).

（Description of Arts and Crafts）的学术委员会之后，1718年在巴黎开始了一场参与技术协会的运动。但是巴黎技术协会主要的缔造者是表匠，其规章规定52名会员中至少有一半应该是从业者。每一种手艺，比如农艺、"处理丝线、羊毛和细线的手艺"、"测度时间的手艺"、"金属加工手艺"都被交付给一个由多方专家组成的委员会。在与光学有关的眼镜制作手艺委员会，协会邀请了两名几何学家兼验光师、一名物理学家、一名机械工、一位化学家、一位玻璃匠、两名配镜师，还有一位会上釉的工匠。这个协会开创了一种邻接、横向的社交形式，以确保"在技术实践中遵循的方法"取得进展。[1]虽然该学会无法在18世纪30年代以后继续进行这个创新项目（存在几个原因，不仅仅是因为协会会员们的压力），[2]但它建立了一种开放的社交形式，这种社交形式在过去的一个世纪里沿着不同的模式继续发展，并且鼓励会员们更加重视对技术进行观察，同时更加重视从业者所做的分析。[3]特别是1750年以后，工匠们有机会进入社交圈，例如进入法国大革命期间的发明家俱乐部，这说明在当初创造专利时，围绕着国家支持发明的问题动员起

---

[1] Hilaire-Pérez, *L'invention technique*, 190–208.

[2] Paola Bertucci, *Artisanal Enlightenment. Science and the Mechanical Arts in Old Regime France* (New Haven: Yale University Press, 2017).

[3] Arnaud Orain and Sylvain Laubé, "Scholars versus Practitioners? Anchor Proof Testing and the Birth of a Mixed Culture in Eighteenth-Century France", *Technology and Culture* 58, no. 1 (2017): 1–34.

了手工艺方面的力量。①1753年创建的伦敦艺术协会（Society of Arts of London）在这些协会中很典型，它将博学的精英聚集在一起，但对商人开放，成了一个技术知识中心。

英国史学指出了这样一个事实，工匠和其他从业人员不仅参与了这场学术运动，而且他们的文化实践也是这一创新技术文化不可或缺的部分。在这方面有一个例子，是在商店和车间里，各种各样的新物品和新机械都被展示出来，并且可以被观察到，其方式与在技术学会的仓库里展示的方式没有什么不同。制表匠兼机械师克里斯托弗·平奇贝克（Christopher Pinchbeck）在艺术学会（他是该学会的会员）展出了他的机械模型，这些模型以前安装在他的古玩店（他也称之为仓库）里，一起展出的还有音乐钟、动画和配件、箱子、手表、骰子、地球仪和珠宝。②技术类印刷品例如为商业目的而出版的"操作指南"小册子，以及其他视觉媒介的发展，使得作为"技术学"基础的比较推理和类比推理得到了普及。

一系列的研究揭示出多样化的规范性文献兴起了，从旅行见闻到以释疑解密为主题的书，还有不同类型制作新物品的手册和说明书，这意味着工匠参与了学术性技术学的写作，也表

① Hilaire-Pérez, *L'invention technique*, 208–23; Valérie Nègre, *L'Art et la matière. Les artisans, les architectes et la technique entre XVIIIe et XIXe siècles* (Paris: Garnier, 2017).

② Liliane Hilaire-Pérez, *La pièce et le geste. Artisans, marchands et savoir technique à Londres au XVIIIe siècle* (Paris: Albin Michel, 2013).

明意图进行商业化的这种独特的著述体例得到了发展。在学术
方面，瓦莱丽·内格尔（Valérie Nègre）研究了进入学术界
的工匠兼建造者的论文，黛娜·里巴德（Dinah Ribard）分析
了她认为"在其作品中显现出思想活动的情节"的工匠们的论
文。①在商业方面，现在鼓励历史学家们考量宣传技术和有用
的文献的广告，例如推广"操作指南"的传单和小册子，这些
资料上面包含形形色色的技术分类和技术论证信息。②直到19
世纪，这些做法与文艺复兴时期以释疑解密为主题的书的不断
再版有交集，而其他形式的技术学文献也有所发展，比如"洛
雷指南丛书"（Manuels-Roret）之类的使用手册。③对新发
明的产品需求激增，造就了这种"技术学领域创业者"的社
会环境。例如，1769年刀匠让-雅克·佩雷特（Jean-Jacques
Perret）发表了一篇关于他发明的带柄剃刀的论文，编入了具
有适当示意动作的插图，但这本书实际是一个钢、石材和皮革

① Nègre, *L'Art et la matière*; Dinah Ribard, "Le travail intellectuel: travail et philosophie, XVIIe-XIXe-siècle", *Annales. Histoire, Sciences Sociales 3* (2010): 715–42.

② Maxine Berg and Helen Clifford, "Commerce and the commodity: Graphic Display and selling new consumer goods in eighteenth-century England", in *Art Markets in Europe, 1400–1800*, eds. Michael North and David Ormrod (Aldershot: Ashgate, 1998), 187–200; Liliane Hilaire-Pérez and Marie Thébaud-Sorger, "Les techniques dans l'espace public. Publicité des inventions et littérature d'usage au XVIIIe siècle (France, Angleterre)", *Revue de synthèse* 127, no. 2 (2006): 393–442.

③ Joost Mertens, "Éclairer les arts. Eugène Julia de Fontenelle (1780–1842), ses manuels Roret et la pénétration des sciences appliquées dans les arts et manufactures", *Documents pour l'histoire des techniques* 18 (2009): 95–112.

的商品目录,专为消费者的需求而设计。①他参与了有关烧结钢(cemented steel)的辩论,并得到了日内瓦艺术学会的支持。几年以后,"技术学"一词出现在了商业和技术杂志上,其类别是发明物的广告,1800年出现在《技术及制造年鉴》上,1804年出现在了《镜框年历》上。②"技术学"商业和学术方面的差距正在模糊,而后者与市场、消费和工场之间的联系似乎越来越明显。长期以来,工艺经济一直被视为"技术学"的对立面,当时的技术专家和后来的技术史学家都是这么认为的。它在推动技术科学的发展和将手艺转化为抽象表现形式的编纂过程中处在最前沿。

生产场所的"技术学"

要理解工艺在技术学思想传播中的作用,有必要考虑18世纪需求增加所带来的生产组织变革。市场和技术之间的动态

---

① Jean-Jacques Perret, *La pogonotomie ou l'art d'apprendre à se raser soi-même, avec la manière de connoître toutes sortes de pierres propres à affiler tous les outils etinstrumens; et les moyens de préparer les cuirs pour repasser les rasoirs, la manièred'en faire de très bons ; suivi d'une observation importante sur la saignée* (Paris: Dufour, 1769).

② Liliane Hilaire-Pérez and Marie Thébaud-Sorger, "Les techniques dans la presse d'annonces au XVIIIe siècle en France et en Angleterre : réseaux d'information et logiques participatives", in *Des techniques dans la presse à la presse technique*, eds. Patrice Bret, Konstantinos Chatzis, and Liliane HilairePérez (Paris: L'Harmattan, 2008), 7–38.

关系能够为工匠中间操作性知识的兴起提供解释，在英国发表的研究对理解这一现象起到了特殊的作用，马克辛·伯格的研究尤为重要，通过需求因素对工业革命方面进行修正以后，这些研究有助于我们对技术、能力和有用知识的作用重新进行思考。18世纪是一个以产品经济为基础的斯密型增长时期，这个时期在史学研究上获得了自主权。英国的历史学家强调，消费品种类不断在增加，样式不断在更新，这些对于满足城市中产阶级独特的商品需求都具有重要意义。在这种情况下，所产生的技术文化不应该与机械化和寻求降低生产成本混为一谈，尽管这也是创新尝试的一部分。[1]

研究人员创造了一种方法，使得对商业档案的解读不仅成为行业史和商业史的原始资料，而且成为技术史和发明史的资料来源。例如他们已经证明，商业名片和商品目录中体现了品位和设计技巧，这是启蒙运动中发明的含义本身固有的。[2]商品目录中所展示的模式揭示了商品混杂的媒介构成，还体现出企业家之间具有互补性。这类学术研究表明，技术的转移和工艺的融合如何对手艺的世界重新进行塑造，如何将工艺转变为商业企业。

消费主义的突然出现深刻地改变了手工技艺，今天的历史

---

[1]　Maxine Berg, *Luxury and Pleasure in Eighteenth-Century Britain* (Oxford: Oxford University Press, 2005); Helen Clifford, *Silver in London: The Parker and Wakelin Partnership, 1760–1776* (New Haven: Yale University Press, 2004); John Styles, 'Product Innovation in Early Modern London', *Past & Present* 168 (2000): 124–69.

[2]　Berg and Clifford, "Commerce and the Commodity".

学家们对这一点已然明了。因为不可能在单个工厂里生产如此
多样的物品,因此分包网络发展到了极致。这意味着,沿着大
量的操作链进行环路管理,运营一整个外包的生产过程——从
而来应对广泛的"分散式"知识的协调问题。就产品市场的扩
张而言,产品经济使(工具、材料、模型、质量改进的)创新
能力增强了,其基础是模仿、转换和调整外形、材料和操作
的能力在增加——这是一种思维的综合活动。海伦·克利福
德对胡格诺派(Huguenot)在英国的联系进行了研究,强调
"技能的跨学科性"非常重要,它使装饰艺术非常富有创造力:
"正是胡格诺派具有绘画、设计和造型的普遍重要性和普遍适
用性,才使他们成为不可或缺的人物。"[1]无论是通过对生产过
程进行分割,还是通过对发明进行转让,工匠们都积极参与了
韦兰所谓"技术空间"的构建。在这种情况下,他们把活计理
解为一种可操作、综合性、可类比的过程。这种手工艺"技术
学"的记录使得人们对操作(虽然不是一门科学或一个理论)
进行抽象,这种记录是日常实践的档案,用来销售产品和管理
分包商。伦敦配件行业的工匠兼企业家的账簿就是这种技术学
文化的例证。[2]

伦敦地处欧洲产品差异化的核心,其生产活动极为专业
化、地区间具有互补性,并且许多公司和个人之间能够协调配

---

[1] Helen Clifford, "In Defence of the Toyshop: The *Intriguing Case of George Willdey and the Huguenots*", *Proceedings of the Huguenot Society* 27, no. 2 (1999): 171–88.

[2] Clifford, *Silver in London*; Hilaire-Pérez, *La pièce et le geste*.

合。伦敦专门生产合成度高的产品，从制表到家具制造、马车制造，还有金饰、五金或玩具，包括各种各样的配件和珍品（装饰品、家居用品、服装、仪器等），它们由合金、组装材料和混合材料以及定做的部件制成。这种经济的关键之处，在于组装、调整和精加工的质量，当然维修也很重要。这些复杂物品市场的扩展，牵涉零件和固定装置的生产、转售和储存，以及它们在精加工车间的组装。在这些生产网络中，每个供应商和经营者都有自己的功能，这些功能叠加在行业特征之上——比如说装配，这是一种受到高度赞扬的技能。在这种情况下，任务和操作在工匠的账簿中变得更加清晰可见——远在计算工业成本之前。

位于伦敦修理和装配经济中心的表匠本杰明·格雷（Benjamin Gray）和本杰明·福尔利艾米（Benjamin Vulliamy）的档案就是这种趋势的明证。他们动用了许多分包商，并对三代人的管理情况进行了详细的记录。记录的目的不是生产或传播什么知识，为的是为客户和分包商计算价格。在这个过程中，需要对所涉及的不同任务加以描述和标注，从而在计算价格时予以体现。

在18世纪，本杰明·格雷的账簿上所列的订单中有80%与修理有关。[1]只有修理会提到任务，要么会提到一般的活动，

---

[1]   London Metropolitan Archives, Clockmakers' Company Library: GB0074 ClC/B/227–082: Benjamin Gray Collection.

如"修补"(mended)或"清理"(cleaned),要么会指出确切的行为——如更换精密零件、上油、抛光或表面处理——与特殊部件的处理有关。在计算费用时需要在订单上列出操作,并且同时存在几种表达方式。例如,1711年6月2日,修理(mended)巴里上校(Colonel Barry)的手表,需要在本杰明·格雷的账簿上登记一个条目,将一系列任务放在了括号里:拧紧齿轮,清洁表盘,给内壳上光油,抛光表壳,安一块新表盖,以及清洁手表。当以表格的形式记录时,动词和部件之间的对应关系更加清晰:柯林斯(Collins)手表的维修包括6个类目,将动词"修理"分解为单个部件和配件上所需完成的任务的组合。在某些情况下,会详细说明修理一个部件所需完成的一连串的任务。例如,对于一个表壳的修理,本杰明·格雷列出了抛光、擦拭、上清油(一种表面修整工序),之后列出了对表壳进行改造的操作,每个工作流程(表面修整和改造)都用一个小括号括起来。用文字进行说明要比用产品、产品部件进行说明强,因此,也比用它的形貌来进行说明强(图2-1)。

虽然如此详细的细节在本杰明·格雷的账簿中很少出现,但他的继任者本杰明·福尔利艾米从1798年开始就采用这样一种操作式的表达方式来安排账簿的次序排列。[①]这些"技术图形"的做法应用广泛,内容丰富,除此之外,虽然它们没有遵循

① The National Archives, Kew, Chancery Masters' Exhibits, C/104/58 ii.

图2-1　本杰明·格雷的账簿

注：此为"我美丽的巴里莫尔夫人"的收据（多次出现），修理的物品为手表，时间是1712年1月31日。

任何既定的规范，但却表露出在以精加工和装配为基础的行业中行动的理性化开始兴起，这对"商品世界"至关重要。消费模式在变化，使得工匠们必须要大量生产创新和时尚的商品，这就需要他们对多项任务加以协调，并且将分包商的参与计入账簿。这对账簿管理产生了影响，在账簿中发展出一种文字的和编码的语言，表示试图将各种做法简化为几个常规操作。这些账簿被嵌入到商人经济即产品的经济中，它们的目的不在于协助降低成本，就像工业中的做法一样,①而是控制与分包商和客户之间的款项往来。虽然产品的部件使账目连贯一致,但这种技术图形的操作规则逐渐被行动的操作符号所取代。从这个意义上说,可以把工匠的账簿视为"技术学"历史的档案,并将其看作是为工作实践的理性化提供了一条被人遗忘的路径。

结论

"技术学"作为技术和有目的行动的科学,其历史通常与科学家和技术专家学术成果联系在一起,这些人对技术流程进行编撰成文。然而,在手工技艺的世界里,在由市场主导的环境下,技术学的唯理性也得到了发展,这是通过商业性的印刷品,以及以不太显眼的方式通过工匠兼企业家的商业记录实现了的。因为品类众多的商品消费量在增加,这些商品有合成的,有仿制的,需要筹备大量的零件和固定装置,也需要对一系列的工匠加以协调,因此,工匠兼企业家们开发了一种用于记账的行业术语。工匠的账簿为人们提供了"技术工艺发展史",在这一历程中被使用的动词和模块化语言表达形式越来

① Neil McKendrick, "Josiah Wedgwood and Cost Accounting in the Industrial Revolution", *Economic History Review* 23, no. 1 (1970): 45–67; Richard K. Fleischman, Keith Hoskin, and Richard Macve, "The Boulton & Watt Case: The Crux of Alternative Approaches to Accounting History?", *Accounting and Business Research*, 25 (1995): 162–76.

越复杂。文字语言在"技术学"这门活动的科学兴起的过程中非常重要，因此，它也属于手工艺文化。账簿中这种行业术语的兴起，引发了从业者和博学的技术专家之间可能存在需要弥合的分歧和居中调停的问题，因为他们讲的是同一种语言，或者更恰当的说法是，他们使用相同的句法表达他们所共享的同一套理念，这套理念的运行使人们将工作抽象为劳动。

（莉莉安·希莱尔–佩雷斯①）

① 莉莉安·希莱尔–佩雷斯，巴黎大学（Université de Paris）早期近代史教授兼研究主任。她是创新史、技术文化和交流史方面的专家。她的论著有：《启蒙时代的技术发明》（*L'invention technique au siècle des Lumières*）、《零件和行为：18世纪伦敦的工匠、商人和技术知识》（*La pièce et le geste: Artisans, marchands et savoirs techniques à Londres au XVIIIe siècle*）。她发表了许多文章，编撰过多部著作，包括《20世纪之前全球范围内的技术书籍》（*Le livre technique avant le XXe siècle. À l'échelle du monde*）。她还是《工艺品：技术、历史和人文》（*Artefact: Techniques, Histoire et Sciences humaines*）杂志的编辑。

第三章
18世纪英国陶瓷业中的
缄默和保密

　　知识、材料、能源、资本和劳动力对18世纪的制造业至关重要。近年来，历史学家探究了在英国工业革命和欧洲工业化进程中知识如何在18世纪的工厂间传播，如何影响生产流程，以及如何创造出新式出奇的商品。[1]学者们还提出疑问：知识如何在工厂里和车间内传播，以确保新技术能够创新、规范与发展？知识在18世纪的车间里呈现出多种形式。马克辛·伯格和莉莉安·希莱尔-佩雷斯在回应乔尔·莫基尔的《开明经济》（ *The Enlightened Economy* ）时提醒历史学家，

---

① 章节标题引自威廉·P. 克兰克肖（William P. Crankshaw）代表威尔士大学对威尔士纺织工业的调查报告（ *Report on a Survey of the Welsh Textile Industry Made on Behalf of the University of Wales*，加的夫：威尔士大学出版社，1927年），第16页。

　　Helen Clifford, "Concepts of Invention, Identity and Imitation in the London and Provincial Metal-Working Trades 1750–1800", *Journal of Design History* 12, no. 3 (1999): 241–55; Helen Clifford, 'Innovation or Emulation? Silverware and Its Imitations in Britain 1750–1800: The Consumers Point of View', *History of Technology* 23 (2001): 59–80; Maxine Berg, "From Imitation to Invention: Creating Commodities in Eighteenth-Century Britain", *Economic History Review* 55, no. 1 (2002): 1–30.

工匠和他们所拥有的隐性知识（tacit knowledge）具有重要意义。①他们的研究促使我们更加重视去揭示隐性知识的性质以及隐性知识促进变革的方式。

与隐性知识的传播、它的可见性和可转移性相关的问题越来越突出。在发展制造工序和生产实践的过程中，同时代的人是如何理解和传播其通过实践学到的，并且被证明是难以明确表达出来的知识？本章探讨了制造厂内部隐性知识的传播与流通，还探究了制造商如何积极地去让人们缄默不言，希望确保知识不会被传播，不会从他们的车间流传出去。18世纪的制造商们明白，尽量不让人们了解隐性知识非常重要，他们已经掌握的隐性知识在企业间广为流传。尽管制造商们认识到跨越时空传递体化知识（embodied knowledge）存在困难，但他们急切地采取措施来限制它的移动。本章考察了与北斯塔福德郡（North Staffordshire）约书亚·威治伍德（Josiah Wedgwood，1730—1795年）的陶瓷制造厂有关的车间实践、工业旅游及工人流动的实例，来对隐性知识和技能实践进行研究。通过这些研究可以阐明18世纪英国制造厂、知识生产和学习的性质。

---

① Joel Mokyr, *The Enlightened Economy: An Economic History of Britain 1700 to 1850* (New Haven and London: Yale University Press, 2009); Maxine Berg, "The Genesis of Useful Knowledge", *History of Science* 45 (2007): 123–33; Liliane Hilaire-Pérez, "Technology as Public Culture in the Eighteenth Century: The Artisans' Legacy", *History of Science*, 45 (2007): 135–53.

协作与交流

在19世纪之前，陶工们很少独自工作。[1]陶器生产过程（特别是练泥）的性质使得陶工需要与其他人合作，一起来制作陶瓷制品。协作意味着要与在同一个车间工作的人，以及在其他地方，承接分包工序的人进行交流，交流的内容是在诸如练泥和拉坯（clay beating and throwing）的工序中所蕴含的设计理念、对材料的看法和隐性知识。社会学家的研究强调，探究群体与个人转移和经协商得到隐性知识的各种方式具有重要意义。社会学家蒂姆·丹特（Tim Dant）关注汽车机械工在工场的做法，他展示了他们相互之间如何进行沟通，使用工具和材料来完成特定的修理任务。蒂姆·丹特的研究揭示了人与人之间和物与物之间的交流策略是复杂的：从直接的口头吩咐，到勉强有言语暗示，再到肢体动作。[2]更广泛地说，对物质世界以及我们与物质世界关系的理论洞见，促使学者们重新考虑两个工人在一系列影响他工作的际遇中是如何行动的。[3]理查德·桑内特（Richard Sennett）等社会学家和提姆·英戈尔

---

[1] Sarah Richards, *Eighteenth-Century Ceramics: Products for a Civilised Society* (Manchester and New York: Manchester University Press, 1999), 50.

[2] Tim Dant, "The Work of Repair: Gesture, Emotion and Sensual Knowledge", *Sociological Research Online*, 15, 3, 7 (2010), n.p.

[3] Bruno Latour, *Reassembling the Social: An Introduction to Actor-Network Theory* (Oxford: Oxford University Press, 2005); Manuel De Landa, *A New Philosophy of Society: Assemblage Theory and Social Complexity* (London: Continuum, 2006).

德（Tim Ingold）等人类学家探讨了人体是如何在与物质世界的交流中开展技术性工作的。[1]理查德·桑内特在其2008年出版的《匠人》（*The Craftsman*）一书中指出，技艺与认识在与物质世界缓慢的反馈和沟通过程中得到了深化。[2]材料、物体和环境不断发生变化，摩擦随即产生了，这些摩擦对于通过实践来批判、纠正和发展隐性知识是有益的。只有与物质世界进行互动，技能才能得到提升，人们才能加深对物质世界的认识。[3]因此，需要认识到人类是在复杂的社会世界中生存和发展的。正如弗里德里克·法兰德（Fredrik Fahlander）所言，"社会世界不仅仅是被赋予不同权力的个人与物品和他人进行互动的问题；不同种类的物质性（事物、自然特征、动物、雨雪之类的物质）往往仅因其存在就在社会发展中扮演着非常重要的角色，尽管它们往往很绝妙"。[4]与此同时，弗里德里克·法兰德坚持认为"物质性只有在某些情况下才有可能在刺激、促进或决定社会行动的意义上具有社会性"。[5]

---

[1]　Richard Sennett, *The Craftsman* (London: Penguin, 2008); Tim Ingold, *Making: Anthropology, Archaeology, Art and Architecture* (Abingdon: Routledge, 2013).

[2]　Sennett, *The Craftsman*, 44.

[3]　Also see Glenn Adamson on the importance of frictions and resistance: Glenn Adamson, *Thinking Through Craft* (Oxford and New York: Berg, 2007).

[4]　Frederik Fahlander, "Differences That Matter: Materialities, Material Culture and Social Practice", in Håkon Glørstad and Lotte Hedeager, eds., *On the Materiality of Society and Culture* (Lindome: Bricoleur Press, 2008), 131.

[5]　Fahlander, "Differences that Matter", 134.

　　约书亚·威治伍德的往来书信记录了他与员工、材料、工具反复接触，解决生产问题，改进生产流程的那些时刻。信中显示，手工制品在车间实践中发挥了特殊作用。例如，18世纪60年代，北斯塔福德郡的大多数制陶手艺经常使用铸模（moulds）、模具（casts）、陶轮（wheels）和车床（lathes）来降低工艺的"风险"，并确保他们的产品始终能达到既定的标准。[1]史蒂文·卢巴（Steven Lubar）认为，设计、说明和标准"使技术行动更容易被置于权威控制之下"。[2]通过限制工作的界限，可以更好地进行控制和实施标准化。在本文中，工具创造了更为稳固的界限，陶工们可以在其中进行操作。工具是陶工们用来劳动的物体，它们以新的、更精确的方式确定了这种劳动潜在的产品。18世纪在陶器生产过程中涌现出大量的工具，然而，并不是所有的工具都成功了，某些工具经常失败，所有的工具至少失败过一次。约书亚·威治伍德的员工们试图去减少这种失败，正是在这个过程中，他们的声音以及他们对来之不易的知识的看法才被人们了解。在这些情况下，约书亚·威治伍德和他的员工们的通信表明他们希望共同努力来解决工具带来的问题，他们利用分散在工人群体和物体之中的体化知识[3]来创造解决方案。

　　1774年，牌匾、版画和奖章是约书亚·威治伍德生意重要

---

[1]　David Pye, *The Nature and Art of Workmanship* (London: Studio Vista, 1971), 7.

[2]　Steven Lubar, "Representation and Power", *Technology and Culture*, 36 (1995), S55.

[3]　也称经验型知识。——译者注

的组成部分。这些复杂的物品设计多样，这是它们的特色，设计中含有新古典主义的装饰图案和名人肖像侧影。约书亚·威治伍德1774年的一份目录里总共列出了93种不同的牌匾设计，它们由黑色玄武岩或白色素烧坯制成。[①]在此期间，约书亚·威治伍德还致力于用他的新掌握的碧玉细炻器（jasper wares）工艺制作牌匾。碧玉细炻器在材质上具有创新性，特别是它哑光、素烧坯成件，并且能够烧造出多种不同的颜色。在18世纪后期，碧玉细炻器成为英国设计和室内装饰重要的组成部分。1774年8月22日，约书亚·威治伍德写信给他当时的生意伙伴托马斯·本特利（Thomas Bentley，1731—1780年），详述了他在用这种创新材料调整制造牌匾的工序时所遇到的困难。[②]约书亚·威治伍德想要通过制造大小均匀的球体来对牌匾的大小和厚度进行标准化，这种球体可以在完全平坦的表面上铺展开来。约书亚·威治伍德试图通过使用"滚球加滚轴"来实现这一点，但他遇到了两个问题。第一，他指出"要把它们（牌匾）放在真正的平面上难度较大，这使得我至今无法尝试使用它们（滚轴）。"[③]显然，如果没有增添看似简单的"完全真实的平面"，诸如滚轴之类的技术是无效的，滚轴与平面相配合，能将陶土压平，制成牌匾。第二，他费尽力气要"制造出非常圆的滚球，并

---

① Robin Reilly, *Wedgwood* (London: Stockton Press, 1989), 1: 576.
② 1768年，乔赛亚·威治伍德和托马斯·本特利合伙。
③ 威治伍德博物馆信托基金（简称WMT，下同），Ms E25–18554，"乔赛亚·威治伍德写给托马斯·本特利的信件"，1774年8月22日。

且滚球彼此之间大小相同"。[1]1774年，约书亚·威治伍德未能解决这些问题，他后来是否解决了这个问题，我们不得而知。尽管如此，约书亚·威治伍德对这项技术孜孜以求，这表明他认为工具有降低风险和提高实施标准的能力，他对此是有信心的。

工具之所以能够获得成功是因为经常需要多方长时间地进行协商。18世纪后半叶陶瓷技术的一个关键部件是车床，车床工要在上面对每一个容器进行装饰、打磨和抛光。引擎旋床由妇女或儿童脚蹬踏板提供动力，使人们能以更加复杂的方式装饰花瓶和器皿。约书亚·威治伍德使用引擎旋床在器物表面切削出各种繁复的图样，例如玫瑰花饰和王冠。然而，尽管这项新技术有其优点，但事实证明引入它存在困难。可能早在1763年约书亚·威治伍德就已经获得了一台引擎旋床，他面临着如何将旋床嵌入现有生产过程的问题，并且从1767年以后才开始经常使用它。[2]在尝试使引擎旋床运转起来的时候，约书亚·威治伍德经常给托马斯·本特利写信。在这些信件中，约书亚·威治伍德请本特利写信就他对查尔斯·普卢米埃（Charles Plumier）1701年的著作《车床的艺术》所作的解读答疑解惑。《车床的艺术》是一篇关于车床的详细论述，通过正文和文中的70幅版画提出了新的见解。[3]在使用引擎旋床时存在一个特

---

① 威治伍德博物馆信托基金（简称WMT，下同），Ms E25-18554，"乔赛亚·威治伍德写给托马斯·本特利的信件"，1774年8月22日。

② Reilly, *Wedgwood*, 1: 306.

③ 同上，第691页。

别的问题，即辨识各种配重和弹簧的最佳位置，以抵消"晃动或移动"。[1]约书亚·威治伍德在咨询托马斯·本特利和查询各种文档的同时，还与他的工人进行了一系列的协商和试验。正是与工人的协商而不是托马斯·本特利的建议最终让他们找到了所牵涉的配重和弹簧的正确位置。约书亚·威治伍德指出"我的工人已经通过实践找到了。您说您并不确定为什么会这样。"[2]工人们发现"使支撑物尽可能靠近工件的作用是，如果把工具看作一个杠杆，支撑物处于它的中心；工件作为一个配重要靠在或者更确切地说是放在工具的末端，我认为原因很明显。"[3]托马斯·本特利试图通过远距离的信件交流来解决车床的问题，但结果证明这还不够。技术熟练的工人通过实践获得了这项技术的"诀窍（knack）"，正如约翰·哈里斯（John R. Harris）所言："'诀窍'的本质在于它难以沟通。"[4]技术的成功运用，需要通过反复试验创造性地应用隐性知识，而不是简单地让技术人员移动或对其进行重构。

一旦某个工具被投入使用，技术和环境不断发展，会促使人们重新进行协商。玛瑙器皿在18世纪六七十年代颇为流行，由彩色陶土制成，或者用彩色泥釉或釉装饰，这些东西非

[1] 威治伍德博物馆信托基金，Ms e25–18136，"乔赛亚·威治伍德写给托马斯·本特利的信件"，1767年2月16日。

[2] 同上。

[3] 同上。

[4] John R. Harris, "Skills, Coal and British Industry in the Eighteenth Century", *History*, 61 (1976): 182.

常适合用于装饰性器皿和餐桌用具。混合或挤入彩色陶土创造出各种颜色和图案的组合，非常引人注目。陶工们将彩色陶土混合在一起，制成仿大理石、玛瑙或石头的器皿。约书亚·威治伍德在1768年以后（也有可能是在此之前）使用这种技术来制作坚固的玛瑙器皿。[①]将陶土混合起来是一个精细的制作过程，约书亚·威治伍德在1776年向托马斯·本特利描述道，在混合陶土时"在将泥片搁在泥坯上时，如果工人斜着扭转泥片而不是让其保持水平，就会拉出一条细长的线条，它表明产生的是陶器，而不是斑驳的鹅卵石。"[②]简单地斜着扭动泥片，同时试着将其压平，制造出的物品并不好看。陶工细微动作的准确性对于创造始终如一的品质至关重要。一旦实施了某项技术，就需要技术熟练的操作人员能进一步灵敏地（能够适应）对其加以使用，以使其有效地运行。体化知识对陶瓷生产过程仍然至关重要，且正如约书亚·威治伍德在信件所揭示的那样，它是18世纪在生产过程中需要持续协商的核心问题。

卢巴认为，设计、说明和标准使得对行动加以控制和实施标准化变得更加容易。然而，分析18世纪在特定的工场引入和使用工具的情况，可以看出为确保有效地加以实施，需要在多大程度上就工具问题反复进行协商。[③]工具被用来树立权

---

① Reilly, *Wedgwood*, 1:343.

② 威治伍德博物馆信托基金，Ms e25–18647，"乔赛亚·威治伍德写给托马斯·本特利的信件"，1776年1月27日。

③ Lubar, "Representation and Power", S55.

威、拓展工作和影响实践，除此之外，它还要受到不断被再度挪用和要重新学习的过程的影响。使工具发挥作用，将权力转移给了熟练工，他们能够通过相互之间，与自己的身体，与环境、材料和工具之间积极的交流来重新对工具进行修改。与此同时，随着工人们开始协商并触发创新，他们的技能也被重新塑造了。新技术的实施和维护是不断发展变化的，要成功使用新技术需要不断进行协商，扩大技术的基础。然而，尽管人们在历史记录中看到、听到并注意到了在取得突破和创新的时刻存在隐性知识和技能实践，但是也要认识到许多体化知识没有被注意到，也没有被记录下来，它们形成（或被迫形成）生产过程无声的背景，认识到这一点很重要。

使人静默

拓宽我们对各种各样在工厂实践中起作用的交流的认识，对于理解技术性工作的复杂性很重要，并且让我们能够更密切地跟踪档案中的体化知识和技术性实践。然而，历史学家仍然很难将这种复杂性揭示出来。事实上，正如上述事例所示，通常只有生产过程中出现故障、阻滞或取得突破的时刻，才会被历史记录记载下来。更广泛地讲，档案的结构和性质，以及18世纪制造商和工人所关心的问题，在人们试图揭示生产生活更完整的图景方面起到了限制作用，也在对其发展至关重要的知识交流和协同工作方面具有局限性。

最近的争执过后，约书亚·威治伍德档案（Wedgwood Archive）被保存在巴拉斯顿（Barlaston）的威治伍德博物馆（Wedgwood Museum）。①这些档案再加上威治伍德博物馆里本身所存的陶瓷器皿、模具、模型和烧结试验（firing tests）这类物品一起组成了伊特鲁里亚工厂（Etruria Factory）档案。历史学家们开始利用这个庞大的档案库来探索各种各样的主题：从工厂纪律和营销到消费、科学与启蒙运动。②尽管如此，受这些档案和大量藏匿其中由约书亚·威治伍德书写的信件影响，关于18世纪威治伍德工厂的历史主要集中在约书亚·威治伍德身上。通过阅读这些材料可以发现，约书亚·威治伍德往往以主角的身份出现，他不是参与其中的合作伙伴。③相比之下，

---

①　Caroline Davis, "Wedgwood Collection Saved for the Nation by £2.74m of Public Donations", *The Guardian*, 3 October 2014. 约西亚·威治伍德在伊特鲁里亚工厂的档案包含四部分主要收藏："伊特鲁里亚藏品"，主要由约西亚·威治伍德的个人信件组成；"利物浦藏品"，包括直到约西亚二世于1843年去世前公司的文件；"莫斯利藏品"，其中包括18世纪和19世纪威治伍德家族的信件；最后是"巴拉斯顿藏品"，由20世纪30年代到50年代的工厂记录组成。

②　Neil McKendrick, John Brewer, and J.H. Plumb, *The Birth of a Consumer Society: The Commercialization of Eighteenth-Century England* (London: Europa Publications, 1982); Maxine Berg, *Luxury and Pleasure in Eighteenth Century Britain* (Oxford: Oxford University Press, 2005); Mokyr, *The Enlightened Economy*; Robert C. Allen, *The British Industrial Revolution in Global Perspective* (Cambridge: Cambridge University Press, 2009).

③　尤其是Neil McKendrick, "Josiah Wedgwood: An Eighteenth Century Entrepreneur in Salesmanship and Marketing Techniques", *Economic History Review*, 12, no. 3 (1960): 408–33; Neil McKendrick, "Josiah Wedgwood and Factory Discipline", *Historical Journal* 4, no. 1 (1961): 30–55; Neil McKendrick, "Josiah Wedgwood and Cost Accounting in the Industrial Revolution", *Economic History Review*, 23, no. 1 (1970): 45–67. 最近的成果，见Allen, *The British Industrial Revolution in Global Perspective*, 238–71.

通过追踪约书亚·威治伍德档案中体化知识和技术性工作，能够揭示工厂协作劳动的性质以及工人之间解决问题的过程。[①]这些见解又引出了新的问题，即哪里还有检验技术性工作的资料，以及如何让其变得复杂和丰富起来。还能用什么其他档案，让我们来思考18世纪陶瓷制造厂的技术呢？更具体地说，如何才能不把目光局限在有冲突和产生创新的时刻，而去揭示制造厂的日常实践呢？如果我们要了解那些使陶工的技术娴熟起来的知识静默无声的积累过程，以及使用这些知识解决问题的时刻，我们该去哪里查阅？利奥拉·奥斯兰德（Leora Auslander）和帕梅拉·史密斯（Pamela Smith）等历史学家强调重建的重要性，将其作为探索物质世界构成而创建替代档案的一种手段。[②]其他学者对他们的呼吁予以支持，并且提出或许可以使用在博物馆收藏中发现的技术，或者重现特定的科学实验。[③]同时，对大量类似的、标准化的物品进行近距离的

① 凯特·史密斯对这些论点进行了更深入的探讨，见Kate Smith, *Material Goods, Moving Hands: Perceiving Production in England, 1700–1830* (Manchester: Manchester University Press, 2014), 83–120.

② Pamela H. Smith, "In the Workshop of History: Making, Writing and Meaning", *West 86th* 19, no. 1 (2012): 4–31; Leora Auslander, Amy Bentley, Leor Halevi, H. Otto Sibum, and Christopher Witmore, "AHR Conversation: Historians and the Study of Material Culture", *American Historical Review*, 114, no. 5 (2009): 1354–1404.

③ See Klaus Staubermann, "What Machine Tools Can Tell Us about Historic Skills and Knowledge", *International Journal for the History of Engineering and Technology*, 80, no. 1 (2010): 119–32; Peter Heering and Roland Wittje, eds., *Learning by Doing: Experiments and Instruments in History of Science Teaching* (Stuttgart: Franz Steiner Verlag, 2011).

实物分析，也可能会揭示日常缓慢的制造和改进过程。或者，认识到在历史记录中（以及过去）有的东西被隐去未提，并且能够对这种停顿的含义和重要性做出解释也一样重要。[①]

除了批判性地分析档案的构成和性质之外，要谨记出于对工业间谍的担忧，18世纪的制造商和工人也热衷于在隐性知识和技术性工作方面默不作声。对18世纪的制造厂来说，制造和保持沉默至关重要，因为他们总是担心知识从一家企业转移到另一家企业。制造商们认为工业间谍活动十分猖獗，因此积极努力来保守他们的秘密。约翰·哈里斯（John R. Harris）证实，法国政府和其他国家均派遣间谍去收集情报。在18世纪三四十年代，法国政府聘请了蒂凯（Tiquet）院士访问英国各地，要他汇报包括采煤、印染、陶瓷和钢铁制造在内的各种工业的发展情况。[②]虽然制造商希望保护他们的生产过程不受此类国际工业间谍侵害，但他们也越来越注重低调行事，以免引起当地人的兴趣和游客的关注。例如，当伊诺克·伍德（Enoch Wood，1759—1840年）忆及约书亚·威治伍德引进引擎旋床时，他描述了一旦他们开动车床，其他陶工如约翰·斯里格利（John Shrigley）和托马斯·威治伍

---

① 参见威廉·普尔关于关注现象学、文化、编码和漠不关心的沉默的重要性。William Pooley, "Silences of the People", The Many-Headed Monster Blog: https://manyheadedmonster.wordpress.com/2015/07/10/silences-of-the-people/.

② J.R. Harris, *Industrial Espionage and Technology Transfer: Britain and France in the Eighteenth Century* (Aldershot and Brookfield: Ashgate, 1998), 36.

德（Thomas Wedgwood，1716—1773年）是如何大着胆子去观看它如何运转的。①而他们试图"在未征得约书亚·威治伍德允许的情况下"就去看了，结果被拒之门外，"他（约书亚·威治伍德）命令考克斯（Cox）把他们关在门外"。而且，"下次他们再来的时候，考克斯先生拒绝让他们观看运转着的车床"。②

　　制造商除了在采用新技术以后会感到担忧以外，还对将设计信息传到竞争对手那里感到紧张。在陶工伊诺克·伍德在19世纪写作的文字中，他回忆起当父亲亚伦·伍德（Aaron Wood，1717—1785年）在18世纪中期为托马斯·威尔登（Thomas Whieldon，1719—1795年）工作时，是如何"经常被关起来，他当时在为托马斯·威尔登制作模型和模具，其中包括刀柄、甘蓝叶形和其他叶形的甜点餐具、海棠花形茶壶柄和甘蓝叶状茶壶口、咖啡壶、巧克力杯、烛台等"。③物品的设计很重要，制造这些物品的技术也是如此。为了应对这些威胁，制造商们使用不同的策略来确保他们的营业场所安全无虞。正如托马斯·威尔登坚持让亚伦·伍德锁上门工作一样，约书亚·威治伍德经常宣称他有权禁止某些人到访。在

① 陶器博物馆和美术馆（Potteries Museum and Art Gallery，简称PMAG，下同），Enoch Wood Papers，PM1/1/2，"伊诺克·伍德的证据和回忆汇编"，1834–1840，第53页。

② 同上。

③ 同上，第16页。

18世纪下半叶，随着道路和通信基础设施的发展，文雅的英国人能够更广泛地游览整个国家，制造商们需要提高警惕。①值得注意的是，工业旅游成为这类旅游重要的组成部分。在埃丝特·莫尔（Esther Moir）研究英国国内旅游的经典文献中，她认为参观工业场所可以让人们领略到在英格兰尚在进行的技术进步。②18世纪下半叶，随着工业旅游的发展，参观陶瓷制造厂成了家常便饭。1771年，约书亚·威治伍德向托马斯·本特利提到，"我们的工厂里几乎每天都有客人"。③出于对工业间谍的防备，制造商们会对那些不请自来的"宾客"详加审查，并且会打发走那些不受他们欢迎的来访者。

例如，自然科学家爱德华·丹尼尔·克拉克（Edward Daniel Clarke）在1791年的旅行中表达了他最初对接洽威治伍德工厂的担忧。他记得他是如何"害怕被拒绝进入这些工厂，因为我知道，把（一个）陌生人介绍给所谓的库房，之后不费吹灰之力地将他们打发走，在这些地方是惯常做法"。④尽管如此，在爱德华·丹尼尔·克拉克把他们的名字呈送给约

---

① Ian Ousby, ed., *James Plumptre's Britain: The Journals of a Tourist in the 1790s* (London: Hutchinson, 1992), 10.

② Esther Moir, *The Discovery of Britain: The English Tourists, 154–1840* (London: Routledge & K. Paul, 1964), 97.

③ 威治伍德博物馆信托基金，LH W/M 1441，"乔赛亚·威治伍德写给托马斯·本特利的信件"，1771年9月7日。

④ Edward Daniel Clarke, *A Tour through the South of England, Wales, and Part of Ireland, Made during the Summer of 1791* (London: R. Edwards, 1793), 362.

书亚·威治伍德之后，得到了"他（约书亚·威治伍德）完全的允准，我们可以参观整个工厂，但是制造玄武岩黑瓷和新开发的碧玉细炻器的房间除外，他们从未向任何人展示过这些房间"。[①]这里所说的碧玉细炻器是约书亚·威治伍德在18世纪80年代中期才开发出来的，显然它仍受保护，以防被其他制造厂的间谍窃取。尽管在18世纪下半叶的参观中，这些商号愿意接纳（尽管只是部分地）像爱德华·克拉克这样的访客，但他有理由为自己的到访感到担忧。在这一时期，制造商越来越意识到应付到访人员和谨慎行事的必要性。例如，威廉·德斯伯里（William Duesbury，1725—1786年）在1786年以前一直担任德比瓷厂（Derby Porcelain Factory）的经理，他甚至考虑要制定一项访客政策。[②]在该政策的一份文稿中声称："威廉·德斯伯里恭请各司抬爱，敬请莅临敝厂考察。"[③]然而它进一步规定，更具体地说，任何访客"如愿莅临敝厂考察指导，下车之前，敬请承允此项说明"。[④]他们这样做的理由很简单：他们认为这样的话拜访"对陌生人来说最为有趣"，而给经理带来的不便最少。克拉克和德斯伯里两人都强调要对

---

① Edward Daniel Clarke, *A Tour through the South of England, Wales, and Part of Ireland, Made during the Summer of 1791* (London: R. Edwards, 1793), 362.

② 尽管德比地方研究图书馆（Derby Local Studies Library，以下简称DLSL）保存了一份关于这项政策的草案说明，但没有注明日期。DLSL，DL82 6/31，"威廉·德斯伯里备忘录草案"。

③ 同上。

④ 同上。

"陌生人"加以区分。如果工厂不知道来人是谁，那么获准进入工厂是一个越来越具有试探性的过程。

在阻止人们看到某些物品以及制造这些物品的过程中，能看出制造商们需要保护他们所生产的商品"新颖"性的意识提高了。正如马克辛·伯格所述，在营销和零售不断发展的情况下，做到"新颖"和新奇是关键。[1]生产展现新材料或新形式的产品能使制造商在竞争激烈的（全球）陶瓷市场上脱颖而出。[2]制造商试图隐瞒知识而不是拿它来与别人交流，为的是让他们的材料和商品保持新颖，以此来确保其业务能够保持偿付能力并能获得成功。制造商们希望禁止人们访问，应该将这种行为理解成是他们下得更大的一局棋其中的一部分，这些制造商很精明，他们已经知晓控制消费者如何看待他们产品的生产过程很重要。[3]当我们考虑到尽管制造商们心存忧虑，但是

---

[1] Maxine Berg, "Cargoes: The Trade in Luxuries from Asia to Europe", in *Empire, The Sea and Global History: Britain's Maritime World, c. 1763–c. 1840*, ed. David Cannadine (New York and Hampshire: Palgrave Macmillan, 2007), 60.

[2] Robert Batchelor, "On the Movement of Porcelains: Rethinking the Birth of Consumer Society as Interactions of Exchange Networks, 1600–1750", in *Consuming Cultures, Global Perspectives: Historical Trajectories, Transnational Exchanges*, eds. Frank Trentmann and John Brewer (Oxford and New York: Berg, 2006), 95–122; Robert Finlay, *The Pilgrim Art: Cultures of Porcelain in World History* (Berkeley, Los Angeles and London: University of California Press, 2010); Anne Gerritsen and Stephen McDowall, "Global China: Material Culture and Connections in World History", *Journal of World History* 23, no. 1 (2012): 3–8.

[3] Smith, *Material Goods, Moving Hands*, 60.

工序很少被"窃取"，这些动机的配价而不是工业间谍的威胁进一步被加强了。所涉及的知识混杂在一起，意味着即使已经明确地着手进行转移，但仍旧存在困难。正如约书亚·威治伍德在1772年写给托马斯·本特利的信中所述："知道他对这个秘密的估价可能没有坏处，然后我们可以考虑如何相机行事，不过，我认为这与我们出售拉坯、车削或者安装手柄的秘密是一样的，在给买家做了所有我们能够给予的指导之后，他们需要几年的实际应用才能有所作为。"[①]因此，仅仅观看生产过程或者运转中的机器，很少能让它们所包含的知识被人清晰可辨，或者被传达给其他人。事实证明，经过身体多年反复实践训练得到的隐性知识很难让人一看就会。

由于隐性知识的交流和转移本身存在一定的困难，所以陶瓷行业最担忧的问题是陶工自身的迁徙。约书亚·威治伍德一直担心技术工人可能会大规模地从北斯塔福德郡的陶艺区迁移到其他地方（例如北美）的新瓷器厂。他经常被这种他察觉到的威胁所激怒，在1783年发表了《致陶工们的一封信：关于为外国制造商服务的问题》（*An Address to the Workmen in the Pottery, on the Subject of Entering into the Service of Foreign Manufacturers*）。在这本25页的小册子里，约书亚·威治伍德警告："如果让我向你们讲述所有这些工人移居

---

① 威治伍德博物馆信托基金，MS E25-18357，"乔赛亚·威治伍德写给托马斯·本特利的信件"，1772年3月。

国外后的情形以及他们所陷入的种种苦难，那听起来更像是传奇故事而不是真实的历史。"[1]议会的法案和约书亚·威治伍德的各种威胁促使陶工留在英国。与此同时，正如米兰达·古德比（Miranda Goodby）所言，北斯塔福德郡的陶工们享有稳定的工作机会和稳固的社会关系，直到19世纪初，对他们而言移居北美的前景并不十分诱人。第一个实质性的移民时期直到19世纪40年代才出现，当时北美市场扩张，制造原料（燃料、黏土等）供应所需的基础设施开始出现。[2]尽管如此，约书亚·威治伍德通过吐露对技术工人迁移的担忧，揭示了那些每天与他共事并协商问题的人的重要性，他珍视他们的身体，日常工作躯体记忆的档案就在那里。

结论

约书亚·威治伍德试图通过控制工业参观和确保他的工人不流动到其他地方来限制工艺和技术被传递到其他地方，关注这一问题能够凸显隐性知识对18世纪制造厂的价值。陶工的技术通过长时间在工厂中从事制造，学习能够确保其圆满完成工作的材料、工艺以及姿势方面的知识而获得，这仍然在历史

---

[1]　Josiah Wedgwood, *An Address to the Workmen in the Pottery, On the Subject of Entering into the Service of Foreign Manufacturers* (Newcastle, 1783).

[2]　Miranda Goodby, " 'Our Home in the West': Staffordshire Potters and Their Emigration to America in the 1840s", *Ceramics in America* (2003).

记录里难以看到。沟通和表达的时刻，通常出现在解决问题、取得创新和突破相关的时候，与日常的生产工作无关。然而，这些普通的知识对于这种制造业的持续发展和改进至关重要，约书亚·威治伍德为确保他的工人留在斯塔福德郡所做的努力就证明了这一点。陶工的日常工作以及他们从这些经验中积累的知识，往往构成了解决问题，成功地将新材料和工具嵌入制造过程的基础。尽管在现存的历史档案中很难找到这样的证据，但是考虑到重视将斯塔福德郡的陶工留在本地，以及这种行为所暗含的静默无声，这种证据得以浮现。

（凯特·史密斯[①]）

[①]　凯特·史密斯（Kate Smith），英国伯明翰大学（University of Birmingham）18世纪史的讲师。2010年，她在华威大学完成了博士学位。2010—2011年她是密尔沃基（Milwaukee）Chipstone基金会（Chipstone Foundation）的查尔斯·赫梅尔（Charles Hummel Fellow）研究人员，2011—2014年为勒沃胡姆信托基金资助项目"1757—1857年东印度公司在国内的情况"（East India Company at Home, 1757–1857）的研究人员。她是《物质商品，开动双手：感知1700—1830年间英格兰的生产》（Material Goods, *Moving Hands: Perceiving Production in England, 1700–1830*）的作者，曾经还合编过三部著作，其中包括与玛格特·芬恩合编的《1757—1857年东印度公司在国内的情况》（*The East India Company at Home, 1757–1857, 2018*）。

第四章

小的美吗？1700—1960年
印度南部的车间组织、技术和生产

马克辛·伯格对经济史的贡献是多方面的。她从研究英国工业革命中的技术开始，考察了这场"革命"更广泛的性质及其起源。后一个问题将她带入了在此之前的商业革命，并不可避免地让她走入了在18世纪末之前将印度纺织业置于世界经济中心的全球"奢侈"品贸易。[1]她最近的研究让她探寻印度纺织业本身的历史，她还试图将其非凡的历史带回到今天。她特别关注卡奇（Kutch），在那里，前现代的生产技术已经与现代的营销方法结合在了一起：通常通过"数字"通信和支付系统，向21世纪的全球消费者销售"以中世纪的方式制造出来的"产品。[2]对于西方历史学家来说，他们习惯于认为现代

---

[1] Maxine Berg, *The Machinery Question and the Making of Political Economy, 1815–1848* (Cambridge: Cambridge University Press, 1980); Maxine Berg, *The Age of Manufactures, 1700–1820* (London: Routledge, 1985); Maxine Berg, *Luxury and Pleasure in Eighteenth Century Britain* (Oxford: Oxford University Press, 2005); Maxine Berg, Felicia Gottman, Chris Nierstrasz, and Hannah Hodac, eds., *Goods from the East, 1600–1800: Trading Eurasia* (London: Palgrave, 2015).

[2] Maxine Berg, "Craft and Small-Scale Production in the Global Economy", *Itinerario* 37, no. 2 (2013): 23–45.

性是单线的、同质的，而印度经济的情况很少显得不那么自相矛盾。

小规模的重要性

本章主要讨论这样一个悖论，它将马克辛·伯格丰硕成果中的几条不同线索汇集在了一起。它牵涉印度生产组织中持续存在"小规模"的现象，特别提到了纺织业，尤其是提到了印度南部。这种"小规模"最明显地体现在生产单元的规模上，对采用（实际上是发明）适当的技术有重要影响。甚至连约翰·凯伊（John Kay）著名的飞梭也对生产规模有要求，20世纪之前，印度南部大多数纺织家庭都无法满足这种要求。[1]相比之下，轻型木架织机已经经过几个世纪的改造，可供生产人类已知最复杂的多线织物设计方案。[2]

印度制造业中"小规模"持续存在，这常常与许多人所秉持的现代历史逻辑背道而驰。虽然在第一次工业革命之前家庭生产方式在世界范围内可能已经近乎普及了，但从19世纪中期开始，当"工作"和"家庭"开始渐行渐远的时候，它们在全球经济主要经济体的中心地位越来越不稳固，逐渐被另外的

---

[1] Tirthankar Roy, "The Acceptance of Innovations in Early Twentieth Century Indian Weaving", *Economic History Review*, 55, no. 3 (2002): 507–32.

[2] Giorgio Riello and Tirthankar Roy, eds., *How India Clothed the World: The World of South Asian Textiles, 1500–1850* (Leiden: Brill, 2009).

生产方式超越了。然而直到20世纪之前这种转变在印度一直遭受"抵制",而到20世纪中期(即从20世纪30年代到20世纪60年代)印度经历了自己大规模生产和重工业发展的"工厂时代"(factory age),它似乎确实是在迎头赶上。[1]但是,随后马达开始倒转,工厂开始裁员,"正式的"(即有合同的、规范的)聘用劳动关系开始被解除。非农业工人在"正规"经济部门中的比例,由20世纪70年代的40%多下降到今天的20%左右(而这只占总劳动人口的10%)。印度80%以上已注册的制造企业最多聘用10名工人。[2]2010年,在泰米尔纳德邦(Tamilnadu)超过70万个家庭仅靠家用手摇织机或动力织机维持生计。[3]纺织业一直处于回归"小型化"的先锋,正如简·布莱曼(Jan Breman)所见,将生产外包给家用和/或小作坊式动力织机已经"再次"成为主要的生产模式。[4]

最新对纺织业进行研究的修正主义史学(revisionist historiography)提出,这种"小规模"的生产模式从未真正消失。道格·海恩斯(Doug Haynes)和蒂尔坦卡尔·罗伊

---

[1] B.R. Tomlinson, *The Economy of Modern India 1860–1970* (Cambridge: Cambridge University Press, 1993).

[2] International Labour Office, *Women and Men in the Informal Economy: A Statistical Picture* (Geneva: ilo, 2018).

[3] *Third National Handloom Census of Weavers and Allied Workers* (Delhi: National Council of Economic Research, 2011).

[4] Jan Breman, *The Making and Unmaking of an Industrial Working Class* (Delhi: Oxford University Press, 2004).

（Tirthankar Roy）认为，当经济史学家的目光被吸引到印度现代经济发展的标志——钢铁厂、发电厂和水电站大坝上时，他们就忽视了其他同样重要的过程和动态。特别是（在纺织业中尤为突出）家庭和家庭扩展式（如小作坊）的生产方式不仅在工厂的冲击中存活了下来，而且还因此得以复兴和繁荣。从19世纪末开始，印度手织布开始在海外和国内寻找新市场，并重启了扩张进程，这个过程几乎一直持续到现在。[①]如今，小作坊经济贡献了绝大多数的工业就业机会，从而赚取了利润，带来了消费。如果没有小作坊经济，就几乎没有什么经济可言。特别是罗伊将印度的情况与杉原薰（Kaoru Sugihara）另一条"劳动密集型"工业化道路更广泛的论题联系起来，这条道路具有亚洲经验的特征，与"西方"经验截然不同。[②]

那么，究竟为什么"小规模"会一直存在，还是它又回归了呢？审视这一问题的史学史时，对于在过去的30年里探索这个问题的历史学家们所持假设的变化，以及随着这种转变，

[①] Douglas E. Haynes, *Small-Town Capitalism in Western India* (Cambridge: Cambridge University Press, 2012); Tirthankar Roy, *Cloth and Commerce* (Delhi: Sage, 1996); with M. Liebl, *Hand-made in India* (Washington: World Bank, 2000).

[②] Kaoru Sugihara, "The Second Noel Butlin Lecture: Labour Intensive Industrialisation in Global History", *Australian Economic History Review*, 47, no. 2 (2007): 121–54; Tirthankar Roy, "Labour-Intensity and Industrialization in Colonial India", in *Labour-intensive Industrialization in Global History*, eds. Gareth Austin and Kaoru Sugihara (London: Routledge, 2013), 107–21.

人们对它所代表的问题意识方面的见解上所发生的改变，我们很难不感到惊讶。人们对这些问题的惊异程度，不亚于那些已经将研究范畴从工业社会转移到了后工业社会的历史学家们。

小规模的失败之处

直到20世纪80年代这个"问题"主要在于为什么印度的生产方式未能在技术上进行创新，或者印度为什么未能适应不断变化的市场条件，他们认为不管出于什么原因，印度本来应该做到，实际上按照英国工业革命中首次出现的路线，印度应该已经实现了"现代化"。[①]在工业革命的那一刻，这个问题就开始进入到印度纺织业中：考虑到印度当时在前工业化（棉花）纺织品制造业中占据主导地位，为什么它没有引领机械化，而是让自己被一个竞争对手超越了呢？这个竞争对手甚至不生产原材料，而且处理起原材料来也极其笨拙。[②]

然后就来到了第二个问题：为什么在其他地方发明了新的生产技术，而印度在整个19世纪却是如此被动，不去采用这些新技术，而是任由自己昔日的国内外市场（尤其是国外市场）在几乎没有采取竞争措施的情况下就被占领了？更有甚

[①] Morris D. Morris, *The Indian Economy in the Nineteenth Century: A Symposium* (Delhi: Indian Economic and Social History Association, 1969). 12.

[②] K.N. Chaudhuri, *The Trading World of Asia and the English East India Company, 1660–1760* (Cambridge: Cambridge University Press, 1978).

者，印度直到19世纪60年代才开始工业纺纱，直到19世纪80年代工业纺纱才开始普及。在第一次世界大战之前，印度工业织造布料的数量仍然远远少于进口或用手摇织机生产的数量。[①]

人们对于印度"错失领先于世界的机会"给出了各种各样的解释，这不足为奇。为什么英国发生了（以及甚至是否发生了）工业革命，对这个问题一直都有争议，不同的历史学家对证据进行了不同的解读。那么，要具体说明为什么其他地方没有这种同样最终不确定的经历，又会有多困难呢？然而，这么提问的前提是，除非有什么事情阻止，否则所考虑的事件本应发生。但是，为什么要假定因为印度在前工业化的纺织制造方面表现出色，它就一定也应该在工业制造方面领先于世界呢？这种情况更为严重，因为正如戴维·兰德斯（David Landes）在《解放了的普罗米修斯》（*Unbound Prometheus*）一书中所述，技术创新几乎总要涉及地理位置的变化：因为投资于绿地比投资于那些首先要淘汰过时技术的棕地成本更低。与此相关的是，当18世纪的印度纺织品制造商已经在当时的世界市场上占据主导地位时，他们有什么动机去投资新技术呢？[②]

当把这个问题放在19世纪英国工业革命发生之后的背景下，或者至少是在第一台工业纺织机械被发明出来，并且从理

---

① Tomlinson, *Economy*.

② David Landes, *The Unbound Prometheus: Technological Change and Industrial Development in Western Europe from 1750 to the Present* (Cambridge: Cambridge University Press, 1969).

论上讲可供全世界使用之后，这个问题就变得更加连贯了。为什么印度制造商限制并推迟使用工业纺织机械？在这里，历史文献被分成了两部分，一部分是对殖民主义的批判分析，另一部分是把"落后"和/或阻碍归咎于印度社会本身。马克思［引用印度总督威廉·本汀克（William Bentinck）的话］的一句名言反映了英国殖民统治和工业革命相结合摧毁了纺织业，"（留下）棉织工人的白骨……使印度平原都白成一片了"。[1]此外，从印度民族主义者的观点来看，殖民统治也阻碍了现代纺织业的崛起，其目的在于让印度市场被英国生产商控制。[2]

　　另一方面，也有人由于更多地受到新古典主义或"自由主义"经济学的启发，早就提出了反对意见，认为英国的统治也并非完全不利于印度的工业企业，即便它不是非常支持印度的工业企业，但也提供了（即便是无意的）一系列的条件——自由市场、改善了的交通、法治——理论上有利于印度的发展。如果说很少有"大"产业真正发展起来，那也是由于印度经济所承袭的"落后状况"——贫穷且缺乏禀赋——和/或"传统"的社会形式——特别是那些体现在种姓、宗教和性别关系中的社会形式——为经济理性带来的"障碍"。[3]

　　这些立场之间的争论在独立后的一代人（20世纪50年代

---

[1] Karl Marx, *Capital* (London: CreateSpace Publishing Platform, 2011), 1: 423.

[2] A.K. Bagchi, *Private Investment in India, 1900–1939* (Cambridge: Cambridge University Press, 1972).

[3] Morris, *Indian Economy*; Gunnar Myrdal, *Asian Drama* (London: Penguin, 1968).

至20世纪70年代）中非常激烈，但近年来已经明显平息了下来。在某种程度上，这可能是因为尽管殖民主义以各种方式损害了印度经济，当然他们也总是试图将英国的利益放在首位，但是人们从来都不清楚殖民主义为什么想要让印度完全陷入贫困，而且它确实做到了，特别是在纺织品方面。[1]富裕的殖民地比贫穷的殖民地更有利可图，至少在1813年《特许权法案》（*Charter Act*）使英国企业摆脱东印度公司的垄断之后，英国的资本家不再仅限于投资英国的生产，还可以在印度建立工厂。在19世纪下半叶他们就这么做了，当时世界上很大一部分黄麻产业从邓迪（Dundee）转移到了加尔各答。[2]诚然，直到19世纪40年代，英国一直试图对纺织机械的扩散加以控制，其出口在形式上是非法的，但这项禁令并未能阻止它泄露到世界其他地方——甚至在英国内部也禁止不了。早在18世纪70年代，就有人尝试在加尔各答建立丝线厂，1818年至1829年，至少还3次尝试（由英印的私人投资者）在布罗奇（Broach）、朋迪榭里（Pondicherry）和加尔各答建立棉纺厂。[3]然而，这3次尝试均以失败告终，原因看似与禁止机械

[1] David Washbrook, "The *Indian* Economy and the British Empire", in *India and the British Empire*, eds. Douglas Peers and Nandini Gooptu (Oxford: Oxford University Press, 2012), 44–74.

[2] Tomlinson, *Economy*.

[3] Karolina Hutkova, "Technology Transfers and Organization", *Enterprise and Society* 18, no. 4 (2017): 921–51.

进口无关。①此外，19世纪后期当棉纺织品生产的工业方法开始被大规模采用时，英国人做什么都阻止不了它继续扩张。

而且，认为经济"落后"和社会阻碍的论调如今很难站得住脚。随着我们对前近代印度了解的加深，我们对其"传统"禀赋和基础设施的水平的评价也随之提高。印度可能没有良好的公路，但（班加拉）搬运东西的大篷车、半岛沿海地带的海上交通，以及沿着水路的内陆船运都有，这意味着它并不缺乏所有的交通设施。在十七八世纪手摇织机制造业的鼎盛时期，印度西部（特别是布罗奇）种植的大量棉花流向了东部的纺织厂，到达孟加拉国的尤其多，东部本身很少种植棉花。东印度公司最终修建了道路，它改变了贸易方向，并不仅仅是自动增加了运量或者降低了成本。②

那种认为"大"工业被这样或那样的社会障碍所阻挡的观点同样难以为继。当然，这并不是说经济活动没有受到种姓、宗教和性别等社会文化习俗的影响（我们稍后会讨论）。19世纪末，印度工业部（Department of Industry）的官员试图对飞梭加以推广，他们在印度南部一个常听到的反对意见是，如果一个织工的妻子和孩子不是站在织布机旁，用手把梭子扔回给他，那么他们要做什么？③同样，类似于在英国第一批工厂

① "A Century of Cotton Mills in India", *Economic Weekly*, 20 March 1954.

② David Washbrook, "India in the Early Modern Global Economy", *Journal of Global History* 2, no. 1 (2007): 87–111.

③ Roy, "Acceptance".

中工作的，依照性别分类的劳动力永远不可能出现在印度：家庭和种姓经常不会置他们的女儿和年幼的孩子于不顾，让他们被拉进黑暗的"撒旦工厂"，或者处在父权控制之外其他公共的工作场所。

然而，这并不意味着当其他激励措施足够强时，印度工人不愿意改变甚至放弃他们的一些社会习俗。到20世纪初，当条件发生改变，更容易找到销路时，飞梭确实被广泛采用了，妇女和女童确实到家庭以外的地方工作了，在替代性就业机会丧失的情况下，甚至还进入工厂工作（规模一直不大）。在强硬的经济需求面前，社会习俗很少会冥顽不化。

如前所述，所有这些阐述主要的难题在于，它们假设"现代性"——在这里，以向大规模工厂工业化的转变为代表——是正常的、普遍的，而且必然会发生，除非有什么东西，不管是殖民主义还是传统因素，对其横加干涉，阻止其发生。但是，为什么要做这样的假设呢？在一篇关于孟买纺织业精彩的讽刺性文章里，拉杰·钱达瓦尔卡尔（Raj Chandavarkar）展示了现代化理论背后的论证过程，它是目的论的，结果已知，途径命中注定。特别是它忽视了需要具体说明历史变革实际发生的机制，而且没有解决背景问题，而背景问题可能会改变推论，使发展的逻辑走向结论，而不是普遍照搬英国或者西方工业的经验。[1]

小规模的成功之处

也许正是出于这个原因，近年来对"小规模"问题的研究已经转向了不同的方向。现在，人们开始以更积极的态度来看待小型化，不再将其视为"失败"的结果，而是认为它是对特定环境条件的反应。此外，已经不再认为它体现出来的是僵化的、不变的"传统"，而是开始从不同类型的适应和创新的方面来对其加以考量。道格·海恩斯和蒂尔坦卡尔·罗伊关于手工业和小规模生产的研究中，这一立场尤其强烈。他们不仅注意到至少从19世纪晚期开始这种制造业在印度存活了下来而且还取得了成功，他们还试图表明这种制造业是如何在当时的经济条件下受到青睐，以及"大"工业的到来是如何给它带来支持，而不是对其构成威胁的。[2]

例如，印度的纺织品市场一直都是高度细分的，消费者偏爱多得数不清的"利基市场"，其中反映了复杂的种姓、身份、宗教偏好和需求。这导致布料生产高度专业化，反过来又

[1] Rajnarayan Chandavarkar, "Industrialisation in India before 1947", *Modern Asian Studies* 19, no. 3 (1985): 623–68.

[2] Haynes, *Small-Town Capitalism*; Roy, "Acceptance"; Roy, *Cloth and Commerce*; and also Roy, "The Consumption of Cotton Cloth in India 1795–1940", *Australian Economic History Review* 52, no. 1 (2012): 61–84.

对小型化和专业化的生产方法有利。的确，尚不清楚一些此类产品——例如坎奇普拉姆南方精英阶层结婚时使用的丝织纱丽——是否可以批量生产。或者，如果可以大规模生产，是否能够保有其价值，对于这一点我们也尚不清楚。坎奇普拉姆纱丽的声望来自其边缘手工刺绣的金线。

此外，与"现代性"进行某种结合也是有用的。工业纺纱从19世纪后期开始在印度市场上大量出现，这降低了手工纺织品的价钱，并为扩大纺织品生产创造了条件。正如罗伊所言，织工不愿意使用飞梭的一个原因可能是纱线稀缺，这限制了增加产量的可能性。蒸汽船的改善也将印度与外国市场（尤其是侨民市场）重新连接起来。最终，人们可以使用家用电力，这使他们能够利用分散的电源，甚至在家里也可以操作动力织机。①

罗伊的叙述特别强调了小规模纺织制造的适应性，这再次引发了人们对其所谓"传统性"的质疑。19世纪后期，当棉线越来越丰富，市场需求越来越大时，印度南部和其他地方的织工显现出很少不情愿使用飞梭——这反过来又使得有必要引进地坑织机，并且改变工作中的家庭和性别关系。随着制造业的发展，也有一些生产从家庭中搬了出来，标志着一种生产与工作地点的分离。然而，搬进小作坊的多，搬进典型大工厂的

---

① Roy, "Acceptance".

少，雇员很少超过10人。[1]种姓和家庭关系不需要被打破，甚至可以将其加以扩展："雇用的"工人很可能是种姓亲属和家族亲戚，妇女可以与其"叔伯"一起工作。特别是在印度南部，大多数社会都有双边亲属体系，这将他们与父母双方的亲属关系联结在一起。种姓、性别和亲属关系在这里被用作企业的工具，而不是抑制企业的手段。[2]

事实上，从更广泛的角度来看，承认"小规模"制造业积极的特征使得人们要重新评估印度社会文化传统中所谓的经济功能失调。例如，种姓制度实际上并不缺乏实质的目的也产生了后果，它创造了数量众多的利基市场，然后由手工业为之服务。它还提供可供制造商使用的技能、知识和资本储备。手工艺通常是在种姓和家庭内部习得（并受到保护）的，而且在很大程度上现在仍旧如此。根据最近的估计，只有4%的印度工人接受过一点"公共"形式的工作培训。[3]此外，在长期接触之下，特定的种姓和家庭对特定的利基市场有了特殊的了解，从而降低了商业交易成本。种姓的潘查雅特（panchayat，意指五人长老会）和委员会也可以加强雇主对其工人的权威，就像家长（patriarch）对其子女的权威一样。

---

[1]　Roy, "Acceptance".

[2]　Mattison Mines, *The Warrior Merchants* (Cambridge: Cambridge University Press, 2010).

[3]　Santosh Mehrotra et al., "Estimating India's Skills Gap on a Realistic Basis for 2022", *Economic and Political Weekly* 48, no. 13 (2013): 102–11.

从这个角度来看，印度的"小规模"又开始显得"美好"了——就像在前工业时代，印度的纺织业是早期现代世界的奇迹一样。[1]事实上，罗伊试图将其与杉原熏提出的更广泛的论点联系起来，杉原熏认为，亚洲开创了自己的工业化类型，其基础是劳动密集型的生产形式。与杉原熏的早期现代日本类似，印度劳动力富足，但资本匮乏：它发展的逻辑，必然是走上一条与劳动力稀缺、资本富足的西方国家不同的道路。[2]

此外，经济史在这里可能要开始和一种社会评论算旧账了，这种社会评论长期以来一直认为，无论"小规模"制造业的物质成果如何，它将家庭和工作更紧密地联系在一起，提供了一种比现代工业综合体更令人满意的生活方式。"圣雄"甘地（Mahatma Gandhi）曾宣称，在乡村社区里，不同类型的工匠可以手工制作并交换他们的商品和服务，在人的生活方面具有优越性。[3]然而，即便是他也从未说过"小规模"在物质方面可能更成功。但其他印度经济思想家也曾探讨过这一点，例如拉达卡马尔·慕克吉（Radhakamal Mukherjee）在他的《印度经济学基础》（*Foundations of Indian Economics*）中提出，"小规模"的效率更胜一筹——尽管他从未真正能够证明

---

[1]　Riello and Roy, eds., *How India Clothed the World*.

[2]　Roy, "Labour-Intensity".

[3]　M.K. Gandhi, *Hind Swaraj* (Delhi: Rajpal and Sons, New Edition, 2012).

这一点。①现在，对印度经久不衰的工匠进行研究的"修正主义"史学史提出要做到这一点。印度制造业中"小规模"之所以会一直存在，是因为它不仅提供了另一种令人向往的另类生活方式，而且还充分利用了可获得的经济机会。

小规模的代价

但是这一论调或许有些过火，特别是从劳资关系的角度来看。例如，如果将工人的生产效率作为衡量标准，那么印度制造业就存在问题。虽然现在印度80%的工业劳动力可能受雇于工人不足10人的企业，但他们在工业总产出中的比重刚到20%。②"小规模"经济的生产效率非常低，相应地，工资水平和收入也很低。③实际上，"小"等同于贫穷，在印度也许历来如此。在近代早期欧洲人对印度纺织业的记述中，关于织工和工匠悲惨境况的描述充斥其中。④为了扭转这一形象，普拉桑南·帕塔萨拉蒂（Prasannan Parthasarathi）做了大胆的尝试，他试图证明以比较标准来衡量，工业化前的印度纺织工人

① Radhakamal Mukerjee, *The Foundations of Indian Economics* (London: Longman, 1916).

② ilo, *Women and Men*.

③ Jeemol Unni, "Wages and Incomes in Formal and Informal Sectors in India", *Indian Journal of Labour Economics* 48, no. 2 (2005): 311–17.

④ Bishnupriya Gupta et al., "India and the Great Divergence", *Explorations in Economic History* 55, no. 1 (2015): 58–75.

的收入也可以很高。^①但是，他的数据是否充足受到了质疑，以基本生存标准来衡量，因为饥荒频繁发生这些数值实际上是虚高的，饥荒经常侵袭印度南部地区，而这是他主要研究的区域。长期食品短缺到来之际，依靠工资过活的织工首先会受到影响。^②

从各方面来看，19世纪中叶手织机织工经历了一段艰难岁月，他们感受到了英国工业革命的第一波冲击，这场革命夺走了他们最有利可图的出口市场。如果他们能够一息尚存，也是因为他们为当地市场提供最便宜的布料。^③诚然，正如海恩斯和罗伊所言，19世纪后期制造业复苏，劳动力稳步增长，然而，对工人自身甚至是小资本家来说，回报都不甚丰厚。从19世纪60年代到第一次世界大战期间，食品价格比制造业产品价格涨得更快，挤压了工业产品的市场，压缩了生产这些产品的工人的实际工资。^④事实上，印度消费疲软是后殖民时

---

① Prasannan Parthasarathi, "Re-thinking Wages and Competitiveness in the Eighteenth Century", *Past & Present* 158 (1998): 79–109; Prasannan Parthasarathi, *The Transition to a Colonial Economy* (Cambridge: Cambridge University Press, 2001).

② Ravi Ahuja, "Labour Unsettled", *Indian Economic and Social History Review* 35, no. 4 (1998): 381–404.

③ Karl Specker, "Madras Handlooms in the Nineteenth Century", *Indian Economic and Social History Review* 26, no. 1 (1989): 131–66.

④ David Washbrook, "Agriculture and Industrialization in Colonial India", in *Agriculture and Industrialization*, eds. Peter Mathias and John Davis (Oxford: Blackwells, 1996).

期印度经济增长缓慢的一个根本原因，反殖民主义和新古典主义经济史学家极为罕见地在这一点上达成了共识（即使原因不同）。具有讽刺意味的是，20世纪30年代的大萧条扭转了农产品与工业产品的价格比，并确实导致了制造业短暂的繁荣——但在那些年开始勃兴的"大"部门中，这种情况更为明显。①

印度独立后，政治、法律和财政状况都发生了翻天覆地的变化，很难与早期的情况进行比较。然而，"小型"制造业持续增长，尤其是家用动力织机还在使用，并不总是能将其与日益繁荣的局面联系在一起。20世纪80年代以来，古吉拉特邦（Gujarat）的纺织业从"大"变"小"，工厂主将生产"外包"给在家工作的工人，以避开严格的劳动法和强大的工会从而削减工人的工资，他们的做法使纺织业的"小型化"更为严重，杨·布雷曼（Jan Breman）对这个转变过程进行了论述。这个转变所牵涉的工人工资会下降一半或者更多。②在最近一项关于泰米尔那德邦（Tamilnadu）的研究中，珍妮特·贝克维斯（Janet Beckwith）指出纺织行业的社会地位正在稳步"下降"，曾经手工艺受保护、声誉卓著的纺织种姓日益被工资低

---

① Christopher Baker, *An Indian Rural Economy, 1880–1955* (Oxford: Oxford University Press ,1984).

② Breman, *Making.*

廉的妇女和低种姓成员所取代。[1]在这里，种姓和性别的"传统"无疑被证明是资本主义有用的工具，但其作用在于降低了社会产品中的劳动力份额，而没有对技术的适应性和创新性起到促进作用。

事实上，在福利方面，如果没有印度政府大量的补助，如今许多从事"小规模"生产的企业几乎无法独立生存。印度政府大力补贴"手工艺和手织机"行业，并指导其他经济部门对其加以保护，这都是出于社会和政治的目的，并非纯粹由于经济原因。例如，银行被迫向"中小企业"大量放贷。由于法律的惩罚和限制重重地落在聘用20名以上员工的企业身上，而聘不足10名员工的企业可以获得低息信贷和固定补贴，因此，印度政府的政策今天人为地促使小企业不去扩大自己的规模。

这些小企业在最近印度经济的"崛起"中也没有发挥特别显著的作用，自1991年经济自由化肇始和全球化加剧以来，印度经济的年均增长率超过了6%。20世纪90年代，罗伊预计纺织业将成为（或恢复为）印度"新"经济的主导部门。[2]然而，20年过去了，这种情况显然还未发生。印度出口中纺织品的份额急剧下降，从2000—2001年的24.3%下降到

---

[1] Janet Beckwith, "Spinning a Yarn: The Effect of Labour Recruitment on Labour Coercion in the Indian Textile Industry" (unpublished Ma thesis, University of Utrecht, 2015).

[2] Tirthankar Roy, "Economic Reforms and the Textile Industry in India", *Economic and Political Weekly*, 33, no. 32 (1998): 2173–81.

了2010—2011年的9.3%。[1]相比之下，印度最近的增长是由服务业（尤其是工厂行业）和资本密集型制造业（如汽车）引领的。随着经济增长率达到峰值，产出率的就业弹性从1990—2000年的0.27下降到了2000—2010年的0.05。[2]至少在印度，杉原熏劳动密集型制造业的亚洲路径并没有让这个国家走得太远。事实上，制造业占国内生产总值的比重在过去50年里一直保持在15%左右，而在20世纪，制造业中劳动力的比重在11%~12%。

在拉杰·钱达瓦尔卡尔对印度产生的第一个"现代"大工业，即19世纪末以来孟买纺织业的经典研究中，他提出了这样的问题：印度纺织业曾经在功能上有多"现代"，以及相应地，它的规模有多"大"？他指出：赢利能力首先取决于压低工人工资（在经常罢工的情况下）；雇主利用种姓、性别和宗教的各种划分来对劳动力进行控制；技术选择不仅取决于什么是最便宜的，也取决于面对工人抵制时可以谈成什么价格。投资的逻辑本质上是投机性的，人们青睐低成本和一次性投资。单个的工厂起起落落，工厂的持有人来来去去，到20世纪30年代（起步不到50年），有的工厂甚至开始离开孟买。[3]

[1] World Bank, *WITS: India Trade Statistics* (Washington: World Bank, 2013).

[2] Kunal Sen, "Where have all the Workers Gone?", *Economic and Political Weekly*, 50, no. 23 (2015): 108–15.

[3] Rajnarayan Chandavarkar, *The Origins of Industrial Capitalism in India* (Cambridge: Cambridge University Press, 1994).

拉杰·钱达瓦尔卡尔的解释在一定程度上针对的是该行业所面临的极其恶劣的市场环境：众所周知印度国内经济是在"碰运气"（gamble on the monsoon），消费者需求年复一年都在剧烈变动，而海外市场面临外国竞争毫无保障。在某种程度上，他也强调在殖民统治下缺乏"公共"物品和基础设施：殖民统治之下，工人和他们的技能以社会构成的形式出现，公共秩序和法律法规有名无实，而且，无论在劳动力市场还是在资本市场都没有大力推行制度化。在这些情况下，不鼓励对固定资本进行投资，不鼓励发展长期的聘用关系，不鼓励进行技能培训，因为它们涉及风险升级。

从许多方面来看，恶劣的经济环境——纵然原因千差万别——可以被视作印度纺织制造业的背景，从近代早期到现在一直都是如此。也可以认为它影响到了一贯偏爱"小规模"，尤其是偏爱"小规模"生产单位的决策。在其他地方，笔者曾提出前近代时期气候长期变化无常，令固定投资却步，助推了基于流动和交换的替代生存策略。为了寻找更好的条件，劳动力和资本移动了位置，而且运输环节比最初制造货物的环节能增加更多的价值。印度此时是商业资本的天堂，纺织制造业在各个生产阶段都能反映这一点：从预先订立货物合同，到设计框架轻巧、便于拆除和搬运的织机。[①]实际上，很显然这个时代印度（和世界其他地区一样）在公共物品和基础设施方面都

① Washbrook, "India".

很匮乏。

然而，尚不清楚在殖民统治下这些问题是否发生了巨大的变化。当然，饥荒的威胁并没有消退，在19世纪后期反而变得更加严重。此外，可供人使用的法院、学校、培训项目、卫生设施、"现代"银行体系，以及有组织的劳动力市场等公共物品依旧极度匮乏，这种情况一直持续到后殖民时代的20世纪。例如，直到1991年才有一半的人口识字。此外，如今的法律体系在积存的3300万宗案件的重压下哀声一片。[①]因此，"非个人"形式的权威和信任极难获得：风险从制度上来说是不可消除的。

为了对抗这种恶劣的环境，企业家们必然要依靠（现在仍旧是这样）社会关系网络，这类网络为获得信任、技术、资本和劳动纪律提供了额外的公共手段：实际上，他们所依赖的是种姓、宗教和性别关系。这些关系采取什么样的具体形式并不一定固定不变。家庭可以扩展为更广泛的亲属群体，也可以通过增加"拟"亲属关系进一步扩大。正如罗伊所示，纺织品生产已经走出家门，进入了车间，接纳了一定数量的技术创新（比如动力织机）。[②]然而，这种扩张明显存在物理限制，而且，生产/控制单元必须要始终保持"小规模"的趋势。

随着市场继续被细分为专业的利基市场，再加上每年需求

---

① *Census of India*, 1991; *India Today*, 28 June, 2018.

② Roy, "Acceptance".

模式波动很大，这种逻辑进一步被强化了。这两个因素都使得巨额的固定资本投资风险加剧了，人们高度重视使合同与承约简洁且期限短。它们还使商业资本、金融资本在任何迈向产业资本的结构性转型中占据主导地位。

在杉原熏亚洲劳动密集型工业化模式的续篇中，他在某种程度上为印度破了例。他的模型预计，亚洲各国政府会像日本一样进行干预，他们会改善基础设施、教育和技能培训，从而使小规模的技术创新成为一个持续的过程，从而保证会让工人的生产效率提高。在印度，事实证明这个过程非常缓慢。[1]印度南部纺织制造业的"小型化"并不是一个切实可行的替代性增长战略，往往更像是非常困难的环境里的一种生存策略：这些困难也为资本创造了条件，使它们能够利用劳动力的社会脆弱性，这些劳动力大多数长期处于贫困之中，而且一直缺乏技能。

（大卫·沃什布鲁克[2]）

---

[1] Kaoru Sugihara, "The Quality of Labour in Industrialisation: India and Japan Compared", in *Democracy and Development in South Asia*, ed. Nobuko Nagasaki (Kyoto: Ryukoku University, 2005), 177–207.

[2] 大卫·沃什布鲁克，剑桥大学三一学院院士，从牛津大学圣安东尼学院荣休。他曾任教于哈佛大学、华威大学、宾夕法尼亚大学，以及牛津大学和剑桥大学。他的专业领域为中世纪后期直至现在的南印度史，研究成果丰硕。他撰写过与南亚社会和文化有关的各种主题的论著，他最近出版的著作是与卓雅·恰特基（Joya Chatterji）合作的《劳特利奇南亚移居手册》（*The Routledge Handbook of the South Asian Diaspora*）。

第五章

"包裹着法兰绒"的景致：
20世纪初威尔士的毛纺织业

我是一个布商，我为爱疯狂。我爱你，远胜世界布料会馆（Cloth Hall）里所有的绒布和印花布、烛芯纱、格子布、粗布和美利奴呢绒、罗缎、白棉布、厚绉纱、平纹细布、府绸、条纹棉布和斜纹布。[①]

在威尔士诗人狄兰·托马斯（Dylan Thomas）创作的《牛奶树下》（*Under Milk Wood*）这部广播剧里，害相思病的布商摩格·爱德华兹（Mog Edwards）思忖着迈凡威·普莱斯（Myfanwy Price）"滚烫"的身体，迈凡威·普莱斯是一名裁缝，也是一位糖果店店主。没有其他的爱情颂歌会提到这么多的纺织面料。但对历史学家而言，摩格·爱德华兹的价值在于他在威尔士农村的"商场"（emporium）被称作"曼彻斯特

① "把你保暖的袜子和威尔士羊毛针织夹克扔到一旁吧，我会像烤电烤箱一样温暖你的被单，我会像星期天的烤肉一样，热乎乎地躺在你身旁"，Dylan Thomas, *Under Milk Wood: A Play for Voices* (BBC broadcast 1954. London: Folio Society 1972), 18.

大楼"（Manchester House）。在威尔士纺织制造区的中心地带，到了20世纪40年代，想要销售布料，最好要有兰开夏郡（Lancashire）的内涵，当时狄兰·托马斯还在从事写作。这一点既不新鲜，也不特别。虚构的拉雷加布村（llareggub，倒过来读是bugger all，"什么也没有"之意）是基于纽基（Newquay），还是以劳佛恩（Laufarne）为基础（托马斯在这两个地方生活和写作过），这个问题尚存争议。[①]但在这两个地方，布料店到20世纪初都被称为"曼彻斯特大楼"，这个名字在威尔士各地的居民点都很受欢迎。[②]

要理解为什么威尔士的布商和他们的消费者认同曼彻斯特而不是当地的纺织中心，就需要对威尔士长期以来生产和销售毛织品的政治、文化背景和经济背景进行研究。20世纪早期，威尔士纺织业的特点仍旧是生产单位本地化、规模小，技术和产品百余年来变化不大。正如我们将要看到的，在20世纪20年代和40年代负责调查该行业的局外人对此感到困惑。

---

① 托马斯拉雷古布村的地图与这两个地方类似。狄兰·托马斯的文章，威尔士国家图书馆，阿伯里斯特威斯（Aberystwyth），nlw Ms 23949e。

② 巴茅思（Barmouth）、纳伯斯（Narberth）附近的兰伐得（Lampeter Velfrey）、兰韦尔卡兰永（Llanfair Caereinion，威尔士浦）、布里真德（Bridgend）、阿曼福德（Ammanford）、兰代洛（Llandeilo）、纽卡斯尔埃姆林（Newcastle Emlyn）、兰达西尔（Llandysul）、卡迪根（Cardigan）、米尔福德港（Milford Haven，有一个曼彻斯特广场）都有"曼彻斯特大楼"。在19世纪七八十年代，卡迪根在高街41号有一座曼彻斯特之屋，是约翰·詹姆斯和德雷珀的买卖。1884年，詹姆斯委托建造了新的曼彻斯特大厦，这是一座三层楼的大型灰泥建筑，店面有一排窗户。

他们发现这个行业整体上集中于曼彻斯特商业中心，是世界最先进的，但在这个国家技术娴熟、保守的工匠和作坊死气沉沉。本章探讨了面对大范围发生的变化时，小型结构体的持久性和生命力，其背后的环境和蕴含的逻辑。这样一来，就为玛克辛·伯格学术研究中反复强调的一个问题增加了新的案例研究：根据不同的政治、社会和文化环境，以及生产专业产品所需的本地化手工技能的性质，后工业化时代和前工业化时期各种各样的小型制造业组织和结构尚待发掘。①

威尔士纺织品在乡村 "殖民" 社会中的历史

从中世纪开始，羊毛纺织连同手工编织一起，成了威尔士农村经济的中心，与养羊业并驾齐驱。外居地主对改善他们的庄园没有什么兴趣，所以，雇工经营的纺织业对雇农和贫穷的农场佃户来说至关重要。几个世纪以来，兼职生产很普遍，用来维持生计和供给本地所需，除此之外，

---

① Maxine Berg, *The Age of Manufactures, 1700–1820: Industry, Innovation and Work in Britain* (London: Routledge, 2nd ed. 1994); Maxine Berg, "Small Producer Capitalism in Eighteenth-Century England", *Business History* 35, no. 1 (1993): 17–39; Maxine Berg, "Craft and Small-Scale Production in the Global Economy", *Itinerario* 37, no. 2 (2013): 23–45; Maxine Berg and Pat Hudson, "Rehabilitating the Industrial Revolution", *Economic History Review* 45, no. 1 (1992): 25–50.

长途贸易也很重要，它要为一连串的国际市场生产特殊的
威尔士布料。①

然而，在整个近代早期，所有用于长途贸易的威尔士羊毛
制品都由什鲁斯伯里（Shrewsbury）布商垄断（英国），由
其销售和精加工。这意味着，威尔士没有享受到贸易中最高的
价值增值过程，因此，也并未享有该行业大部分的利润。毫无
疑问，16世纪到19世纪初，威尔士经济和社会以农村为主，
属于半殖民地性质，这种情况和什鲁斯伯里的垄断一起阻碍了
纺织业的发展，其手段是限制商业性企业，限制资本和信贷供
应，相比之下，兰开夏郡和约克郡（Yorkshire）的环境较为
有利。②

尽管如此，什鲁斯伯里的垄断地位到19世纪初还是被打
破了，以全羊毛法兰绒为主的商业化生产得到了扩张。将生产
集中在了纽顿（Newtown）和拉尼德洛伊斯（Llanidloes），
在那里建立了布料大厅，那里的小作坊和工厂开始将梳棉和

---

① J. Geraint Jenkins, *The Welsh Woollen Industry* (Cardiff: National Museum of Wales, 1969), 96–116; C.A.J. Skeel, "The Welsh Woollen Industry in the Sixteenth and Seventeenth Centuries", *Archaeologia Cambrensis* 7, no. 11 (1922): 220–57; Chris Evans, *Slave Wales: The Welsh and Atlantic Slavery, 1660–1860* (Cardiff: University of Wales Press, 2010), 51–4.

② Skeel, "Welsh Woollen Industry", T.C. Mendenhall, *The Shrewsbury Drapers and the Welsh Wool Trade in the XVI and XVII Centuries* (Oxford: Oxford University Press, 1953); Jenkins, *Welsh Woollen Industry*, 119–26 and 183–6.

纺纱进行机械化。①然而，跨大西洋市场存在周期性库存过剩的危机，再加上市场不易进入，这意味着威尔士中部商业性的法兰绒产业很快就陷入了困境。②该地区缺乏富有的中产阶级，而一个强大且资金充裕的资本主义集团可能就是从这个中产阶级中诞生的。被盘剥的工人更愿意从事报酬更高、更为独立的农业工作，他们往往将纺织业作为家庭副业，这些人引起的劳工骚乱使事态恶化。③在威尔士中部，当地并不产煤，这阻碍了机械化发展，水电站能够解决一些问题，但却远不能弥补煤炭缺乏带来的困难。然而，在19世纪后半叶，威尔士中部法兰绒行业陷入低迷，最重要的原因，是来自洛奇代尔（Rochdale）和约克郡的法兰绒在市场与之形成竞争。这样的竞争使威尔士法兰绒很难打入兰开夏郡和利物浦的出口市场，通过建造运河，这些市场刚刚向威尔士制造商开放。1821年，蒙哥马利郡运河（Montgomeryshire canal）的西部支线完成，流经韦尔什普尔（Welshpool），抵达纽顿，有可能为威尔士中部带来更广泛的销售渠道，以及更廉价的煤炭供应。但与这些新机遇相伴而生的，是奔宁（Pennine）法兰绒

① Jenkins, *Welsh Woollen Industry* 128–30; "Llanidloes-The Flannel Makers 6: All Kinds of Welsh Flannels", Powys Digital History Project, http://history. powys.org. uk/history/llani/flan6.html.

② C.A.J. Skeel, "The Welsh Woollen Industry in the Eighteenth and Nineteenth Centuries", *Archaeologia Cambrensis* 7, no. 4 (1924): 1–38.

③ Jenkins, *Welsh Woollen Industry*, 148, 150, 167, and 200ff.

更容易进入威尔士中部市场。这种法兰绒是由机械化、横向专业化的大型工厂生产，相比之下，威尔士的企业一般规模要小得多，专业化程度较低，技术也并不先进。越来越多地在奔宁法兰绒中掺入棉花，这使得它们在价格上极具竞争力，并导致全羊毛的威尔士法兰绒受众偏好度降低，在威尔士以外尤为严重。

高质量的威尔士法兰绒曾一度被直接销售给游客和外地的英国消费者，这得益于纽敦的普莱斯·琼斯，他是英国最早从事邮购的人。起初，他只向众多的客户推销"真正的威尔士法兰绒"（Real Welsh Flannel），但到19世纪七八十年代，为了满足消费者对更便宜、更多类型布料的需求，他还销售来自英格兰北部的法兰绒和其他羊毛织物。[1]19世纪末，威尔士中部大多数法兰绒公司经历了破产，工人移民到别处。[2]

---

[1] Jenkins, *Welsh Woollen Industry*, 第116–215页。普赖斯·琼斯档案馆保存在波伊斯郡档案馆。见Powys County Council, "Archives and Family History", https://en.powys. gov.uk/archives. 威尔士北部和中部的一小部分企业长期以来存活了下来，这得益于游客的需求，或是仿效更便宜的约克郡风格的混搭：Pat Hudson, "Industrial History, Working Lives, Nation and Empire Viewed through some Key Welsh Woollen Objects", in *History after Hobsbawm: Writing the Past for the Twenty-First Century*, eds. John H. Arnold, Matthew Hilton, and Jan Ruger (Oxford: Oxford University Press, 2018), 160–83.

[2] Jenkins, *Welsh Woollen Industry*, 154ff, 200ff.

南威尔士工业的复兴

从19世纪60年代左右开始，商业化的毛纺织品生产在威尔士西南部复苏，这个法兰绒生产区域在地理方位和社会因素方面都与洛奇代尔（Rochdale）和约克郡的竞争对手相去甚远，这个区域的产品和市场侧重于北方法兰绒不具竞争力或不被人青睐的地方。到1895年，这种地区性的转变已经变得非常明显，在卡迪根（Cardigan）、卡马森（Carmarthen）、彭布罗克郡（Pembrokeshire）边界地区有300多家工厂，而这里以前并不是主要的商业纺织制造中心。[①]该行业集中在泰菲河（Teifi River）周围的山谷，以兰达西尔（Llandysul）教区的一些村庄为中心。全羊毛法兰绒仍然是他们的专长，但该行业基本上放弃了远程市场和出口市场，转而将精力集中在它具有比较优势的地方：为南威尔士工业区迅速增长的劳动人口提供具有职业特征和文化特色的法兰绒和呢绒服装。19世纪60年代，铁路通向威尔士南部的城镇和村庄，有效地将威尔士煤田和金属制造区的消费者联结了起来。无产阶级消费者的快速增长使需求大增：在1913年的鼎盛时期，仅采煤业聘用的人数就超过了23万人，另外还有大约10万人从事其他行

---

① Jenkins, *Welsh Woollen Industry*, 247–308.

业，包括采矿、采石、金属行业和重型工程。①在威尔士，除了农业之外，板岩和石料的开采也在扩张，进一步推动了对全羊毛户外工作服的需求。

穿着全羊毛的工作服冬季暖和，夏季凉爽，吸汗性强，防污耐脏。与其他纤维制成的衣服相比它们不易被点燃。第二次世界大战以后，阻燃合成纤维制成的安全工作服发展了起来，20世纪60年代初，对督促使用这种工作服予以立法，在此之前，矿工和金属制造工需要自己置办工作服，众所周知，全羊毛法兰绒工作服和矿工的内裤可燃性差，甚至在点燃时也会自行熄灭烧焦。②可以在地下煤层深处和高温环境下，可以穿宽松、吸汗的内裤，而无领的工作衫有时前襟比较短，可以避免被火焰烧到或被机器夹住。在马口铁厂和其他工厂，腋下插片（gusset）结构敞开着，便于空气流通，给工人们带来了一些安全和舒适。在这些地方，用牙齿咬着一块湿法兰绒布，用以防止嘴巴和面部被灼伤，也很常见。③为农业工人和采石工

① John Williams, *Digest of Welsh Historical Statistics*, 2 vols. (Cardiff: The Welsh Office, 1985); Arthur H. John, *The Industrial Development of South Wales, 1750–1850: An Essay* (Cardiff: Cardiff University of Wales Press, 1950); L.J. Williams and T. Boyns, "Occupations in Wales, 1851–1971", *Bulletin of Economic Research*, 29 (1977): 71–83.

② 羊毛的着火点在570℃~600℃，而棉花的着火点在255℃，合成纤维的着火点介于两者之间。羊毛的极限氧指数明显高于棉花，燃烧热也比棉花低，但点燃时不会熔化、滴落或粘在皮肤上。

③ 我非常感谢威尔士博物馆重工业部馆长罗伯特·普罗泰罗·琼斯，他提供了有关金属行业工作服的信息。

人制作了数千件无领的法兰绒长衫，同时，还为威尔士全年在户外工作的大众制作了3次缩呢、几乎不透水、有厚涂层的工作服。

另外，威尔士的纱线和布料制造商还生产法兰绒女裙、围裙、披肩和袜子，供女性从事家务劳动、婴儿护理、煤炭分选、市场交易和捡拾鸟蛤等工作。①因此，在19世纪末至20世纪中叶，专制的男女工作服支撑起了该行业的本土市场。这一时期的成功得益于其民族复兴运动，其中包括支持威尔士工业的运动。在19世纪后期，发明了威尔士女性传统民族服饰（主要是法兰绒的），使威尔士全羊毛服装的利基市场更加多样。这些民族服饰得到了游客的认可，在这些游客的想象中，这些服饰优美动人。并且，在很多唯美的照片和明信片中，对这些服饰都有展示。②这些因素确保类似的面料和款式在英国其他地方不再流行之后，特定种类的威尔士服装仍然流行了很长时间。与英格兰北部的法兰绒制造业不同，威尔士的纺织厂经常自己生产这种服装。他们通常将缝纫间合并起来，聘用居民或将工作外包给针织工和缝纫工，来制作特殊设计的工作衫、内裤、披肩和其他服装，以满足威尔士劳动人民的需求。

---

① 它们被反复缝得十分宽大，因此经久耐用，几乎不透水。想了解更多关于威尔士专业的全羊毛服装的信息，请参见哈德逊的《工业史》。

② 更多关于法兰绒服装的扩张作为对这些力量的回应，请参见哈德逊的《工业史》。

到1914年，该行业取得了成功，这有赖于对独特的威尔士服装，尤其是工作服的需求，也受惠于重工业的蓬勃发展。在第一次世界大战之时，潜在的不稳定性最初看不出来，对于那些赢得法兰绒军服供应合同的公司来说，情况更是如此。但萧条接踵而至，库存过剩，羊毛价格高昂，使得恢复民用生产更加困难。正是在20世纪20年代初的战后萧条期，该行业成为调查的重点，通过调查获得了经济情况和行业状况方面详细的证据。

琼斯的调查

20世纪20年代初，牛津农业经济研究所（The Oxford Agricultural Economics Research Institute）对整个英格兰和威尔士的农村工业开展了区域调查。安娜·M. 琼斯（Anna M. Jones）负责威尔士相关的部分。[1]该项目支持农村制造业，认为它是可能解决工业动荡和农村社区衰落问题的方案。这种做法多少有点后工业化的浪漫主义色彩。正如一位评论家所言，撰稿人"在写作的时候，可能赫伯特·里德（Herbert

---

[1] Anna M. Jones, *The Rural Industries of England & Wales.IV. Wales* (Oxford: Clarendon Press, 1927). 琼斯在《威尔士羊毛生产和羊毛制造的特点，与公国地理特征的关系》（*The Characteristics of Wool Production and Woollen Manufacture in Wales, in Relation to the Geographical Features of the Principality*）中使用了进一步的调查信息（unpublished MSC, University of Wales, 1925）。

Read）的《艺术与工业》（*Art and Industry*）差不多就摊放在他们的桌头。"[1]人们希望农村工业能够帮助创建"完整的农村社区"，并有助于解决大规模的城市工业化给城镇和农村带来的一些社会问题：

> 城镇较大的工业单位能生产更多的产品，与其相比较，农村工业可能具有些许人力优势。尤其是，小型的工业企业能够使人看到一件物品从制作到使用期间全部的系列和联系，并使他的工作不仅与他自己的生活直接相关，而且与他所属社区的生活有了直接的联系。生产者和消费者之间的区别不大，或者说根本没有区别，造成当前社会冲突的一个主要原因已不存在。[2]

安娜·M. 琼斯找到了151家毛纺厂，其中有100多家在西南部。最大的是从事批发贸易，聘用30~100名工人的大工厂。最小的是由业主经营的小工厂，只有一两名帮工，原料

---

[1] Christopher Bailey, "Rural Industries and the Image of the Countryside", in *The English Countryside between the Wars: Regeneration of Decline?*, eds. Paul Brassley, Jeremy Buchardt, Lynne Thompson (Woodbridge: Boydell Press 2006), 132–49.

[2] C.S. Orwin, "Preface", to Jones, *Rural Industries of England & Wales. IV. Wales, V.*

和市场都依赖于他们的近邻。①超过60%的公司仍然只使用水力，其中包括所有的小工厂和相当数量的大工厂。大多数较大的工厂都使用蒸汽动力，大约有10家工厂安装了机油发动机或蒸汽机，以补充水力的不足。②

人们发现，在战后的动荡中，从事手纺的乡村小作坊比该行业商业化程度较高的那部分更能经受住考验。③但是，这类企业工艺原始，具有社区属性，使得它很难长期生存下去。以物易物仍然存在，当地农民获得他们剪下的羊毛全部来自相同的威尔士山区绵羊，并期望将它们制成各种各样的物品，从精致的法兰绒，到厚实的地毯或大衣。④安娜·M.琼斯认为，只要这些工厂使用无差别的威尔士羊毛，它们的销售就会保持本地化和个人化特征。

由于技术原始、组织不力、销售手段和面料设计过时，大多数被人所关注的问题都更加严重了。很少有自动纺纱机，取而代之的是，使用一两个四道粗纱机，或者使用一辆只有60~100个纱锭的骡机。即使在最先进的工厂里，手摇织机也

---

① Jones, *The Rural Industries of England & Wales. IV. Wales*, 17 and 33. 詹金斯说，这些数字是一份不完整的清单（*Welsh Woollen Industry, 380*）。它很可能不包括那些纯粹是水力漂洗坊的企业，这使得这些企业的数量与克兰克肖的数字更具可比性（见下文）。

② Jones, *The Rural Industries of England & Wales. IV. Wales*, 33–4.

③ 同上，第13页。

④ 同上，第29页。

很常见。每个工厂通常都有一台大型的手摇织机，用来制作披肩、毯子和耐用的床毯（cathenni）。[1]就法兰绒的平纹织造而言，如果使用的纱线合适，动力织机在细度和品质方面表现最佳，但仍有大量的法兰绒是使用手摇织机生产出来的，其目的在于满足威尔士户外工作穿着的需要。[2]

人们认为依赖水力存在不足的原因是虽然适合用水力来纺纱和梳理，但对于织造来说，力量可能太不均匀了。尽管电能或水电能源有明显的优势，但是琼斯调查的工厂中没有一家使用。有人认为，小作坊的使用权得不到保障，人们可能无法进行必要的投资，来安装水力或者蒸汽动力，这又回到了该行业几个世纪以来一直面临的一个根本问题：缺乏资金。[3]

聚集在威尔士西南部地区的工厂，通常共处一室，完成大部分（即便不是全部）的制造工序，不过，他们经常会将布料送到别处进行起绒和整理，有时甚至会送至苏格兰那么远的地方。法兰绒较少需要整理，一般在工厂里完成，主要以原毛制成的素色出售。如果需要上色，最常见的做法是买进染色纱线，以其作经纱来制作条纹。[4]

---

① 译者注：20世纪之交在卡马森郡由窄幅织机和宽幅动力织机织成的标志性床毯，简单的格子呢配上手捻的流苏，设计用以覆盖整张床。

② Jones, *The Rural Industries of England & Wales. IV. Wales*, 26–27.

③ 同上，第33–34页。

④ 同上，第23页。

安娜·M. 琼斯参观了一些较大的农村工厂，通常聘用
50~100名男女工人。他们使用的主要是英国或国外的细羊
毛，适用于他们的主打产品：精细法兰绒。山羊毛死毛多，适
合用于床罩（carthenni）或粗花呢，但不适合用于法兰绒。
因此，这些较大的工厂并未直接与当地的农民进行羊毛交易。
有些公司专门生产大披巾，有些公司生产纱线，在店内将其
编织成套衫。有些公司制作外衣或"民族服装"，有一两家专
门生产粗花呢或西服毛料。所有的工厂都生产毛毯。"双面被
子"[1]通常带有威尔士特有的几何图案，通常是经由观光客来
销售，在威尔士内外都有市场，但它们需要精巧的织机，而这
些织机只安装在一些较大的工厂里。

值得注意的是，威尔士人从未像苏格兰人一样，使用当地
的羊毛来生产粗花呢。安娜·M. 琼斯将此归因于威尔士缺乏
染色技术，认为苏格兰"家纺"的粗花呢之所以有市场，并不
是因为羊毛或织品质量上乘，而是因为天然染料色彩柔和。威
尔士粗花呢的生产和销售取得了成功，经常被送往苏格兰进行
染整。[2]安娜·M. 琼斯清楚地认识到，主要是无产阶级对法兰

---

① 这些被称为双层编织床罩，是20世纪六七十年代幸存公司的支柱产业。

② Jones, *The Rural Industries of England & Wales. IV. Wales*, 32. 克兰克肖后来指
出，粗花呢从未在威尔士扎根，部分原因是当地肯普羊毛需要好好分类，只
有较好的部分才能成功用于粗花呢。Crankshaw, *Welsh Textile Industry*, 12.

绒的工业需求，而不是粗花呢、旅游业或者其他更远的市场使该行业取得成功，在西南部更是如此。与苏格兰不同的是，威尔士往往只是将游客市场视为销售剩余库存的渠道，而不是将其作为开发高质量利基产品的机会。[①]

能否找得到劳动力以及劳动的成本是该行业面临的另外一个问题。18世纪在南威尔士煤田建立的纺织厂已经被遗弃了，因为有工资更高的工作吸引着他们，尤其是采煤和炼铁行业的工资较高。[②]但即使在纺织制造业中心，聘用劳动力的供应也可能很成问题。家庭要经营农场，农村领薪的劳动力有限。[③]

克兰克肖的调查

威廉·P. 克兰克肖（William P. Crankshaw）担任过索尔福德（Salford）皇家技术学院（Royal Technical College）纺织品系主任，1925年受威尔士大学委托，对威尔士纺织行

---

① Jones, *The Rural Industries of England & Wales. IV. Wales*, 5.

② 同上，第7、9页。

③ 1921年的人口普查显示，在锡尔迪金（Ceredigion）和卡马森郡（Carmarthenshire）农场工作的农民和牧民的人数分别为5613人和8878人。农业劳动者人数分别为2766人和3558人。这既影响了纺织品的劳动力供应，也影响了国内市场。Jones, *The Rural Industries of England & Wales. IV. Wales*, 2.

业进行调查，并就如何使用一笔小额资金来对该行业予以支持提出建议。[①]克兰克肖发现有192家工厂尚在运营，[②]一半以上在卡迪根郡（Cardiganshire）和卡马森郡，大多数公司只有一家工厂。[③]他走访了其中的140家，证实并扩展了安娜·M. 琼斯的调查结果。

在克兰克肖走访的工厂中，只有26家聘用的工人超过了12名。[④]动力织机数量的中位数仅为30台。[⑤]有21家工厂只有手摇织机（1~7台），22家使用动力织机的工厂各自保留了一台或两台手摇织机。威廉·P. 克兰克肖认为，将主要的工序集中在一家工厂，在威尔士要比其他地方更为常见，因为它是从家庭手工业制中"承揽"的做法中发展起来的，即从当地农民那里获得羊毛，并且制成毛料供他们使用。[⑥]主要就是为养

---

① 这项调查是在农村工业局的合作下进行的，并主要由1924年至1928年卡马森（Carmarthen）议员阿尔弗雷德·蒙德爵士（Sir Alfred Mond）提供资金：Crankshaw, *Report on a Survey of the Welsh Textile Industry*. The survey was carried out in 1925–1926.

② Crankshaw, *Report on a Survey*, 2. 根据1901年的《工厂和工场法》（Factories and Workshops Act），1904年羊毛工厂被收回，在威尔士有292家工厂。

③ Crankshaw, *Report on a Survey*, 2.

④ 由于克兰克肖最最感兴趣的是参观规模较小、陷入困境的工厂，这可能使整个威尔士工业担忧的典型规模被低估了。

⑤ 他的样本包括一些规模较大的工厂，其中一家拥有250台动力织机，但这是一个例外（霍利韦尔磨坊，弗林特郡）。Crankshaw, *Report on a Survey*, 2–4.

⑥ 同上，第5页。

羊的社区提供纺织品制造服务。

威廉·P. 克兰克肖发现，在众多的小企业中，生产工序和人际关系两个世纪以来变化不大。水力漂洗坊（pandy，苏格兰语中又名fulling mills）既为农民服务，也为自己工作，这很常见。这类工厂一般生产平纹布、法兰绒和毛毯，但有一些生产提花织物，比如床罩和被子。他们在当地的市场上和集市里销售布料，也就地生产销售，在经火烧红的铜板上进行染整。纺织品生产商经常兼营农业和渔业。[1]在一家工厂里，黄油搅拌机与由纺纱机轴驱动的纺织机器同时都在运转，地下室里还关着奶牛。在另一家工厂的整理间，还发现了奶酪压制机。[2]农业被排在第一位，纺织制造业被视作对淡季收入有益的补充。房舍通常是与农场一起租来的，制造商自己很少拥有房舍。

一批古怪但却技术高超的工匠给威廉·P. 克兰克肖留下了深刻的印象，他们有男有女，其生活方式几乎没有受到工业革命技术进步的影响，也没有被19世纪英国工业的商业化所推动。一个隐士经营着一家工厂，工厂不大，他住在织造室的一个角落里，周围全是书籍："所有的一切——建筑、机

---

①   Crankshaw, *Report on a Survey*, 6–7.

②   同上，第7–9页。

器和所有者，都会成为国家博物馆里最具吸引力的展品。"①
在另一家工厂，有3个技术娴熟的姐妹，她们曾经受过父亲的
教导，处理从原毛到成品布料的所有工序，同时经营着一家
农场和一个锯木厂。威廉·P. 克兰克肖还发现有一个上了年
纪的制造商，他不仅编织布料，还编写十四行诗，并且曾在
乐人大会上（Eisteddfodau）多次赢得吟游诗人（Bard）的
席位。②

一两个人的工厂只承担一道工序，由老年人照管，他们
无法让自己的子女对这个营生感兴趣，这种情况很常见。这
类工厂大多破旧肮脏，但有一家工厂一尘不染，"玫瑰顺墙
生长，窗口满是蕨类植物和开花植物！"，它由两位老妇人
经营，"她们仍然向农民'承揽'活计，也受织工委托代为
纺纱。"③

可能除了苏格兰高地和岛屿零星的区域以外，英国其他的
商业纺织区都没有这样的农村家庭结构留存下来。农业和纺织
制造业相结合，水力和农舍花费不大，这使克兰克肖认为（安
娜·M. 琼斯也这样认为）这样的小厂可能会继续存在、发展
壮大，生产专业的手工制品，比大型制造商更具成本优势和专

---

① Crankshaw, *Report on a Survey*, 8.
② 同上。
③ 同上，第6页。

业化优势。但是，威廉·P. 克兰克肖担心来自动力织机的竞争会产生影响，限制手工生产产品的种类[1]。此外，没有一家工厂记账，大多数工厂无法确定生产成本，因此，他们随意决定销售价格。[2]

对威廉·P. 克兰克肖来说，中等规模的工厂是最有前途的一类，它们都是以家庭为基础的，员工多达12名，有一些劳动分工。这些工厂由年纪较轻的人经营，其中一些人在英格兰或苏格兰的纺织学院接受过培训。在这些机构里，机器都比较新，例如，通常有一两辆纺纱机，虽然使用的动力主要是水力，但也有一些工厂使用燃气发动机或燃油发动机。这些工厂中有一些专门经营粗花呢，但通常是"苏格兰"或约克郡样式，并非老式的威尔士式样。有两家工厂生产针对利基市场的手织花呢。

威廉·P. 克兰克肖走访的工厂中间，只有五六家在威尔士以外都可算作大型工厂，但是，最大的6家工厂拥有威尔士公国一半的动力织机，这些工厂都在进行批量生产，面对的市场较为广阔。大多数工厂在战争期间专门为政府生产法兰绒，也有些工厂获得了政府补助，借此为生产法兰绒重新进行装备。然而从长远来看，生产用于军服，棉含量在25%～75%

---

[1]　Crankshaw, *Report on a Survey*, 6.

[2]　同上，第9页。

的"安哥拉法兰绒"损害了毛纺业，因为一则它破坏了人们对威尔士法兰绒全毛成分的认同，二则它鼓励安装织机和其他机械，这些机器不易被用于生产民用全羊毛制品。此外，"一战"后政府库存过剩，压低了法兰绒的价格；煤田工人罢工，使得对法兰绒工装的需求受损。很多这类工厂都很不景气，它们要么只有部分运营，要么已经关停。①

威廉·P. 克兰克肖发现，威尔士毛纺业有一个特点非比寻常，那就是在各种规模的（特别是大、中型的）工厂中，有一些在厂区从事袜类生产（主要是长筒袜），并且经营缝纫室来进行缝制（衬衫、内裤和其他服装），和/或把这些工作外包给当地的家庭。生产布料并将布料制成成品，这在女性劳动力供给较为充足的城镇中最为常见，为解决成包布料积压的问题提供了重要的解决方案。然而，机织袜的生产商需要从英格兰进口羊毛，因为尽管威尔士毛线随处可见，但要用于机纺，它们往往粗细很不均匀。

威廉·P. 克兰克肖强调生产方法上存在浪费，且对工人的监督和培训也不充分。他的评论中更令人惊讶的一点是，经常可以看见有人在单头窄幅织机边忙活，而织机只以中档速度运转，他对这个问题的解释是：因为依旧聘用以前手织机的织

---

① 位于北威尔士的两家最大的纺织厂对法兰绒的依赖程度低于"约克郡风格"的产品。他们的生产力得益于使用北威尔士煤田煤的蒸汽机。Crankshaw, *Report on a Survey*, 10.

工来使用动力织机。在约克郡和其他地方，昔日的（男性）手织机织工从事动力织机织造的情况很少见。女工和童工最初很受欢迎，因为他们在面对新技术时适应能力更强。在南威尔士，大多数织工都是成年男性，以前使用手织机，掌管多台织机对他们而言是无法想象的。双头织机系统（由一位妇女照管两台织机）在约克郡很常见，在威尔士却始终没有找到。小型纺织厂从性质上来讲是家庭经营的，这使得从手摇织机发展到动力织机在职员方面变动不大，其结果是产生了保守主义和传统生产的遗留问题。①

克兰克肖对20世纪20年代行业状况的分析

有三种情况导致毛纺行业不景气。首先，由于该行业长期以来一直专注于国内市场，尤其重视法兰绒和其他羊毛织物的生产，煤田地区的产业工人对这些毛纺品的需求量很大，因此，两次世界大战之间的重工业危机，以及威尔士工业人口购买力的下降，都对需求产生了严重的影响。其次，威廉·P. 克兰克肖强调了羊毛价格高企的后果。从1922年到1925年，羊毛价格翻了一番，这对该行业的各个阶层都产生

---

①   Crankshaw, *Report on a Survey*, 11.

了巨大影响。较大的企业为了从英国和更远的地方购买羊毛不得不支付更高的价格，其中包括法兰绒制造商。中小企业通常要加工当地农民生产的羊毛，他们急需达成交易，因为农民更愿意在价格高涨的情况下直接出售羊毛以获取利润。最后，威廉·P. 克兰克肖强调威尔士大部分农村纺织制造业最令他震惊的地方是，主要将它看作农业的附属物。在同时开展制造业与农业的地方，履行订单的能力，或者专注于质量的能力常常会因农业经营的季节性干扰而受到影响。

对这个行业来说，时尚的变化、更便宜和更具吸引力的面料，以及在威尔士之外生产成衣，都被视为其最根本的问题，长期存在。内衣的情况更是如此，针织棉（knitted cotton）和美利奴羊毛（merino wool）背心、内裤和衬裤开始对"内衣用法兰绒"的需求产生巨大影响。此外，条纹法兰绒衬衫布料正在被更细、更轻的羊毛或棉花混纺的织物所取代，而威尔士大多数的工厂无法生产这些棉、毛混纺。法兰绒生产走向了专业化，意味着该行业对上浆的工序一无所知，而上浆使其能够使用更细的纱线，并能提高织机的生产能力。威尔士的毛纺业甚至无法生产出适合自己织袜业使用的纱线。麻毛交织的裙料、羊毛服装材料、围裙、披巾，这些都曾是职业女性服装重要的组成部分，它们越来越不受人们欢迎，使得该行业雪上加霜。乡村裁缝消失了，兼售衣料的裁缝开始出现，他们不愿意使用顾客自己的布料来为其缝制衣服，致使对法兰绒的需求下降，引入成衣，扼杀了威尔士的粗花呢贸易。[1]威廉·P. 克兰克肖得出的结论是，这个行业已经被传统的方法束缚住了，也受困于"包裹着法兰绒"的景致：[2]"似乎完全缺乏创立新外观和新结构的能力。"[3]

为了对该行业提供支持，他提出的建议是：帮助其开拓新市场，推动其开发新面料，构思新设计，并且对技术教育提供赞助。需要在以下方面征询意见：机器、市场信息、购买原材料较优惠的条件、现金支付（而非长期信贷）、记账和经营方法方面的知识。通常认为，让染色更具吸引力，更加积极进取，对于将该行业推向本地以外的市场至关重要。[4]

在随后的十年里，在农村工业局（Rural Industries Bureau）的支持下引进了一些新产品，而且事实证明这些产品在范围更为广泛的国内市场上受人青睐，尤其是双层编织的床罩、家居布料和一些轻粗花呢很受欢迎。但该行业中大部分人依然十分保守，固守法兰绒工作服的传统做法。20世纪30年代，当农村工业局雇用玛丽安娜·斯特劳布（Marriane Straub）到各个作坊走访，向他们介绍新的设计之时，她面临

---

① Crankshaw, *Report on a Survey*, 3.

② 同上，第16页。

③ 同上，第17页。

④ 同上，第16–19页。

的是保守主义的汪洋大海。①

1946—1948年农村工业局的报告

第二次世界大战使补给军械部（Ministry of Supply and Ordnance）对法兰绒和法兰绒混合面料的需求再次增加，为少数几家公司创造了一个小阳春（Indian summer）。然而，战后对法兰绒的需求下滑，与此同时，继续对羊毛进行定量配给，导致工厂大量关闭。②1946年，农村工业局对威尔士的纺织厂最后进行了一次全面的调查（1947年公布）③，当时，威尔士南部整个行业的规模"大概近似于约克郡一家相当大的工厂的规模"。④1946年共确定并参观了77家工厂，将其历史、机器、制造的产品，以及所服务的市场这些细节都记录了下来，经查明，只有70家仍在运转。大多数工厂仍旧在同一屋檐下

① 玛丽安·斯特劳布（Marriane Straub，1909—1994年），20世纪40年代开始成为英国领先的纺织品设计师，以为伦敦运输公司设计的标志性室内装潢以及为远洋客轮设计的面料而闻名。

② 英国国家档案馆，邱园（Kew）（The National Archives，简称TNA，后同），d4/1181：农村工业部："为发展委员会准备的关于威尔士羊毛工业的中期报告"，由G.M. Dykes在1946年撰写。

③ National Woollen Museum, Drefach Velindre: "Rural Industries Bureau Survey of Welsh Mills"，1947—1948年，一份技术报告接踵而至。

④ 英国国家档案馆，D4/1181：农村工业部："1946年威尔士羊毛工业中期报告"，第2页。

进行数道工序，有44家进行纺纱、织造、染色和整理。这些工厂总共只雇用了287名男工和219名女工。许多工厂只有几个工人，有几家还经营着其他事业，最常见的是有农田。[1]自20世纪20年代以来，在制造的产品种类、分销和营销方面均未有太大的变化。1947年的报告认同威廉·P.克兰克肖对该行业前景的悲观看法，也认为该行业存在路径依赖和保守主义等诸多问题。大多数公司通过零售商店、裁缝店和市场（主要在威尔士南部）来销售传统面料和成品（特别是法兰绒衬衫和毛毯），销售给同业的价格与直接销售给消费者的价格相同，引起了许多混乱。[2]

一些制造商把他们的布料送到约克郡进行整理，而另一些制造商则自己承担这项工作，他们往往知识欠缺、设备效率低下，普遍使用的仍然是单幅织机和手摇织机，因此，双幅床罩必须在中间缝合。尽管与日益萎缩的法兰绒市场相比，粗花呢将来具备销售潜力，但其产量只占20%。尽管有些公司已经对他们的设备进行了现代化改造，集中精力生产高质量的粗花呢、地毯和围巾，以满足伦敦市场和旅游业的需求，但是，绝大多数的工厂还都是只生产法兰绒和针织毛线，并且可以预计

---

[1]　英国国家档案馆，D4/1181：农村工业部："威尔士羊毛工业1948年度报告（技术方面和建议）"，由（威尔士纺织业）技术官员G. Gaunt先生撰写。

[2]　同上。

它前景惨淡。[①]

结论

《牛奶树下》正被创作的时候，威尔士的纺织业对消费者和像摩格·爱德华兹这样的布商并没有什么吸引力。商业中心"曼彻斯特大楼"里堆放着各种各样的布料，由各色纤维制成，图样形形色色。大部分布料是在威尔士以外的地方生产的，在一个批量生产和消费的全球化贸易体系中，曼彻斯特这座城市自从工业革命以来就已经成了一个象征。全球化贸易体系与因循守旧、手工生产的性质、农村社区文化、服装的独特性相去甚远，一个多世纪以来，这些方面为威尔士纺织业的发展打下了基础。威尔士纺织制造业历时长久，吸引了像安娜·M. 琼斯和威廉·P. 克兰克肖这样的学者，这让人们觉得，安娜·M. 琼斯等人可能掌握了乡村复兴的关键，但为时已晚。昔日主要的产业陷入危机，已成衰退之势，在国际市场上，面对来自廉价彩棉和混纺的竞争，成衣大量涌入威尔士农业和工业领域，受这些因素影响，对法兰绒工作服的需求已经被永久性地削弱了。由于地域间的流动在加强，信息的流通在加深，再加上广告和零售也在创新，因此，对毛呢服装强

---

① 英国国家档案馆，D4/1181：农村工业局："1946年威尔士羊毛工业中期报告""1948年威尔士羊毛工业报告草稿"。

烈的文化偏好，以及这类服装与职业和民族主义传统的联系遭到了破坏。事实证明，面对规模更大、机械化程度更高的工厂的竞争时，小型的工业结构具有弹性，因为它们满足了当地和区域消费者的需求，这种需求由来已久。但是，只有保留小型工业生存的文化、社会和经济环境，它们才能生存下来。

（帕特·赫德森）

第二部分

机器的时代：
技术、人力资本
和政治经济

第六章
对原始工业的再思考：
人力资本与现代工业的兴起

　　原始工业（protoindustry）这个概念伴随我们的时间大约已经有半个世纪了。①当这个概念被引入时，它代表着一种特定形式的工业生产兴起了。原始工业既不是在手工作坊（通常在城市里由行会来约束）中组织进行，也不是在工厂里（装配有机器，由资本家和管理者管理）组织开展，而是依靠家庭劳动（主要是农村家庭劳动）在家里劳作，生产用于销往远方市场的制成品。这些体力活由商人或商业制造商组织开展，他们通常拥有原材料，有时还拥有工具和设备，可供工人在自己家里使用。正如富兰克林·门德尔（Franklin Mendels）最初

---

① 这个词是富兰克林·孟德尔在1969年的一篇博士论文和1972年一篇有影响力的文章中提出的，Franklin Mendels, "Proto-industrialization: The First Phase of the Industrialization Process", *Journal of Economic History* 32, no. 1 (1972): 241–61. 然而，甚至在这本书出版之前，查尔斯·蒂利和理查德·蒂利就在 "20世纪70年代的经济史议程" 中将其作为一个具有巨大研究潜力的概念推荐给了我们，Charles and Richard Tilly. "Agenda for Economic History in the 1970s", *Journal of Economic History* 31, no. 1 (1971): 184–98. 不久之后，这个词出现在数百篇文章和数十本书中。当然，诸如农村或家庭手工业、生产系统和家庭手工业等术语都先于农业，但它们并没有提出一种理论，也没有承诺会进行历史分析。

构想的那样，原始工业充当了城市手工制造业和工厂体系之间的桥梁。不久之后，其他学者论述了原始工业的重要性，认为在从封建主义过渡到资本主义的过程中它是一股强大的力量，这些学者中，最为著名的是彼得·克里尔得特（Peter Kriedte）、汉斯·梅狄克（Hans Medick）和于尔根·施伦博姆（Jürgen Schlumbohm）。[1]

原始工业和经济增长理论

当原始工业第一次进入经济史学家的词汇表时，它符合当时经济学普遍接受的，对经济增长的认知。因此，它被插入到了从传统社会变动到现代社会，或从封建社会发展到资本主义社会的线性或阶段性叙事中。它专注于批量生产，为遥远的市场大规模生产简单的标准化产品。它还强调，农村工业本质上是没有技术的，而且（近乎）无地的劳动力供应不断增加；在这些劳动力能够作为真正的无产阶级，在工厂和城市里被聚集起来之前，他们在村舍里被组织起来从事生产。[2]此外，它非

---

[1] Peter Kriedte, Hans Medick, and Jürgen Schlumbohm, *Industrialization before Industrialization* (Cambridge: Cambridge University Press, 1981 [or. German ed. 1979]). 更早还有Hans Medick, "The Proto-industrial Family Economy", *Social History* 1, no. 3 (1976): 291–315.

[2] 工业工人缺乏技能和没有差别的特点借鉴了W. 亚瑟·刘易斯有影响力的著作，W. Arthur Lewis, "Economic Development with Unlimited Supplies of Labour", *Manchester School* 22 (1954): 139–91.

常重视这种说法，即在以市场为导向的生产中，农村劳动的这种组织具有一定的社会、文化影响，长期以来历史学家和社会学家一直将这种影响与现代工业和城市化联系在一起。在可能会"产生英国工人阶级"，原始工业化就开始了"消灭欧洲农民"的过程，因此，传统上家庭组成的限制不复存在，由"无产阶级"的生育行为（从而加速了无地人口的增长）取而代之，制造业传统的工匠行会组织失去了对工业生产的掌控。①

　　最后，原始工业的概念有望帮助我们解决经济增长理论中的一个重要难题。当时盛行的新古典主义增长模型是由资本积累率快速上升所推动的。只有通过固定资本形成，才能将先改进了的技术引入到生产过程中，但这就带来了一个重大的理论和历史问题：一个低收入经济体如何才能够储蓄足够的资金来增加固定资本投资，从而增加制造业的产出呢？当然，之前也有人钻研过这个问题，特别是马克思、沃尔特·罗斯托（Walt Whitman Rostow）和亚历山大·格申克伦（Alexander Gerschenkron）。但现在，原始工业显示还存在另外一条途径：中间型的"劳力密集型工业化道路"，它可以节省固定资

---

① 例子包括David Levine, *Family Formation in an Age of Nascent Capitalism* (New York: Academic Press, 1977); Medick, "The Proto-industrial Family Economy"; Rudolf Braun, "Early Industrialization and Demographic Change in the Canton of Zurich", in *Historical Studies of Changing Fertility*, ed. Charles Tilly (Princeton: Princeton University Press 1978), 289–334.

本。总而言之，原始工业的早期倡导者做出了许多承诺——那些年里许多倡导变革的人也是如此。

斗转星移，原始工业化理论并未受到善待。实证研究发现，原始工业区在人口、制度和区域特征方面差异太大，不足以支撑早期理论家的远见卓识。对于这个概念的理论缺陷，事后的检讨已经足够，所以我在这里就长话短说。[①]批评人士指出，农村工业家庭的人口行为并未带来稳定的高生育率，在市场关系方面，农村工业区不一定不受行会或者其他团体的控制。有一些原始工业区过渡到了现代工业，但还有相当数量的原始工业未完成这种转型。或者说直到现代工业时代它们仍旧保持着自己的原始工业结构。

也许对原始工业化文献的批评最普遍被人接受的是，它提出一个过度的二分法：城市的、有技能的、行会组织的手工制造业与农村的、无技能的、商人主导的无产阶级制造业。可以肯定的是，门德尔等人曾告诫，这种二分法太过可笑——经济学家更喜欢称之为程式化事实（stylised fact）——但该理论

---

① 早期的批评性和质疑性评论包括：Donald C. Coleman, "Protoindustrialization: A Concept Too Many", *Economic History Review* 36, no. 3 (1983): 435–48; R. Houston and K. Snell, "Proto-Industrialization?: Cottage Industry, Social Change, and Industrial Revolution", *Historical Journal* 27, no. 2 (1984): 473–92; Myron Gutmann and Rene Leboutte, "Rethinking Proto-industrialization and the Family", *Journal of Interdisciplinary History* 14, no. 3 (1984): 587–607. 另见 Sheilagh Ogilvie, "Proto-industrialization in Europe", *Continuity and Change* 8, no. 2 (1993): 159–79。文章还有：Sheilagh Ogilvie and Marcus Cerman, eds., *European Proto-industrialization* (Cambridge: Cambridge University Press, 1996).

言之过甚，不可避免地会导致做出这样的假设：农村工业和城市工业可以相互替代，它们之间相互竞争，原始工业的胜利为下一阶段的工厂工业"埋下伏笔"。

在这种情况下，马克辛·伯格关于18世纪英国制造业的研究脱颖而出，成了一面旗帜，在它底下集结了那些怀疑原始工业"自主性"的人，那些力图纠正对城市制造业不予重视的人，那些试图提请人们注意前工业经济中手工艺方面的职业极其丰富多彩的人，并且最重要的是，集结了那些设法对技术发展在英国和欧洲制造业中的重要性予以强调的人。[1]她的呼吁受到了重视，在过去的20年里，为了修复这种平衡，人们不遗余力。如果说原始工业化的文献是在经济理论主要关注资本总量和劳动力总量时发展起来的，那么，当经济理论对信息、知识、人力资本的重要性加以留心，并且对促进知识传播和技能培养的制度的重要性给予关注时，人们就又会对手工技艺产生新的兴趣。如今，人们认为不能轻易将由工匠、手艺工人以及他们的制度组成的早期现代世界视为一种过时的生存方式，或对其不屑一顾。相反，应该将这些现象视为工业化内在的组成部分，在步入现代时期的所有发展阶段都是如此。这一认识

[1]　Maxine Berg, *The Age of Manufactures, 1700–1820* (London: Fontana, 1985); Maxine Berg, Pat Hudson, and Michael Sonenscher, eds., *Manufacture in Town and Country before the Factory* (Cambridge: Cambridge University Press, 1983); Maxine Berg, ed., *Markets and Manufacture in Early Industrial Europe* (London: Routledge, 1991).

反过来又为重新思考原始工业奠定了基础，即强调原始工业与手工艺、城市经济相互影响，而不是与之竞争。

马克辛·伯格与几位历史学家一道，复兴了对手工生产的研究。她自己所使用的方法，是仔细考查各种行业中的工作和工作组织，而不是仅仅只是关注那些"注定"要实现早期机械化和建立工厂组织的行业。她指出，英国的工业增长基础广泛，并且"技术变革起步较早，并且在工业中广泛传播。创新不见得是实行机械化，手工技术和中间技术的发展也算，还包括廉价劳动力的广泛使用和分工。最重要的是，它既有旧流程，也有新工序"。她接着强调："工业化是关于工作组织的：权力下放、扩建车间、苦汗工作，这些都是生产组织中的新变化，这几方面不一定是递进发展的，它们的相对效率取决于经济环境。"[1]马克辛·伯格的方法将工业史分期的观点（从工匠到原始工业再到工厂），转变为一种涉及相互作用复杂性的观点，认为学习和适应对于产品和工艺的创新都至关重要。[2]

这些批评，尤其是对劳动技能和范围十分广泛的制造业（这是漫长的18世纪的特征）予以强调的观点，与20世纪80年

---

[1] Berg, *Age of Manufactures*, preface and 316–17. 其他参编者包括帕特·赫德森、迈克尔·桑内舍尔（Michael Sonnenscher）、查尔斯·萨贝尔（Charles Sabel）和乔纳森·泽特林（Jonathan Zeitlin）。

[2] Maxine Berg, "The Genesis of Useful Knowledge", *History of Science* 45 (2007): 123–34. 在这里，她认为，手工"模仿经济"推动了创新。

代后期经济理论中出现的新见解非常契合。新"内生增长理论"挑战了主流的新古典主义理论，后者认为经济增长主要是由"外生"因素驱动的——资本的引进，以及在生产体系中所包含的技术。新内生增长理论强调对人力资本、创新、信息和知识进行投资，认为它们在经济增长中贡献卓著。该理论还认为，这些因素主要通过增加规模收益来产生影响，经由知识经济的正外部性和溢出效应得以实现。突然之间，技能、知识、组织和地点——马克辛·伯格在她的论著中强调的问题——变得重要起来，这导致事态进一步发展，具体会在下文谈及。

新的原始工业

原始工业的概念受到了损害，人们经常援引它，只是为了提醒读者其经验主义的缺陷，而它的理论主张却难以让人铭记于心。尚未根据当时的经验知识和当前的经济增长理论对原始工业化理论进行评价。如果原始工业在20世纪70年代还没有被理论化，那么今天我们将如何对其特征进行理论化呢？

任何新的、经过改进的原始工业概念都应被理解成它关乎劳动力的大规模使用（这是十七八世纪西欧的特征），在其他地方我称其为"勤勉革命"（Industrious Revolution），日本学者称之为"劳动密集型的工业化道路"。史蒂芬·爱泼斯坦（Stephan Epstein）和马尔滕·波拉（Maarten Prak）强调制造技术长时期的培养和扩散，后者将其称为"手工革命"（artisanal revolution），原始工业应该与它建立更紧密的联系。最后，应该在一个理论框架内就原始工业对长期增长的贡献进行评价——这个框架不必拘泥于必须遵守的外生约束（无论是资本、能源还是科学）——长期以来，外生约束一直是新古典增长理论的特征。当然，这是一个庞大的议题，而本文只能勾勒出其预期的前进方向。

无产阶级化

我们可以从原始工业和无产阶级化的联系说起。由于许多原始工业区经历了人口的快速增长，早先强调家庭组成及其人口影响逻辑上的改变似乎合情合理。一个新的社会阶层可以解释这种显著的人口增长，其生育率明显高于旧的农村阶层。事实上，它的作用可能远不止于此，它可能会对马克思主义关于无产阶级兴起的经典解释提出质疑。原始工业理论认为，通向无产阶级化一条重要的途径是自然增长，而不是针对农民世界的侵占、驱逐和其他经济行为及司法滥用。[①]

该理论侧重于家庭组成和生育能力，假定原始工业家庭已经是或者正在成为无产阶级。他们靠不娴熟的劳动维生，几乎

① Charles Tilly, "Demographic Origins of the European Proletariat", in David Levine, ed., *Proletarianization and Family History* (Orlando: Academic Press, 1984), 1–85.

没有理由推迟结婚，农民、工匠和其他依靠某种资本维持生计的人也是如此。事实证明实际情况并非一直如此，原因很简单，从事原始工业的家庭很少真正是无产者。他们的工业劳动往往需要一些技术和资本，他们以此可以在别处谋得生计。[1]事实上，他们投身于原始工业劳动后也并非没有回头路可走。[2]由于他们没有陷入必然走向无产阶级的下坡路，所以他们没有理由放弃整个社会的人口规范。[3]

婚姻行为会发生深刻的变化，生育率的上升会因阶层而异，早期的原始工业理论家会对此表示疑虑，这并不奇怪，因为有大量证据表明，在许多原始工业化地区，人口在迅速增长。一项早期关于德国境内萨克森（Saxony）地区的经典研究发现，1550—1843年人口增长了4倍，几乎完全是由这一地区佃农阶层的增长造成的。农民阶级几乎没有增长，城镇市民增长得非常缓慢。事实上，萨克森主要城市的人口在总人口中

---

[1] Osamu Saito, "Proto-industrialization and Labour-intensive Industrialization: Reflections on Smithian Growth and the Role of Skill Intensity", in Gareth Austin and Kaoru Sugihara, eds., *Labour-Intensive Industrialization in Global History* (London: Routledge, 2013), 85–106.

[2] 为全面回顾这些问题，请见Jürgen Schlumbohm, "Labour in Proto-industrialization: Big Questions and Micro-answers", in *Early Modern Capitalism. Economic and Social Change in Europe, 1400–1800*, ed. Maarten Prak (London: Routledge, 2001), 125–34.

[3] Liana Viardi, *The Land and the Loom: Peasants and Profit in Northern France, 1680–1800* (Durham: Duke University Press, 1993); Ad Knotter, "Problems of the 'Family Economy': Peasant Economy, Domestic Production and Labour Markets in Pre-industrial Europe", in *Early Modern Capitalism*, ed. Prak, 135–60.

所占的百分比并不高（见表6-1）。

表 6-1　按职业 / 身份划分的萨克森选举人口

	1550 年		1843 年	
	人口 / 千人	占总人口的 比例 /%	人口 / 千人	占总人口的 比例 /%
市民（城镇居民）	116	26.7	300	16.2
其他城市居民	22	5.1	327	17.6
城镇总人口	138	31.8	627	33.8
农民	215	49.5	250	13.5
佃农	20	4.6	869	46.8
村民、神职人员、贵族	61	14.1	111	5.9
农村总人口	296	68.2	1230	66.2
总人口	434		1856	

资料来源：Karlheinz Blashke, *Bevölkerungsgeschichte von Sachsen bis zur industriellen Revolution* (Weimar: Böhlau, 1967).

有记录表明，苏黎世州也经历了类似的变化过程，鲁道夫·布劳恩（Rudolf Braun）发现，在1634—1794年，城市人口增长了80%，低地农村农民占多数，人口增长了60%，在原始工业蔓延的高地人口增长了300%。[1]或者考虑荷兰的上艾瑟尔省（Overijssel），斯里彻·范·巴斯（Slicher van

---

[1]　Rudolf Braun, *Industrialisierung und Volksleben: die Veränderungen der lebensformen in einem ländlichen Industriegebiet vor 1800* (Zürich: E. Rentsch, 1960).

Bath）证实1675—1795年那里的人口总数翻了一番，城市人口只增长了33%，农业区人口增长了64%，而农村纺织品生产中心特文特（Twente）地区的人口增长了两倍。[1]保罗·克莱普（Paul M.M. Klep）估计，在尼德兰南部的布拉班特（Brabant），1702—1846年人口增加了一倍多，但城市人口占总人口的比例从47%下降到了31%，农村无产阶级（既不是农民也不是自营职业者）占总人口的比例从28%上升到了43%。[2]

这类区域研究相当丰富，使人们得以从国家层面和欧洲层面对农村非农业人口的增长进行估计，估计结果必然会比较粗略，原因在于要区分全职农民和农业劳动者与非农业劳动者需要有严格的假设。实际上，更多是按劳动时间进行分类，而不是按个人进行分类。安东尼·瑞格里（Anthony Wrigley）提供了英国、法国和荷兰共和国（Dutch Republic）的估计值，查尔斯·蒂利（Charles Tilly）提出了欧洲范围内"无产阶级"人口的估计数据，罗伯特·艾伦（Robert Allen）几乎估计了

---

[1] B.H. Slicher van Bath, *Samenleving onder spanning: Geschiedenis van het platteland in Overijssel* (Assen: Van Gorchum, 1957).

[2] Paul M.M. Klep, *Bevolking en arbeid in transformatie: een onderzoek naar de ontwikkelingen in Brabant, 1700–1900* (Nijmegen: Socialistiese Uitgeverij Nijmegen, 1981).

欧洲所有国家的农村非农业人口。[1]汇总罗伯特·艾伦关于英国、法国、德国和低地国家（Low Countries）的数据，可以证实前文所述比较详细的例子中所揭示的模式（见表6-2）。

表6-2 1600—1800 年西欧城市、农业和农村非农业人口

	人口 / 百万		人口百分比 /%	
	1600 年	1800 年	1600 年	1800 年
农业	25.9	34.6	66.6	54.0
农村非农业	8.5	19.8	21.9	30.9
城市	4.5	9.7	11.5	15.1
总计	38.9	64.1	100.0	100.0

资料来源：Robert Allen, "Economic Structure and Agricultural Productivity in Europe, 1300–1800", European Review of Economic History 3, no. 1 (2000), 1–25.

十七八世纪农村非农业人口迅速增加，可能并不像早期的原始工业化理论家所认为的那样，主要是由无产阶级夫妇的高生育率造成的。现在看来，农村的低死亡率和农村地区之间人口的迁移可能发挥了较大的作用。只要工业扩张需要人口向城

[1] E.A. Wrigley, "Urban Growth and Agricultural Change: England and the Continent in the Early Modern Period", *Journal of Interdisciplinary History* 15, no. 4 (1985): 696–702; Charles Tilly, "Demographic Origins of the European Proletariat", in *Proletarianization and Family History*, ed. Levine, 1–85; Robert Allen, "Economic Structure and Agricultural productivity in Europe, 1300–1800", *European Review of Economic History* 3, no. 1 (2000): 1–25. 蒂利估计，1500—1800年，欧洲的无产阶级增长了近6倍，其中88%的增长来自农村无产阶级。

镇迁移，"城市墓地效应"（urban graveyard effect）就会抑制人口增长。一旦原始工业在工业扩张中发挥起核心作用，这种抑制就会被消除，农村内部人口的流动和人口的自然增长结合在一起，会给原始工业区带来爆炸式的人口增长。[①]

农村非农业人口并不等同于原始工业劳动力，在许多地区，它的增长得益于农村服务提供商和工匠的激增。若农业的商业化程度较高，那么不仅会产生对搬运工和铁贩子的需求，而且还需要面包师傅和小店店主，这些与农业家庭日益专业化的发展相辅相成。此外，原始工业的发展依赖公路和水路等基础设施的改善，这些基础设施将新的工业场所与城市的商人和市场连接起来。再加上许多地区农村的人口密度不断增加，使得通常与城市相关的工匠可以在农村定居。面包师、裁缝、鞋匠、屠夫、箍桶匠人数越来越多，他们借着农村地区花费不高，向城市里的市场提供商品和服务。这削弱了城市工匠的经济实力，在遍布西欧和中欧的许多小城市中更是如此。这些农村手艺人隐匿在众目睽睽之下，很少有人对其进行研究。[②]吸引学者们注意的是那些向大城市提供专业工匠的农村地区，这

---

① Jan de Vries, *European Urbanization, 1500–1800* (London: Methuen, 1984), 221–45.

② 特伦斯·麦金托什（Terence McIntosch）对德国小城施韦比施哈尔（Schwäbisch Hall）的出色研究中发现了一个例外，见 Terence McIntosch, *Urban Decline in Early Modern Germany: Schwäbisch Hall and Its Region, 1650–1750* (Chapel Hill: University of North Carolina Press, 1997).

种供应往往是临时或季节性的。这样一来，像伦敦、巴黎和阿姆斯特丹这样的城市就有了烟囱清扫工、面包师、制砖工人，还有许多其他工匠和小贩为其提供服务。

佃农阶层

原始工业能够在其间传播的社会经济群体，就是德国学者所称的下层农民或佃农阶层（subpeasant strata）。[①]正如克里特、米迪克和施鲁伯在德国，乌尔里奇·普菲斯特（Ulrich Pfister）在瑞士，莉安娜·维亚迪（Liana Viardi）在法国北部所展示的那样，在农村居民中他们不一定是最贫穷的，也不一定是最缺少土地的。对许多人来说，家庭手工业被视作"回

[①] 佃农阶层的概念来自瑞典人类学家奥尔瓦尔·罗夫格伦（Orvar Löfgren）的研究，他提出了"农民生态型"（peasant ecotype）的概念。这种社会形态既包括具有商业农民性质的农民，也包括具有从属农民性质的农民。后者在农业经济中占有一席之地（事实上，遗产、婚姻和其他幸事可以使其在农业经济中的境况发生改变），但必须寻求其他支持。他认为，不能将他们定义为生产单位，他们更依赖于超区域市场，特别是受他们与农民阶层的工资关系的影响。迈克尔·米特劳尔（Michael Mitterauer）将罗夫格伦的概念应用到历史研究中，强调佃农阶层的各种支持，包括农业中的聘用劳动、工业生产和耕种他们自己的园地的。O. Löfgren, "Peasant Ecotypes. Problems in the Comparative Study of Ecological Adaptation", *Ethnologia Scandinavica* 4 (1976): 100–15; M. Mitterauer, "Peasant and NonPeasant Family Forms in Relation to the Physical Environment and the Local Economy", *Journal of Family History* 17 (1992): 139–59; Knotter, "Problems of the 'Family Economy' ", in *Early Modern Capitalism*, ed. Prak, 135–60.

归"完全农民身份的一种手段。让原始工业不再与贫困挂钩另一个让人信服的理由是，只有一些家庭成员经常参与家庭手工业，投入的也只是一部分时间。此外，这些家庭经常拥有所需要的工具，具有更精细的生产设备。[1]

从远处来看，农村无产阶级和"佃农阶层"之间的差别似乎不易被察觉。但从近处来看，它的价值就可以被看到了，因为它把无产阶级化的目的论从我们的话题中去掉了，并强调佃农家庭可能获得多种来源的经济支撑。这反过来又促使历史学家去探究家庭机构：家庭如何利用他们的资源来优化其经济和社会成果。诚然，这些资源有其局限性，但对于个人技能发展、家庭劳动力策略和社区层面的适应性行为来说，有这些资源往往就足够了，它们能够起到作用。原始工业曾被默认为是没有技能或资本的人的安身之处——以只能维持生计的工资无限地提供劳力——现在，从家庭战略的角度来看它似乎颇有成效：加大劳动强度使家庭收入得以提高，并且随着时间推移劳动力的灵活性和纪律性都提高了，甚至促进了算术能力、读写能力、适应能力甚至管理技能的发展。

---

[1]　Viardi, *The Land and the Loom;* Ulrich Pfister, *Die Zürcher fabriques. Protoindustielles Wachstum vom 16. zum 18. Jahrhundert* (Zurich: Chronos, 1992); Peter Kriedte, Hans Medick, and Jürgen Schlumbohm, "Protoindustrialization Revisited: Demography, Social Structure and Modern Domestic Industry", *Continuity and Change* 8, no. 2 (1993): 217–52.

劳动密集型道路

关于英国和西欧走向现代经济增长之路的一个基本假设是欧洲经济的资本密集度较高，经济专业化早已开始，再加上对市场存在依赖性，使得这条现代经济增长之路一马平川，这一假设得到了早期原始工业化理论的支持。后一种因素侵蚀了拥有土地的农户的完整性，导致了无产阶级化：低技能的聘用劳动力在他人的指导下开展工作。从21世纪（而不是20世纪中期）的角度来看，这种提法作为一条路径来讲似乎是合乎情理的。事实上，东亚的经济史学家已经提出了一条"劳动密集型的工业化道路"，最早建立在日本经验的基础上，之后是其他东亚和东南亚经济体，但中间隔了很长时间。资本密集型和劳动密集型道路之间关键的区别除了要素禀赋上的差异外，就是假定在资本充裕的西方有"强大的市场"，在劳动力富足的东方存在"强大的家庭"。这些强大的家庭设法克服他们所面临的资源稀缺和要素市场有限的问题，使用的手段是对所有家庭成员加强劳动约束，协调农业和工业事宜中的劳动时间，并且注意家庭的年龄和性别构成，所有这些都是为了确保家族能长期生存。经过几代人如此复杂而"理性"的规划，东亚的农民家庭获得了人力资本，抓住了工业时代的新机遇，最终他们的身姿得以显现。

在这种模式中，有很多地方值得详加审视，但它有一个独特的优点，那就是让我们以一种新方式——也就是通过东亚的

视角——来看待欧洲的原始工业化。①它主要的劣势在于事实
上西方（资本密集型）和东方（劳动密集型）道路的二分法有
些过火。早期现代的差异是真实存在的，但可能不是决定性
的。欧洲"脆弱"的家庭结构并没有弱到会妨碍培养节制和勤
劳的做法，对农民和佃农而言都是如此。这些做法既磨炼了商
业技能，也强化了消费者的希冀。最初的"原始工业家庭"使
得人们言过其实，因为这种家庭被描述为一种劳动无差异、贫
穷且没有技能的单元；相比之下，新"佃农家庭"是一个市场
参与者，他们勤勉、有策略，从经验中学习，以此来积累人力
资本。

区域经济

　　原始工业化理论的区域背景问题是该理论很有价值，但从
未被深究过的、早期的研究主要集中对原始工业将在何处兴

---

① Kaoru Sugihara, "Labour-intensive Industrialization in Global History: An
Interpretation of East Asian Experiences," in *Labour-Intensive Industrialization*,
eds. Austin and Sugihara, 20–64; Osamu Saito, "An Industrious Revolution in
an East Asian Market Economy? Tokugawa Japan and Implications for the Great
Divergence", *Australian Economic History Review* 50, no. 3 (2010): 240–61. My
criticisms are presented in Jan de Vries, "Industrious Peasants in East and West:
Markets, Technology and Family Structures in Japanese and Western European
Agriculture", *Australian Economic History Review* 51, no. 2 (2011): 107–19, and
Jan de Vries, "The Industrious Revolution in East and West", in *Labour-Intensive
Industrialization*, eds. Austin and Sugihara, 65–84.

起，将在哪里蓬勃发展进行阐释，很少研究这些区域如何与更
大的区域经济和城市网络相联系、相融合。他们着眼于原始工
业区的经济特征，寻找其所具备的一些共同特征。农村工业通
常散布在"开放"而非"封闭"的村庄（即那些不受领主或法
人主体支配的村庄），在牧区而非农耕区，在丘陵地区而非丰
饶的山谷。①但并非总是如此。未能确定一致的区位预测指标
是该理论存在缺陷的另一个迹象，但是更相关的预测指标可以
用两个基本的经济学概念来概括：机会成本和交易成本。②机
会成本（考虑接受农村工业工作的个人在别处可以获得的最佳
薪酬选择）取决于在工业领域以外可以选择什么工作。因此，
它因家庭成员而异，也可能表现出强烈的季节性特征。交易成
本是指经济活动的所有非生产成本。尽管制造商可能会发现在
农村地区生产成本不高，特别是劳动力成本和税收成本比较
低，但这一优势必须与运输、分销、督导和执行的交易成本
对照起来看，在偏远农村地区所有这些成本都要比城市中的
要高。

---

① 卡尔–海因里希·考夫曼霍尔德（Karl-Heinrich Kaufhold）对所有的德国农村工
业区（Gewerbelandschaften）进行了详尽的清查，他辨认出不少于39种。Karl-
Heinrich Kaufhold, "Gewerbelandschaften in der frühen Neuzeit (1650–1800)", in
Gewerbe-und Industrielandschaften vom Spätmittelalter bis ins 20. Jahrhundert,
ed. H. Pohl (Stuttgart: F. Steiner Verlag Wiesbaden, 1986), 112–202.
② 我认为，奥格尔维是第一个将这方面的原始工业化理论整理得井井有条的人，
见Sheilagh Ogilvie, "The Beginnings of Industrialization", in Germany. *A New Social
and Economic History. Vol. II. 1630–1800*, ed. Sheilagh Ogilvie (London: Hodder
Education, 1996), 118–36.

　　当农村劳动力较低的机会成本和农村生产较高的交易成本之间的平衡向有利于农村的方向倾斜时，原始工业就获得了优势，17世纪在西欧和中欧的许多地方确实如此。要想理解这种倾斜发生的时间和地点，我们需要同时关注农村劳动力的供给（由机会成本决定）和需求（由交易成本决定）。

　　早期的原始工业理论家们很少注意劳动力供给和需求背后的因素，但是现在认为它们对增长过程至关重要。首先，对货币收入的欲望增强，对劳动力的机会成本影响很大，更多的家庭劳动力进入了市场经济中，以确保自己专业化生产的优势，并购买市场供应的商品。我所说的"勤勉革命"有助于重塑农村工业劳动力的供给曲线。[1]其次，随着技术水平的提高，许多地区农村劳动力的单位成本在下降。高度熟练的手工艺长期以来一直为城市所垄断，但随着人们识字和算术水平的提高以及城乡互动的加强，农村产品的质量明显提高了。最后，随着运输的改善，农村工业产品数量的增加，以及信息流通的改善，协调和监控农村生产以及原材料、（半）成品运输的成本都下降了。

　　信息对于所有这三个方面的发展都很重要。勤劳的工人之所以有积极性，在某种程度上是因为他们接触到了挣钱和花钱的新机会，而且随着他们质量控制能力的提高和边际技术改进

---

[1]　Jan de Vries, *The Industrious Revolution: Consumer Behavior and the Household Economy, 1650 to the Present* (Cambridge: Cambridge University Press, 2008), 71–2, 96–104.

的引入，他们的技能也得到了提高。随着雇主或买方对农村市场了解的加深以及地方差异的增加，他们对农村生产更加拥护。

这就引出了原始工业家庭、商业化的农业生产者、城市工匠和商人之间动态的区域互动。需求的空间集聚可能会带来规模经济，因为降低了营销成本（通过增加贸易量来实现），提高了专业化生产的回报。在手工生产中，"主要的沉没成本是为获得技能而进行的不可逆转的投资，这种投资使专业工人的生产率高于非专业工人"。[1]市场整合助推了这种为习得技能预先进行投资的行为，但消费者需求的增加也起到了同样的作用。反过来，专业的生产商其消费需求也会增加，而他们必然会开始依赖其他专业人士来生产的商品种类越来越多。从这个互动关系的叙述中明显可以看出，要大幅提高产量和实现规模报酬递增，需对多个经济行为主体的协调配合。

从11世纪至13世纪，佛兰德的（Flemish）纺织城镇发展迅猛，背后就有一个这样的互动过程。一个由专业生产商组成的城市群岛确保了整个欧洲市场的安全，不是因为在技术方面有了巨大的进步，而是通过由贸易导致向专业化程度更高、更能充分利用资本和劳动力的转变实现的。原始工业的时代经历

---

[1] 关于这一动态过程的一个有趣的描述，应用在了农业而不是工业方面，见 George Grantham, "Contra Ricardo: On the Macroeconomics of Pre-industrial Economies", *European Review of Economic History* 3, no. 2 (1999): 199–232. The quotation is from 217.

了另一次这样的工业重组，从而实现了收益递增。它与之前的
农村工业——以村舍为基础的制造业，了无新意——的不同之
处在于，它是在一个更大的地理范围内对工业生产进行重组，
这个范围比几个世纪前以城镇为基础的手工生产的范围要大
得多。

　　17世纪上半叶，从威尼斯到莱顿（Leiden）的生产商们
都面临着城市工业危机，这场危机是更大的"17世纪危机"
的一部分，它是一个催化剂，迫使商业制造商设法降低成本。
随着时间的推移，另一个催化剂的作用日益凸显，那就是新产
品——亚洲奢侈品、欧洲仿制品、"庸俗奢侈的"商品、蒸馏
酒精、烟草相关产品——的供应不断增加，它们支撑起了更为
密集的分销商和零售商网络，并刺激生产商开发出各种更具差
异性的消费品。[1]

　　第一个催化剂使得早期的原始工业化文献强调农村工业
是从高成本的城市行会中"逃离"出来的，但这种观点有失
偏颇。[2]第二个催化剂现在更为全面地呈现在了我们眼前，

---

[1]　在这里，马克辛·伯格的贡献也是至关重要的。她对消费品新世界的探索包
　　括 Maxine Berg and Elizabeth Eger, eds., *Luxury in the Eighteenth Century. Debates,*
　　Desires and Delectable Goods (Basingstoke: Palgrave Macmillan, 2003); Maxine
　　Berg, *Luxury and Pleasure in Eighteenth Century Britain* (Oxford: Oxford
　　University Press, 2005); Maxine Berg et al., eds., *Goods from the East, 1600–*
　　1800: Trading Eurasia (Basingstoke: Palgrave, 2015).

[2]　Myron Gutmann, *Toward the Modern Economy. Early Industry in Europe, 1500–*
　　1800 (Philadelphia: Temple University Press, 1988). 这一雄心勃勃的工业史分
　　析，将原始工业解释为城市工业第二次危机的产物。

它让我们看到生产者不仅仅是简单地避开城镇及其行会的高昂成本，他们要既力图降低成本，又要让生产的产品更加多样。用更充分地利用"迂回效果"（roundaboutness）来描述这种结果可能更为恰当——推敲生产步骤（扩大中间产品生产的范围），以最低的成本来创造价值。这样"迂回效果"是为了进入更大的市场，比旧的城市制造业传统可能触及的市场更大。①

这种拐弯抹角式的生产方式不仅能降低成本，而且能使最终产品的差异化增大，使不同型号的商品以我们今天所谓的多种"价位"进行销售。也就是说，在古典工业革命到来之前的一个世纪左右，工业部门比之前的几个世纪更加多样化，对市场也更为敏感。

总而言之，原始工业区的成长是适应新机遇的一系列举措其中的一部分，这些举措还涉及城市工匠、商业农民、商人以及城市消费者与国际消费者。与欧洲其他地方相比，英格兰的原始工业走得更远，部分原因是英格兰的市场一体化程度更高，而且也因为在那里工匠传统的技术已经达到了很高的水平，能够为高水平的创新提供支撑，不仅能对产品进行创新，还能对流程进行创新。

---

① Allyn Young, "Increasing Returns and Economic Progress", *Economic Journal* 38 (1928): 527–42. 另见Saito, "Proto-industrialization", 97.

人力资本和技术创新

这种高技术水平其成因以及它对即将到来的工业革命的影响现在仍旧是人们激烈争论的话题。在原始工业的旧文献中，可能会对这些问题避而不谈。原始工业释放了大量未被充分利用的劳动力，使制造业产量的大幅提升成为可能。在这个故事里，既没有提到技能的提高，也没有提到技术的创新，只要劳动力便宜且充裕，这就足够了。

原始工业的新概念不再声称它是"（现代）工业化的第一个阶段"，即一个将旧的工匠传统抛之脑后的阶段。相反，它是更广泛的经济发展进程的重要组成部分，在这个过程中，新的面向市场的劳动力供给，以及对更广泛的商品需求的增加，信息传播的改善，运输成本的降低，所有这些都是相互作用的。在传统的工业革命之前的一个世纪里，有用知识的增长，以及应对新市场机遇方面技术和能力的提高，都是经济增长的核心问题——事实上，直到进入19世纪，这些问题仍旧至关重要。因此，关于劳动力最重要的问题不是它是便宜还是昂贵，而是它是否具有生产力，即劳动力包含的人力资本是否比以前更多。在十七八世纪，人力资本从两个途径获得：手工技术和一般的生产能力。

拉里·爱泼斯坦（Larry Epstein）对手工艺创新的制度基础进行了研究，自此以后，手工业行会在增加工业中的人力资本和促进创新方面的作用颇受关注，已经引起了许多争论。

拉里·爱泼斯坦认为，手工艺创新的制度基础对长期技术进步
至关重要，对在整个欧洲推广"最佳实例"同样也很重要。正
如农业史学家已经开始明白，欧洲近代早期的粮食生产并非受
技术硬约束的限制，而是被对采用久已被人知晓的技术的激励
力度所制约，因此，拉里·爱泼斯坦认为"阻碍前近代经济的
不是技术限制本身，而是对现有的技术利用不足"。[①]拉里·爱
泼斯坦认为，在欧洲大部分地区，手工业行会为了促使人们创
造技术，一般采取的手段是对学徒进行培训、广泛招募新工匠
（以抵制封闭社会团体对技能的垄断），以及鼓励技术工人进
行远距离的流动。[②]

　　马尔滕·波拉（Maarten Prak）进一步提出，欧洲劳
动力的质量存在长期上升的趋势，他称之为"手工革命"
（artisanal revolution）。这场渐进式的革命导致创建了由行会
支撑起来的"技术储备"（pools of skill）：由工匠组成的团体，
开发和传播如何制造商品的隐性知识。这种隐性知识通过工匠
的流通传播开来——从意大利扩散到德国南部，再传到低地国
家，后来又扩散到不列颠群岛——国家对峙起到了推波助澜的
作用。最后一步很重要，不仅提高了周边地区劳动力的质量，

[①]　S.R. Epstein, *Freedom and Growth: The Rise of States and Markets in Europe, 1300–1750* (London: Routledge, 2000), 7.

[②]　S.R. Epstein, "Transferring Technical Knowledge and Innovating in Europe, c. 1200-c. 1800", in *Technology, Skills and the Pre-modern Economy in the East and the West*, eds. Maarten Prak and Jan Luiten van Zanden (Leiden: Brill, 2013), 25–68.

而且通过竞争使技术得到了提高。①

马尔滕·波拉同意马克辛·伯格的观点，认为对工业化进程进行"广教派式的"（broad-church）概念化具有重要意义。手工革命可以追溯至一系列工艺和产品的创新上，不仅在纺织和冶金行业存在，而且在印刷、造纸、玻璃制造、钟表、手表和锁具制造、造船和客车制造等行业中也有。马尔滕·波拉强调，在许多制造业部门中的，散布在几个世纪中的技术进步是"工匠从事其正常业务时的无意之举"。②

现在我们应该更进一步来讨论这个问题。拉里·爱泼斯坦、马尔滕·波拉和马克辛·伯格所强调的以精湛的工艺技艺这种形式存在的人力资本，与以"制造能力"（生产性工业劳动力的特征，其中包括灵巧、耐力、识数和责任感等）形式存在的人力资本相辅相成。如果说前者仍旧是一种典型的城市人力资本形式，那么后者则是在最成功的农村原始工业区中发展起来的，并且是在"佃农阶层"中滋生出来的。③

---

① Maarten Prak, "Technology and Human Capital Formation", in *Technology, Skills, and the Pre-modern Economy*, eds. Prak and Van Zanden, 18.

② 同上。

③ 摩根·凯利、乔尔·莫基尔、寇马克·欧葛拉达谈到英国的"更高质量的工人，特别是在技能分配的右尾"，以及英国的生产能力和灵活性"比其他地方更偏斜，所以右尾的密度更大"（第364页），我认为，手工艺位于技能分布右尾的人力资本与位于技能分布左一点，分布中心的制造业的能力相辅相成。Morgan Kelly, Joel Mokyr, and Cormac Ó Gráda, "Precocious Albion: A New Interpretation of the British Indusrial Revolution", *Annual Review of Economics* 6 (2014): 364, 374.

最近一项英国的郡级研究证实了上述观点。该研究对可以解释1831年所见英国工业生产状况的因素进行了分析，当时正值古典工业革命时代的末期。1831年英国42个郡的工业化水平与1760年估计的因果因素相关。靠近煤炭并没有什么解释力（但靠近水力具有解释力），1760年的低工资部分解释了英国各郡工业化方面的差异，但农村的人口密度（1760年以人口与农田的比率来衡量）和小农场与大农场的比率这两个解释因素更重要。小农场集中本身就能很好地预测出人营养较好，个头较高，这些都与人力资本、识字和算术的基本指标有关。简言之，原始工业通常在农村人口密集的地区很普遍，之后在这些地区最可能出现工业化。早期的原始工业化理论试图证实一种直接的联系，即原始工业的活动会导致建立工厂。现在看来更令人信服的是一种间接的联系：原始工业导致形成人力资本，特别是在制造的"能力"方面，这使得进一步实现工业化更容易发生。[1]

在18世纪，与欧洲大陆相比，英格兰的工匠传统在许多领域都达到了很高的技术水平，并明显表现出对产品进行创新很感兴趣，目的在于迎合不断扩大的消费市场。与此同时，国内生产在商人和制造商的协调配合下对产量进行了扩充，并且随着工人技能的提升和交易成本的下降，国内生产进入了新的

---

[1]　Morgan Kelly, Joel Mokyr, and Cormac Ó Gráda, "Roots of the Industrial Revolution", University of Warwick, CAGE working paper no. 248 (2015).

领域。此外，工匠作坊和家庭农舍并不是在孤立的经济领域中
发挥作用，它们一直是联系在一起的，随着时间的推移这种联
系变得更加紧密。交易成本下降，使商人能够致力于扩大劳动
分工，"兜一个圈子"，即把一项复杂的任务分解成一系列较为
简单的流程，其中许多流程所使用的方法能够实现规模经济。

　　也有人对这种长时期内几个方面齐头并进地发展，而每个
方面又相互影响的说法提出了批评。至少可以说，一些人对工
匠行会——其核心是寻租制度——是否真正起到了传播技能和
培育创新的作用持怀疑态度。[①]而且更重要的是，有人怀疑取
得高水平的人力资本——不管它是如何积累和扩散的——本可
以通过工匠和制造商的"正常业务"带来工业革命的技术，从
而为持久的现代经济增长奠定基础。正如早期的工业革命理论
家们提出资本、土地和能源供给坚固的壁垒阻挡了通往现代经
济内生增长的路径，现在又提出阻挡通往这条道路的"认知障
碍"（epistemic barrier）。[②]乔尔·莫基尔对此作过充分的论

[①] For a vigorous critique of the 'good guild' literature see Sheilagh Ogilvie, *The European Guilds: An Economic Analysis* (Princeton: Princeton UniversityPress, 2019).

[②] In *The Culture of Growth: The Origins of the Modern Economy* (Princeton: Princeton University Press, 2017). 莫基尔认为，文化转型——改变精英们的信仰和价值观——对于为后来的"工业启蒙运动"奠定基础是必要的，能够产生和传播推动工业革命的命题知识。正如许多经济史学家所争论的那样，仅仅建立有效的制度是不够的。根本问题不是激励机制不健全，而是科学知识不足。另一项强调科学发现重要地位的研究是Margaret C. Jacob, *The First Knowledge Economy: Human Capital and the European Economy, 1750–1850* (Cambridge: Cambridge University Press, 2014).

证，他直截了当地指出："工匠们无法扩展他们所使用的技术的认知基础……换言之，一个纯粹只有手工知识的社会不会创造出一大批能从根本上彻底改变生产的宏观发明。"[1]

如果以科学为主导的认知基础没有大的拓展，当今的经济就不可能存在，这一点无可争辩，这使乔尔·莫基尔"硬性限制"（hard limits）的叙述看上去更为合理。在他看来手工技能的重要性排在第二位。不过，他承认"如果没有手工技艺……自然哲学家的真知灼见就不会对经济产生影响"。[2]在另一项成果中，他进一步论证了英国的科学技术并不比欧洲大陆（尤其是法国）先进多少，但"工人的素质较高，尤其是在技能分布的右尾……意味着他们的工程师、技术人员和熟练工更容易采用新技术，并且安装、操作和维护包含这种新技术的设备"。他和他的合著者得出的结论是：英国制造业早熟更深层次原因"必须从导致其工人素质较高的原因中寻找"。[3]现在，因果关系更难觉察。

结论

自20世纪80年代以来，经济理论（特别是内生增长理论）

---

[1] Mokyr, *Culture of Growth*, 273.

[2] Mokyr, *Culture of Growth*, 274.

[3] Kelly, Mokyr, and Ó Gráda, "Precocious Albion", 384.

以及当代经济生活两方面的发展为经济史中倡导人的因素的学者，尤其是那些留意人力资本的发展和知识、信息传播的学者提供了重要支撑。上述学者一直都在遭受抵制，因为有人提出，被"工业革命"分隔的两个世界之间矗立着坚硬的壁垒。这场革命值得大书特书，因为它跨越了一道难以逾越的限制性障碍，实现了彻底的变革。随着时间的推移，人们提出了强有力的论据来支持资本积累的关键作用：一场消除了马尔萨斯陷阱的农业革命、对化石燃料的开采，以及一场扩大社会对自然掌控的科学革命。所有这些成就，似乎都使关注人力资本深化、信息密度增大和市场扩张的论点败下阵来，因为它们代表了巨大的突破，足以说明工业革命冲破障碍的特性。

但是有一点现在已经很清楚了，那就是工业革命的奇迹并不在于最初的加速发展（无论如何，现在看起来没有像以前那样引人注目了），而在于它延续了很长时间，这一点在上一代人那里还不明显。在工业革命的时代之前，经济增长是可观的，而且事实上，直到工业革命的时代之后，基于科学的创新才对持续的增长做出了重要贡献。建立在加大劳动强度、扩大消费者需求、提高技能、改善信息获取渠道、更充分地利用现有知识和资源基础之上的长期增长，有可能会引导人类的聪明才智去充实命题知识（propositional knowledge）的宝库。在我们的时代，长期经济增长将会继续保持。然而，在现代经济增长的这一新阶段到来之前，工匠的聪明才智和原始工业劳动

187

力的能力——原始工业——在早期现代经济发展中占据着核心地位。[1]

（简·德·弗里斯[2]）

---

[1] 关于这种跨越工业革命鸿沟的经济增长方式更全面的讨论，见Jan de Vries, "Economic Growth before and after the Industrial Revolution: A Modest Proposal", in *Early Modern Capitalism*, ed. Prak, 177–94.

[2] 简·德·弗里斯（Jan de Vries），加利福尼亚大学伯克利分校（University of California at Berkeley）悉尼·赫尔曼·埃尔曼（Sidney Hellman Ehrman）历史系荣誉教授和经济学荣休教授。他是伍德罗·威尔逊（Woodrow Wilson）和古根海姆（Guggenheim）奖金的获得者，并曾获得美国国家科学基金会（National Science Foundation）和美国国家卫生研究院（National Institute of IIcalth）的资助。1991—1993年任经济史协会会长。他的论著有：《欧洲的城市化：1500—1800》（"European Urbanization, 1500–1800", 1984）、与范·德·伍德（Ad van der Woude）合著的《第一个近代经济：荷兰经济的成功、失败与坚持（1500—1815）》（*The First Modern Economy: Success, Failure, and Perseverance of the Dutch Economy from 1500 to 1815, 1997*），以及《工业革命：消费者需求和家庭经济（1650年至今）》（*The Industrious Revolution: Consumer Demand and the Household Economy, 1650 to the Present, 2008*）。2013年，他被华威大学授予文学荣誉学位。

第七章
工业化比较史中的机器、劳动力吸收和小生产者资本主义

引言

在英国工业革命中，关于"机器问题"和非工厂的生产形式，人们已经研究了很多。前者最初由大卫·李嘉图（David Ricardo）提出，他在《政治经济学及赋税原理》（*On the Principles of Political Economy and Taxation*）第三版中改弦更张，并对以下两个方面表示怀疑：一是节省劳力的机器是否从技术上导致结构性失业，二是机器生产率较高，是否导致对产品的需求增加，从而需要更多的劳动力去生产这些产品。[①]随后，经济理论家们又重新审视了"机器问题"。有关非工厂生产形式的问题，与20世纪80年代工业化研究"渐进

原作者对李·肖–泰勒（Leigh Shaw-Taylor）在这项研究的数据准备工作中给予的慷慨支持表示感谢。

[①] Maxine Berg, *The Machinery Question and the Making of Political Economy, 1815–1848* (Cambridge: Cambridge University Press, 1980), chapter 4. 李嘉图《政治经济学及赋税原理》第三版在1821年出版。

主义"（gradualist）和"不同道路选择"（alternative path）
的方法一道脱颖而出。[1]马克辛·伯格的"小生产者资本主
义"是一种建立在灵活的专业化和小规模、技术密集型生产
者劳动分工基础之上的工业增长路径，促成了"不同的道路
选择"。[2]

然而，迄今为止，这两条研究路线都是独立进行的。本章
讨论它们之间的关系，其中包括两个任务：一个任务是将"小
生产者资本主义"这一概念放置在一个更为广泛的背景下，即
与工业革命相关的结构变革中，并且探讨它是否真的是工厂工
业化的另一条道路。另一个任务是在当时的历史情境中引入约
翰·希克斯（John Hicks）的理论尝试，去重新阐释李嘉图对

---

[1] Maxine Berg, "Small Producer Capitalism in Eighteenth Century England",
    Business History 30, no. 1 (1993): 17–39. 渐进主义问题最具影响力的是N.F.R.
    Crafts, *British Economic Growth during the Industrial Revolution* (Oxford:
    Oxford University Press, 1985). 还有查尔斯·萨贝尔和乔纳森·泽特林的
    替代路径学派，见Charles Sabel and Jonathan Zeitlin, "Historical Alternatives
    to Mass Production: Politics, Markets and Technology in Nineteenth-Century
    Industrialization", *Past & Present* 108 (1985): 133–76. 有关这些修正主义解释的
    批判性研究，请参见Maxine Berg and Pat Hudson, "Rehabilitating the Industrial
    Revolution", *Economic History Review* 45, no. 1 (1994): 24–53.

[2] Berg, "Small Producer". 伯明翰的情况，另见Maxine Berg, "Commerce and
    Creativity in Eighteenth-Century Birmingham", in Maxine Berg, ed., *Markets and
    Manufacture in Early Industrial Europe* (London: Routledge, 1991), 173–204;
    and Maxine Berg, "Inventors of the World of Goods", in *From Family Firms to
    Corporate Capitalism: Essays in Business and Industrial History in Honour of
    Peter Mathias*, eds. Kristine Bruland and Patrick O'Brien (Oxford: Clarendon
    Press, 1998), 20–50.

机器效应的分析。[1]约翰·希克斯重新表述了李嘉图的论题，即为什么花费了这么长时间才让新机器对就业的积极影响和消极影响恢复了平衡。技术和劳动密集型的机械行业重新吸纳了从使用机器的部门中释放出来的劳动力，然而，还有许多其他产业和行业在吸纳劳动力。历史学家应该对那些吸纳劳动力的部门与那些释放劳动力的部门之间的关系提出疑问，而且既然机器对女性就业的影响最为明显，那么就应该将这个释放—吸收的问题作为一个性别问题来进行探讨。

为了完成这些任务，本章使用了职业结构比较史学国际网络（International Network for the Comparative History of Occupational Structure，简称INCHOS）提供的历史职业统计数据。[2]笔者使用了职业结构比较史学国际网络针对4个国家特定部门、不同性别的劳动力统计数据，分别探讨了男性和女性在就业规模、劳动力释放和吸收，以及退出劳动力市场方面的变化。

研究的问题

关于英国工业革命的基本事实现在已经相当清楚了。虽然

---

[1] John Hicks, *A Theory of Economic History* (Oxford: Clarendon Press 1969), 149–54 and 169–71. 另见John Hicks, "IS-LM: An Explanation", in *Further Essays on Money and Growth* (Oxford: Clarendon Press, 1977), 184–90.

[2] 这个研究网络由剑桥集团的佐藤修和李·肖–泰勒组织。

这个时期发生了结构性变化，但人均产出的年均增长率并不出色。在工业革命接近尾声时，总产出的增长率有所上升，但人口增长也从18世纪中期开始加速，为不断增长的经济提供了充足的劳动力。因此，尽管制造业产出明显增加，但以人均水平来衡量，在19世纪30年代之前经济增长一直保持在较低水平上，且实际工资增长在更长的一段时间内是停滞不前的。[①]所以，当工厂甫一出现，成长型产业四周尽是耗费劳动力的行业，它们大多数以外包、作坊和苦力的形式出现。[②]在其中的一些行业里，工厂取而代之，但很多最终都以血汗劳动告终。马克辛·伯格认为，在这两者之间有一条路径，她称之为"小生产者资本主义"。

马克辛·伯格的小生产商主要生产消费品，比如搭扣、纽扣、餐具和表链。然而，粗略地看一下伯明翰的产业结构就会发现，向其他生产商提供切削工具和剪刀的制造商在这个城市的职业结构中无疑也占据着一席之地。此外，该地区形成了"劳动分工，在内陆进行加工和中间制造，在中部进行精加工

[①] Crafts, *British Economic Growth*; N.F.R. Crafts and C.K. Harley, "Output Growth and the British Industrial Revolution: A Restatement of the CraftsHarley View", *Economic History Review* 45, no. 4 (1992): 703–30; and Charles H. Feinstein, "Pessimism Perpetuated: Real Wages and the Standard of Living in Britain during and after the Industrial Revolution", *Journal of Economic History* 58, no. 3 (1998): 625–58.

[②] 对于各种生产组织的共存，见Maxine Berg, *The Age of Manufactures: Industry, Innovation and Work in Britain, 1700–1820* (London: Fontana, 1985); and Berg and Hudson, "Rehabilitating", 42.

和装配"。[1]萨根特·佛罗伦斯（Sargant Florence）曾经确定了"生产顺序"的一般框架，即从开采到加工和组装，然后再到分销。根据他的说法，从历史上看："最先将机器应用于加工制造，用来生产棉花和毛纺织品，而不是用来生产服装；用来生产钢铁，而不是将其用于工程。"因为加工行业的产品通常是同质的，因此可以享有"规模经济"。[2]因此，技术娴熟的制造商在新兴消费品市场上占据一席之地也就不足为奇了，在这些消费品市场上，设计、装饰和时尚非常重要，单凭机器不能满足要求。然而，小生产者资本家包括机械工程企业，它们技术娴熟，适应能力强，为其他生产商生产机器和工具。假设在总产出的定义方程中，可以将总产出划分为产业间交易、固定资本形成、消费和出口，预计机械工程在产业间交易和固定资本形成方面所占的份额要高于其他制造业。英国1935年的一份投入产出表可以证实这一点，这份投入产出表中的数据要比一个世纪以前的数据可靠。据蒂博尔·巴纳（Tibor Barna）估计，[3]对工程而言，个人消费无足轻重，剩余产品要

---

① Berg, "Small Producer", 33–4; Berg, "Inventors", 27; and Berg, "Commerce and Creativity", 181.

② P. Sargant Florence, *The Logic of British and American Industry: A Realistic Analysis of Economic Structure and Government* (London: Routledge and Kegan Paul, 1953), 12, 关于它生产顺序的框架吗，见第9页；Nathan Rosenberg, "Capital Goods, Technology, and Economic Growth", *Oxford Economic Papers* 15, no. 3 (1963), 220.

③ Tibor Barna, "The Interdependence of the British Economy", *Journal of the Royal Statistical Society: Series A* 115, no. 1 (1952), 52–3.

么被其他行业买进，要么成为固定资本存量，或者用于出口，这与以消费者市场为中心的服装业形成了鲜明的对比，尽管没有任何产品转到固定资本上来，但是他们将产品的大头销售给了国内外其他生产商。在工业化的初期，工程是"制造业中资本形成主要的贡献者"。此外，小型工程生产商在工业"群聚"中起了关键作用，它们的生意相互关联，例如在20世纪30年代伯明翰和黑乡（Black Country）工业综合体中的情况。[①]尽管小生产者资本主义不能替代以机器为基础的批量生产，但在早期的工业化中，这种"群聚"起到了吸纳熟练劳动力的作用。

回到约翰·希克斯关于机械对就业影响的新阐述，我们发现一系列不同的问题。尽管人们一致认为，宏观经济表现并不出色，各种非工厂的生产组织在当今经济中的地位无可置疑，但不应低估机械化产生的推动力。约翰·希克斯的论述让我们将注意力转移到了结构调整过程上，这个过程是引进节省劳力的机器所必需的。"经济学家虽然已完全意识到这些事实，但从来没有把工人的解雇看成劳动力不流动的后果。新工艺必然会减少对某几种劳动力的需求，增加对另外几种劳动力的要求。"但是约翰·希克斯提出了这样的疑问："对整个劳动力需求最终的效应又是什么呢?"[②]虽然操作新机器所需的劳动力减少了，但制造

① Florence, *Logic*, 11 and 85–6. 他的术语"群集（swarming）"与阿尔弗雷德·马歇尔的"工业区"非常相似。见Berg, "Small Producer", 26.
② Hicks, *Theory*, 148–9. 中译本，第135–136页。

新机器所需的劳动力却有增加的趋势。[1]约翰·希克斯明确表示，追问劳动力的吸收为什么会如此迟缓，对于更好地理解工业革命大有裨益。但他没有意识到，这种影响因性别而异。对女性劳动力的需求减少，而对男性劳动力的需求却增加了。

现在，可以将这一切放置在职业结构的背景下。根据剑桥集团（Cambridge Group）对英格兰和威尔士初步的估计，[2]到1710年，制造业中的就业比例已经超过了40%。总产出中该部门所占的份额不断扩大，在制造业中引入机器意味着会进一步促进制造业产出的增长，但不一定会使该部门的劳动力有所增加。在18世纪，第一产业中劳动力所占的份额下降了，其中男性从约占就业总人数的1/2下降到了1/3，这表明在人口高速增长的情况下，大量工人被从农村释放出来。然而，这种过剩的劳动力供应似乎没有被第二产业吸收多少，因为在这段时间里，第二产业中所占的份额只是略有增加。例如，在纺织业中，机械化使劳资比率急剧下降。据说珍妮纺纱机和骡机从女工手中夺去了大量的工作（李嘉图的机器效应）。这些女性可能失业了，也可能没有失业，但是聘用廉价的女工确定无疑

---

① 希克斯用数字表达的解释假设，随着技术的革新，操作机器所需的劳动力单位从10个减少到8个，但相应地，制造它的劳动力单位从10个增加到15个。此时正是产出和就业恢复到初始水平的第11期。*Hicks, Theory*, Appendix, 168–71.

② Leigh Shaw-Taylor and E.A. Wrigley, "Occupational Structure and Population Change", in *The Cambridge Economic History of Modern Britain, I: 1700–1870*, eds. Roderick Floud, Jane Humphries, and Paul Johnson (Cambridge: Cambridge University Press, 2014): 53–88.

成了"机械化的替代方案"。[①]在下一节中，笔者将会通过研究劳动力统计数据来解释这些问题。

结构的变化

在本节和下一节中，笔者将会充分利用英格兰、威尔士、比利时、日本和意大利的职业结构比较史学国际网络数据。[②]比利时的工业化比英国晚了几十年，但其发展的产业几乎相同，即纺织、钢铁和煤炭，而日本和意大利则代表了1870—1940年这一时期后发工业化国家的经验。笔者首先分析了劳动力部门份额和女性比例的变化，这些数据直接来自这4个国家的劳动力，以及与基准年相比劳动力增长的估计数。表7-1列出了第一、第二及第三产业男工女工合计的分析结果。

[①] Berg, *Age of Manufactures*, 146.

[②] 英格兰和威尔士的数据来源是剑桥集团最初的估计，李·肖–泰勒和里格利在"职业结构和人口变化"一文中使用了这些数据。对于其他3个国家，数据来自未刊稿和即将出版的著作附录中的表格，见佐藤和肖–泰勒等人的"职业结构"，三章的作者分别是埃里克·布伊斯特（Erik Buyst）的比利时，佐藤修、摄津时彦的日本，维托里奥·丹尼尔（Vittorio Daniele）、保罗·马拉尼马的意大利。请注意，英文版的职业表目前正在修订。最新版本将出现在肖–泰勒在即将出版的"职业结构"所撰写的章节。目前正在对两个主要领域进行修订——年龄覆盖率（从20岁以上到15岁以上）和部门未分配劳动力的分配方式；因此，预计修订后的部门份额与目前的估计不会有太大差别。还要注意的是，虽然将子部门分组以便于进行国家间比较，但仍存在一个分歧：英格兰和威尔士、比利时和意大利的"商业"由经销商和销售商组成，而日本的包括金融和其他一些服务。

表 7-1　各部门劳动力的份额和增长

部门 份额和增长的测度	英格兰和威尔士			比利时		日本			意大利	
	1710年	1817年	1871年	1846年	1910年	1874年	1909年	1935年	1901年	1936年
第一产业										
（1）部门份额（%）	48	32	17	41	23	70	58	45	62	52
（2）女性份额	0.36	0.22	0.22	0.31	0.32		0.43	0.44	0.38	0.38
（3）绝对增长（%）		13	-13		0		-10	-9		-6
第二产业										
（4）部门份额（%）	38	44	47	42	45	13	19	23	21	26
（5）女性份额	0.39	0.29	0.25	0.42	0.25		0.32	0.24	0.33	0.25
（6）绝对增长（%）		52	51		50		55	37		50
制造业										
（7）部门份额（%）	34	36	38	37	37		15	18	17	17
（8）女性份额	0.44	0.34	0.32	0.46	0.32		0.39	0.3	0.41	0.33
（9）绝对增长（%）		40	39		31			32		33
第三产业										
（10）部门份额（%）	14	24	35	37	43	17	22	32	30	33
（11）女性份额	0.45	0.48	0.46	0.37	0.43		0.36	0.32	0.3	0.33
（12）绝对增长（%）		41	45		50		55	72		56
总劳动力										
（13）部门份额（%）	100	100	100	100	100	100	100	100	100	100
（14）女性份额	0.38	0.31	0.32	0.37	0.32		0.39	0.36	0.36	0.34
（15）绝对增长（%）		0.5	1.4		0.9		0.5	0.8		0.4

注：英格兰和威尔士（1710—1871），比利时（1846—1910），日本（1874—1935）和意大利（1901—1936）。部门份额：占劳动力的百分比；女性份额：女性在总劳动力中的比例；绝对增长：两个基准年之间总绝对增长数的百分比；增长率：两个基准年之间劳动力的年平均增长率。

资料来源：英格兰和威尔士（1710年、1871年）的来自 Leigh Shaw-Taylor and E.A. Wrigley, "Occupational Structure and Population Change", in The Cambridge Economic History of Modern Britain, I: 1700–1870, edited by Roderick Floud, Jane Humphries, and Paul Johnson (Cambridge: Cambridge University Press, 2014), table 2.6, 68. 诚挚感谢作者允许笔者使用他们的研究成果。其他国家的数据来源于未刊稿，由埃里克·布伊斯特、佐藤修和摄津时彦、维托里奥·丹尼尔和保罗·马尼拉马所著，见 Saito and Shaw-Taylor, eds., Occupational Structure。

衡量工业化的第一个指标是第二产业劳动力所占的份额（第4行）。在这4个国家中，随着第一产业劳动力所占份额的下降，这一指标有所增加（第1行）。但较早进行工业化的国家，其第二产业劳动力所占的份额高于后发工业化国家的水平，后者在20世纪30年代的水平远低于前者在19世纪初所达到的水平。但是，很明显无论在哪里，工业化上升趋势的斜率就算不是完全平坦的，那也是相当平缓的。将制造业中劳动力的份额作为另一种衡量工业化的指标（第7行），这一点就更加清晰了。从工业革命史学的角度看，这一点似乎很出人意料。

第二个指标使用了两个基准年之间劳动力的绝对增长数，并以其占所有部门绝对增长总和的百分比表示，它显示在总增长中有多少人进入了哪个部门。需要注意的是，总增长在很大程度上是人口增长的结果。就表中所研究的所有情况而言，人口的平均增长率实际上不容忽视（第15行）。即使部门的份额在下降，部门的绝对增长数也可能是正值。1710—1817年，英国的第一产业的情况确实如此，但在随后的一段时间里，以及在其他3个国家中，部门的绝对增长均为负值（第1行）。农村部门正是在这一时期释放了大量的劳动力，这些释放的劳动力被其他两个部门所吸收。在日本和意大利，进入第三产业的工人比例略高于第二产业吸收的工人比例，而在英格兰和威尔士情况正好相反（第5行和第11行）。然而，英国的情况是第二产业吸纳的工人比例1817年之后比1817年之前有所下降（第5行）。进入到制造业的情况也是如此（第8行）。

　　从表中所显示的另一项指标——女性在部门劳动力中所占的比例，可以看出上述结果因性别不同而存在差异。对于制造业和整个第二产业来说，这一指标均大幅下降。随着工业化的发展，女性在制造业中的就业机会减少，在英国和比利时的例子中，这种情况带来的影响十分明显（第6行和第9行）。服务业吸收了新增女性劳动力供应很大的一部分，多数情况下，这个部门中女性的比例趋于上升（第11行和第12行）。

性别模式

　　所有这些都表明，如果在分析中不区分性别，可能会掩盖关于机器对工业就业影响方面重要的性别偏差。此外，英国的情况是男性农业劳动力在增加（第3行），[①]这肯定整体上会给女性劳动力市场带来额外的压力。不幸的是，这些变化都发生在现代职业人口普查之前。这种限制使得李·肖泰勒（Leigh Shaw-Taylor）和托尼·里格利（Tony Wrigley）大胆地对在1710年到1851年女性所占比例的变化情况作出了假设：只是在农业、服装、纺织领域发生了显著的变化。女性离开农业领域的比例要高于男性，在纺织行业也是如此，但在服装行业却恰好相反。[②]值得注意的是，虽然农业工人男性增多是一种英国现象，但1846—1910年比利时的服装业和纺织业也出现

① 这是18世纪英国农业无产阶级化的结果。参见肖–泰勒的"农业资本主义"。
② Shaw-Taylor and Wrigley "Occupational Structure", 68–70.

了类似的趋势。

让我们仔细分析一下比利时的情况，那里的农村亚麻工业在19世纪中叶就消亡了，这使我们能够评估从纺织业和农村释放出了多少劳动力。需要做的是，通过将反事实推理得出的劳动力供给规模与1910年的实际情况进行对比，来估计在部门和次级部门层面有多少女性失去了就业机会。首先，假设初级部门和纺织行业劳动力的年均增长率与男性劳动力的年均增长率相同，均为1.0%；其次，假设1910年女性所占的比例与1846年相比并未发生变化，初级部门和纺织行业分别为31%和69%。据此我们可以假定，1910年这两个部门女性劳动力的人数分别为491 000人和436 000人，将这两个数字与那一年的实际数值（261 000和159 000）进行比较，说明需要在别处寻找就业门路的女性人数分别为229 000人和277 000人。

在表7-2中，列出了在这4个国家3个主要的产业中，以及在制造业及其次级部门中，针对不同性别进行分析所得到的结果。这些数字显示了假设的劳动力供给规模和实际情况之间的差距，以这两项的差额占假设的劳动力供给量的百分比来表示。若符号为负，则表示释放出劳动力；若符号为正，则表示吸收了劳动力。例如，1710—1851年英格兰和威尔士从初级部门释放出来的劳动力无疑整体上使男性劳动力增加了23%（第1行），有12%和11%分别被第二产业与第三产业吸收（第2行和第3行）。但是在工业化时期，第三产业确实吸收了大量的劳动力，其中男工女工都有（第3行）。

表 7-2　假设的劳动力供给规模与实际规模之间的差异

部门	英格兰和威尔士 1710—1851年		比利时 1846—1910年		日本 1906—1935年。		意大利 1901—1936年	
	男性	女性	男性	女性	男性	女性	男性	女性
三个产业								
（1）第一产业	-23	-33	-21	-17	-17	-16	-11	-13
（2）第二产业	12	-10	11	-18	6	-2	6	-3
（3）第三产业	11	17	10	17	11	3	4	6
（4）总计	0	-27	0	-18	0	-15	0	-9
制造业及其次级部门								
（5）制造业	6	-10	3	-19	5	-2	4	-3
（6）服装	-1	-1	0	3	0	0	0	-3
（7）纺织业	-1	-12	-4	-20	1	1	0	-4
（8）钢铁、金属加工等	0	0	2	0	3	0	0	0
（9）工程	1	0	2	0	1	0	3	0
（10）其他制造业	7	2	4	-2	2	-3	2	3

资料来源：见表7-1。
注：以占总数的百分比表示：英格兰和威尔士（1710—1851）、比利时（1846—1910）、日本（1906—1935）和意大利（1901—1936）。假设的劳动力供给规模和实际情况之间的差距，以这两项的差额占假设的劳动力供给量总的百分比来表示。关于假设劳动力供给的估计方法，见正文。英格兰和威尔士是按1710—1851年来进行计算，这个时间段与表7–1中的有所不同。没有必要将1710年与1817年联系起来，针对不同性别进行分析，因为这两年女性的估计数都是推测得出的（见Shaw-Taylor and Wrigley, "Occupational Structure", 67–69）。

在制造业和整个第二产业（第5行和第2行），男性和女性那两列差异非常大。毋庸置疑，男性的值为正，女性的值为负。对英国和比利时来说，纺织业中这种情况尤为严重（第7

行）：值为负，且绝对值较大，这意味着制造业中就业机会大量减少。日本和意大利纺织业中劳动力并未急剧减少，即使在劳动力充裕的国家，从西方引进节省劳力的技术肯定也会给就业带来压力。然而，日本纺织业中女性就业人数非但没有减少反而有所增加，虽然增长幅度微乎其微，但它表明，日本的纺织品制造商在用工安排上有意使用未婚的年轻女性，让她们来操作西方的机器。[1]意大利介于二者之间，有人可能会认为，那些在纺织业中失去工作机会的人去了服装业，但这种情况只在比利时发生过（第6行）；他们认为还有一些人去了其他制造业（第10行），但即使在这些地方，比例时和日本妇女的就业机会也在丧失。这些人绝大多数被第三产业吸纳了（第3行）。

总计数女性那一列（第4行）值得人们加以留意。这一指标表明，在劳动力进入、释放和吸收所有的过程都完成以后，剩余的女性去了哪里。当它为负时，表示有些妇女退出了劳动力市场。在这4个国家中，这个指标全部都为负值，在英国和比利时，退出劳动力市场的妇女比较多，机器效应对这两个国

---

[1]　清川幸彦（Yukihiko Kiyokawa）认为棉纺织厂在轮班工作安排下采用技术先进的环形机架进行操作，结果证明比配备骡机的棉纺厂劳动密集程度高。这家工厂能够适应高劳动强度。Yukihiko Y. Kiyokawa, "Technology Choice in the Cottonspinning Industry: The Switch from Mules to Ring Frames", in Minami Ryoshin, K.S. Kim, F. Makino, and J. Seo, eds., *Acquiring, Adapting and Developing Technologies: Lessons from the Japanese Experience* (New York: St Martins Press, 1995), 85–111.

家纺织业中女性就业的影响最大。超过1/4的英国女性退出了劳动力市场，而比利时女性的退出率接近1/5。

男性的情况是，第二产业的数字可能表明工业化为他们提供了更多的就业机会（第2行），但若将其与制造业（第5行）和第三产业（第3行）的数据进行比较，可以看出有相当数量的男性被采矿业和建筑业、商业与运输业吸纳了，他们不一定会从事制造业。诚然，有些制造业吸收了相当大比例的男性劳动力（第8、9和10行），但是不应低估非制造业的次级部门在吸纳男性劳动力方面所起的重要作用。

最后，是对技术密集型产业，尤其是工程行业发展的几点看法。该行业在吸纳劳动力方面贡献并不大（第9行），但在英国和日本，机器和工具制造商的数量增长很快，意大利居于其后。[1]工程行业地位卓著：工程公司是钢铁企业的客户，但同时又是其他制造商中间投入的供应商，因此，他们享有"专业化经济"。[2]这表明，工程行业的兴起与随后经济增长的表现之间存在因果关系。就英国而言，这种联系已经被人熟知；日本的情况也是如此。据说，两次世界大战之间日本工程

---

[1] 1817—1871年，英格兰和威尔士工程技术劳动力的平均年增长率为2.6%；1846—1910比利时为1.8%；1909—1935年日本为5.7%；1901—1936年间意大利为2%（根据表7-1中相同的数据计算）。除比利时外，工程技术中的发展速度快于钢铁中的。

[2] Rosenberg, "Capital Goods", 220.

行业的发展使其自1955年之后实现了前所未有的增长。[1]另一
个问题涉及技术进步的类型划分。如果引入能够生产可更换
零部件的动力机械，那么机械行业将不再需要太多的技术，
这就会为批量生产铺平道路。英国工程师1851年在水晶宫
（Crystal Palace）看到美国的展品时就发现了这一点。[2]另一
方面，如果制造业仍然是技术密集型的，那么它们在生产组织
的规模和形式上将会保持灵活性和适应性。阿尔弗雷德·马歇
尔（Alfred Marshall）和皮萨尔甘特·佛罗伦斯（Pisargant
Florence）所论及的工业区存续问题，或者20世纪早期英国
工业区的"群聚"都可能与这种技术密集型、耗费人力的工程
技术传统有关。

讨论

在工业主义的早期阶段，农村人口增长和机器效应两种力
量都在起作用。由于男性和女性劳动力必须到其他地方寻找工
作，所以这两方面对男女劳动力市场供给侧方面带来了压力。

---

[1] H.B. Chenery, S. Shishido, and T. Watanabe, "The Pattern of Japanese Growth, 1914–1954", *Econometrica* 30, no. 1 (1962): 98–139.

[2] Nathan Rosenberg, ed., *The American System of Manufactures: The Report of the Committee on the Machinery of the United States 1855, and the Special Reports of George Wallis and Joseph Whitworth 1854* (Edinburgh: Edinburgh University Press, 1969), Introduction.

例如，比利时面临着100万人要再择业的挑战。50万男性中有
54%在第二产业找到了工作，其余的人则进入了第三产业。50
万女性中有47%在服务业找到了工作，只有一小部分被其他制
造业吸纳，其余的人干脆退出了就业市场。

半个世纪以前，英国女性劳动力市场的情况似乎与此类
似。尽管对这个阶段英格兰和威尔士的情况所作的估算过于
取巧（见表7-2），但是有两套村庄一级的数据生动地反映了
1782—1790年以及1851年农村劳动力市场发生的变化。[①]18世
纪末，在卡汀顿（Cardington）、贝德福德郡（Bedfordshire）
和科夫堡（Corfe Castle）多塞特教区的村庄里，家庭手工业
为妇女和儿童提供就业机会。卡汀顿的蕾丝制造是工业革命后
留存下来为数不多的国内产业，而科夫堡的纺织业和针织业到
19世纪中期就已经消亡了，与这个时期许多其他地方原始工
业区的情况一样。从两个村庄人口性别比的变化上能够看出这
种差异：18世纪末，这两个教区女性人口的比例都比较高，
但卡汀顿男女比例失衡的情况在此期间略有缓解，而科夫堡有
大批男性外流，使得女性的比例急剧上升。如果科夫堡的情况
代表了大多数英格兰原始工业区的经历，那么若应用表7-2所
使用的公式将会发现再择业的妇女中可能有3/10退出了劳动

---

① Osamu Saito, "Who Worked When: Life-time Profiles of Labour Force Participation
in Cardington and Corfe Castle in the Late Eighteenth and Mid-Nineteenth
Centuries", *Local Population Studies* 22 (1979): 14–29.

力市场。①市场上留给女性的工作肯定大多是苦力劳动和服务性工作，而且集中在城市地区，这使已婚妇女很难兼顾工作和家庭生活。

在所有的样本国家中，都发现了女性退出劳动力队伍的情况，而且退出的程度似乎与该国主导产业的劳动强度呈负相关关系。那些女性为什么会退出？科夫堡的情况表明，她们并非出于自愿：由于她们中间有许多人留在农村，一旦工作机会消失，她们迫于无奈只好无所事事。对于那些离开村庄来到城里的人来说，情况也有没什么不同——城里能找到的工作对已婚妇女来说大部分都不适合。虽然对于那些丈夫工作稳定且收入较高的妇女来说收入效应可能起了作用，但绝大多数肯定是身不由己，被迫退出城市部门。

男性退出劳动力市场的情况不算普遍。男性占主导地位的加工行业，比如钢铁业，聘用的人数比人们预想得要少，因此，实际工资方面的压力仍然很大。但是，有很多工业和行业需要劳动力，能够提供工作机会。可以在制造业中获得技术性工作，这一点尤为重要。只要对技术工人有巨大的需求，就可以更容易地吸纳多余的劳动力，并使产业结构在随后的工业化

① 在科夫城堡的例子中，男性非常倾向于向外迁移，为了对一个假设的女性劳动力供给进行估计，我使用了15岁及15岁以上女性人口的实际规模。1790年人口规模为1024人，1851年为4645人，相应地，就业妇女人数分别为385人和575人。根据1851年女性劳动力的供给假设（1746=4645×0.38），找不到工作的比例估计为0.32（[1746−575]/[4645−1024]）。

过程中保持适应性和灵活性。小生产者资本主义的概念凸显了这条道路的历史意义：人们认为，这条道路不仅在英国工业化的早期阶段取得了成效，而且在像日本这类选择了劳动密集型发展战略的国家也收到了实效。[1]最后，它让我们回到性别问题上来：如果技术熟练的男性比其他男性工人获得更高的薪酬，那么这可能是他们的伴侣退出有薪工作的一个原因。

（佐藤修[2]）

---

[1] Osamu Saito, "Proto-Industrialization and Labour-Intensive Industrialization: Reflections on Smithian Growth and the Role of Skill Intensity", in *LabourIntensive Industrialization in Global History*, eds. Gareth Austin and Kaoru Sugihara (Abingdon: Routledge, 2013), 85–106.

[2] 佐藤修，日本一桥大学名誉教授，自1982年以来，他一直在该校经济研究所工作。他从比较的角度对日本的经济史和人口史进行了广泛的研究。他的论著包括：《德川日本的土地、劳动力和市场力量》["Land, Labour and Market Forces in Tokugawa Japan", Continuity and Change 24 (2009), 169–96]、《为人口调节手段的饥荒在日本历史上的发生频率》["The Frequency of Famines as Demographic Correctives in the Japanese Past", in Famine Demography: Perspectives from the Past and Present, eds. T. Dyson and C. Ó Gráda, (2002): 218–39]，以及《德川日本劳动力市场：工资差异与实际工资水平（1727—1830）》["The Labor Market in Tokugawa Japan: Wage Differentials and the Real Wage Level, 1727–1830", Explorations in Economic History 15 (1978): 84–100]。

第八章
英国棉纺织品生产的
机械化和工业革命

大分流、第一次工业革命
和棉纺织品生产的机械化

对欧洲和亚洲之间生活水平"大分流"时间顺序的争论，以及最近对"第一次工业革命进行重构"，将其作为全球经济史上一个转折点，使得人们重新对工业的机械化问题予以关注。为了分析欧洲和亚洲之间的差异以及英国工业革命的特殊性，大量对那些改变英国汉诺威王朝（Hanoverian Britain）棉纺织品生产可能性的知名机器所作的历史研究可能会澄清问题，平息部分争端。①

多年前，笔者与菲利普·亨特（Philip Hunt）和特雷弗·格里菲斯（Trevor Griffiths）在"英国国家经济和社会研究委员会（ESRC）"资助的一个研究项目上进行过合作，对笔者关于机械化的想法产生了非常大的影响。

① Maxine Berg, *The Machinery Question and the Making of Political Economy, 1815–1848* (Cambridge: Cambridge University Press, 1980); Maxine Berg, *The Age of Manufactures: Industry, Innovation and Work in Britain, 1700–1820* (London: Fontana, 1985).

到1851年为止，对宏观发明所做的一系列改进促使棉纺织工业从东方转移到了西方，其产量增长异常迅猛，棉花的生产成本明显下降，之后，羊毛、亚麻、丝绸和许多其他种类的纱线和布料其生产成本也显著下降。对这段历史尚未有定论，因为经济学家和历史学家都缺乏一种技术进步理论来对这一著名的、早熟的机械化案例做出解释。

与此同时，传统的解释认为第一次工业革命明显不具有连续性，但事实证明情况并非如此。一些历史学家认为它是一个取名不当的片段，对其不屑一顾。这似乎为时过早，因为即便是在宏观经济方面，也一样具有不连续性。尽管是一个广泛扩散的全国性事件，但直到19世纪才开始将宏观发明投入生产之中，这比阿什顿的经典叙述所认为的或者迪恩和科尔（W. A. Cole）等人随后的量化尝试所宣称的要晚几十年。

计量史学的解释坚持认为，在19世纪前期，制造业中仅有基础冶金、纺织业（尤其是棉纱和织物）的生产率有提升。直到19世纪30年代，持续对棉花生产进行机械化，并且将棉布制备、纺纱、织造和整理的所有工序都集中到位于城镇装有蒸汽动力的工厂中，这仍然是一个值得效仿的事例（甚至其他纺织行业也应该效仿）。

从很多方面来看，第一次工业革命的观点读起来就像是一个古老的故事，在这个故事中，棉纺织品是以熊彼特式（Schumpetarian）的术语来表示的。历史学家则质疑了这种重构，他们对地区、原始工业化，乃至众多传统手工技术和工序的组织变革进行了研究，这让他们构建起由更快速、更广泛的一系列工业技术改进为主导的叙事。[1]争论仍在继续，就本章而言，工业革命的"计量史学图景"（连同从经济学到对技术突破的"内生性"进行解释不太令人满意的尝试）为人们提供了正当理由，使其得以重新审视从约翰·凯伊（John Kay）的飞梭（1733年）到理查德·罗伯茨（Richard Roberts）的动力织布机（1822年）之间出现的知名的机器、工艺和改进的时间顺序。

1835年，爱德华·贝恩斯（Edward Baines）回忆道，"所有这些发明都是在过去70年里完成的"，并声称"棉纺厂是人类科学支配自然力量最引人注目的例子，近代社会可以引以为傲。"[2]对于1733年以后一个世纪里改变棉布生产的那些机器，如果历史学家和经济学家能够提供某种一般性解释，那么他们或许能更好地就英国和欧洲工业化背后"原动力"的理解问题进行沟通，而且可以就东方之间"大分流"的起源提供见解。"大分流"可能在17世纪出现，到1914年变得清晰可见。

[1] Pat Hudson, "Industrial Organization and Structural Change", in *Cambridge Economic History of Britain*, I: *1700–1870*, eds. Roderick Floud and Paul Johnson (Cambridge: Cambridge University Press, 2004), 28–56.

[2] Edward Baines, *History of the Cotton Manufacture of Great Britain* (London: Fisher, 1835–36), 28.

技术变革的三种一般理论

棉纺织品方面的创新，包含所有将进口的有机材料（棉纤维）制成成品（漂白、染色和印花）布料所采用的新技术。1733—1822年，进行了很多机械创新和改进，而且很难重建随时间推移人们应用到的全部的技术知识。对现存的专利数据进行分类，将"产品"与"工艺"创新区分开来，并将"宏观发明"与调整机器或化学工序有关的"改造"区分开来，目的在于使它们在日常生活中得到有效的利用。[1]

在一个多世纪的时间里，重大的发明和随后的改进都是随意出现的，它们最终彻底改变了棉织物生产中4个可分离的过程。爱德华·贝恩斯（Edward Baines）对其加以赞颂，当时，棉布生产已经从原始的手工制造业（使用一些粗制的机器，由人、水和动物提供动力），转变为机械化的、由蒸汽驱动的城市工业，集中在工厂中而不是在家庭里。工匠和妇女制作布料已经有数千年的历史了，但生产力的提高是在很短的时间内实现的。一个生产阶段内部和不同生产阶段之间变革的速度如此之快，地理上也是如此地集中于同一郡，且最初的应用也只是集中在一种纤维上，以至于人们仍旧认为"英国棉纺织革命"即使不是技术史上最具影响力的片段，也是影响深远的一个片段。

---

[1]　Trevor Griffiths, Philip Hunt, and Patrick O'Brien, "Inventive Activity in the British Textile Industry", *Journal of Economic History*, 52, no. 4 (1992): 881–906.

但我们能对此作出解释吗？本文将从以下两个方面进行论述：一是将历史研究的重点放在机器以及那些"构思""组装"和"开发"机器的人身上，二是对那些声称或多或少可以参照不断演变的经济环境来对棉纺织生产转型作出解释的说法加以质疑。经济环境要么取决于消费者需求的增长，要么取决于缺乏弹性的劳动力供给，要么由一系列的挑战和应对而定。这三种与情境相关的理论缺乏坚实的实证基础，从理论上来讲都是含混不清的，它们只是一个更广泛的叙事的一部分，这个叙述认可人类的能动性。

对技术进步的需求

内森·罗森博格（Nathan Rosenberg）分析了技术进步由需求主导的解释的矛盾之处，并且列出了验证这些不一致之处所需的证据，之后，这种解释仍旧持续出现了很长时间。[①]诚然，人们对知识的渴望会产生更便宜、更吸引人的，或者质量更高的产品，但这种渴望难道不是几个世纪以来一直就存在吗？或者说，如果（正如本文暗含的假设那样）在18世纪技术取得突破之前消费棉花的偏好有所增强，那么历史学家难道不需要证明这种消费是何时、如何以及为何会随时间推移而明

---

① Nathan Rosenberg, *Inside the Black Box. Technology and Economics* (Cambridge: Cambridge University Press, 1982).

显增加吗，或者为什么在某些国家、地区或市场中对棉花的需求要比其他国家、地区或市场中更为强劲吗？[①]然而，为了应对这一挑战，他们提出了一个关于"物质文化兴起"的一般性论题，这一论题有力地证明了消费比收入和价格更为重要。[②]经济增长当然需要有家庭不仅有能力，而且"愿意"在当时的"多余之物"上花费更多金钱，使他们的饮食更加多样，让新奇的东西进入他们的家庭，让他们穿着时尚，效仿胜于己者的消费模式，在实际收入波动不利于自身的情况下能维持开支，放弃闲暇转而勤勉工作，以便赚钱消费更多的"物品"。[③]尽管大多数英美史学家是英国卓异论者，但有些人并不相信物质文化的兴起在英国复辟后不久便顺势而来。然而，这一时期恰逢在供给方面有几支力量同时出现（对于论题任何可被检验的型式都不方便），其中包括：运输和经销网络方面投资率的提高，海上力量用于保护海洋商业支出的增加，农业生产率的提高，这些都差不多是在同一时间开始的。[④]

---

① Beverley Lemire, *The Fashion's Favourite: The Cotton Trade and the Consumer in Britain* (Oxford: Oxford University Press, 1991).

② Lorna Weatherill, *Consumer Behavior and Material Culture in Britain, 1660–1760* (London: Routledge, 1988).

③ John Brewer and Roy Porter, eds., *Consumption and the World of Goods* (London: Routledge, 1993).

④ Patrick O'Brien, Trevor Griffiths, and Philip Hunt, "Technological Change during the First Industrial Revolution: The Paradigm Case of Textiles", in *Technological Change: Methods and Themes in the History of Technology*, ed. Robert Fox (Amsterdam: Harwood Academics, 1996), 155–76.

需求主导的技术进步理论，有的版本略微有所差别，认为技术进步更加依赖于品位和时尚的变化，而这种变化源自对印度进口棉花涌入的回应，这样的理论更容易被证明，对其加以阐释也比较容易。[1]当然应该留有空间，来分析需求的创造、扩展和深化，但是，同时也应该对英国保护国内市场、转向更加开放的殖民地市场加以分析，并将其与议会的规章制度和保护措施放在一起，便于我们对兰开夏郡处在萌芽期，以家庭为基础的棉纱工业化生产何以勃兴作出解释。本国生产的协调者当然知道，当原棉被用于梳理、粗纺、精纺和织造棉纱时，和其他天然纤维相比它的抗长强度、长度以及其他特性如何。"棉织物"商人和修整工也认识到，棉花纤维能够吸附颜色和印花，具有保色性，对消费者来说，棉织物比丝绸、羊毛和亚麻制品更具吸引力。棉布和棉织物可以适用于更广泛的用途，在更多样的环境状况和气候条件下都能使用，也能适应消费者对其他天然纤维的既定偏好。

一旦英国、美国和欧洲的消费者对棉织物的品质和特性有了更多的认识和了解，棉织物替代其他纺织品的步伐就会加快，需求曲线就会向右移动。从东方进口的物品无疑带来了示范效应、流行效应和时尚效应，使棉花的消费量得以提高。棉

---

[1] Maxine Berg, "From Imitation to Invention: Creating Commodities in Eighteenth Century Britain", *Economic History Review* 55, no. 1 (2002): 1–30; and John Styles, "Fashion, Textiles and the Origins of the Industrial Revolution", *East Asian Journal of British History* 5 (2016): 161–89.

花消费量非常大，甚至达到了足以刺激人们推行进口替代的水平。[1]此后，国内混纺布料的生产达到了专业技术水平，这种布料包含棉纱和其他纱线，这为走向机械化创造了条件。但是，不论是否对棉花采取了保护措施，它所带来的"品位变化——偏好新奇事物、时尚物件和奢侈品"对英国的棉纺织品生产究竟起到了多大作用，历史学家尚未对此进行测度。[2]爱德华·贝恩斯非常关注他那个时代（1835年）由蒸汽驱动的机械化棉纺厂，认为"人类的科学与技术成了自然界的主宰"，因为他意识到，供给曲线的这种变化肯定比生产麻棉混纺的周期或者趋势重要得多，而英国及其美洲殖民地的利基市场对这种麻棉混纺的需求量很大。[3]

节省人力的机器

劳动力供给缺乏弹性，在分析棉纺织业崛起的历史学家中引发了争论。几十年来，商人们一直在抱怨，与爱尔兰人、法

[1] Maxine Berg, "New Commodities, Luxuries and Their Consumers in Eighteenth Century England", in *Consumers and Luxury in Europe, 1650–1850*, eds. Maxine Berg and Helen Clifford (Manchester: Manchester University Press, 1999), 63–85.

[2] Giorgio Riello, *Cotton: The Fabric That Made the Modern World* (Cambridge: Cambridge University Press, 2013).

[3] Giorgio Riello, "Trade, Consumption and Industrialization: Cotton Textiles in the Long Eighteenth Century" 未刊稿，在牛津大学纳菲尔德学院2017年"全球棉花：作为早熟全球化案例"（Global Cotton as a Case of Precocious Globalization）的研讨会上提交。

国人以及别处的劳动力相比，支付给英国人的工资水平太高
了。最近有一项尚未完成的研究计划，里面涉及建筑工人和工
匠的工资水平（以每天获得的白银克数来衡量），这项研究显
示，与大陆大多数其他大城市的工资水平相比，英国城镇的工
资水平要高一些。而且自17世纪中期以来，与投入品（木料、
铁、有色金属和砖，用来生产资本品）的价格相比，工资水平
上涨得幅度非常大。工资较高，能源（煤炭）比较便宜，在第
一次工业革命中，其突出的比较优势地位得以保持。[①]

　　然而，没有统计数据能够证明，在凯伊和罗伯茨的时代之
间，英格兰西北部从事棉纺织品生产的工业劳动力供给变得越
来越缺乏弹性。相反，在重商主义者的著述里无法回避穷人的
失业问题，英国圣公会（Anglican）的神职人员也对此忧心忡
忡。18在世纪中期以后，人口增长加速，食品价格开始向上
攀升，随着越来越多的妇女、儿童和其他移民进入城市劳动力
市场，"劳动力"的供给曲线可能变得更有弹性。也许可以用
廉价劳动力的弹性供给来解释棉花生产向全机械化工业的转
变，但是在讨论技术和大分流的经济史学家中，尚未有人提出
这一观点。

　　恰恰相反，约翰·斯泰尔（John Style）在研究中考虑了
支付给棉纺女工的实际产品工资，使用了工资水平层次和趋势

① Robert C. Allen, "The High Wage Economy and the Industrial Revolution: *A Restatement*", *Economic History Review* 68, no. 1 (2015): 1–22.

变动的代理变量（虽然方法并不可靠），结果是他拒绝接受棉花工业过早实现机械化的观点，基于此，他对当地的纺纱工市场进行了重构。在当地的市场上，一位兰开夏郡的棉织工詹姆斯·哈格里夫斯（James Hargreaves）"发明"了一架原型机（珍妮机），这种机器逐渐使棉纺——使用特定材质的纤维，从美国进口而来——实现了机械化。通过将珍妮机与另一台以轧辊纺纱为基础的机械轨道（水力纺纱机）加以合并，就将棉花纤维前纺和成纱所涉及的几项工作的机械化过程整合在了一起（骡机）。纱线依旧是使用传统手工的方法织造，很长时间以后才开始使用动力织机。

　　珍妮机首次出现的情境，从地理上讲是有限制的，斯泰尔对此进行了取证分析。他详细阐述了纺纱女工的供给情况，认为这种供给是地方性的，而且缺乏弹性。女工纺纱所使用的纤维由商船从大西洋彼岸进口，皇家海军（Royal Navy）的公共投资为商船提供资助。像哈格里夫斯和塞缪尔·克朗普顿（Samuel Crompton）这样的工匠都身处兰开夏郡，都从事布料织造工作。所织布料中，含有由各种各样的棉花纤维和亚麻纤维纺制而成的纱线；还有质量上佳者，颇受英国、英国的美洲殖民地，以及欧洲大陆市场上收入较高的消费者青睐。①

---

① John Styles, "Fibres, Yarns and the Invention of the Spinning Jenny" 2018年波士顿"世界经济史大会"（World Economic History Congress）。

挑战与反应模式

流行的挑战与反应模式［在关于卡特赖特的一本回忆录中被提及（1859年），[1]在克朗普顿的传记中被提出（1859年），并在托马斯·埃里森（Thomas Ellison）的著作《英国的棉花贸易》（*The Cotton Trade of Great Britain*）中被详加阐述（1886年），自此以后，在不计其数的书籍、讲座和本科生论文中反复出现］最终借鉴了理查德·盖斯特（Richard Guest，1823年）、爱德华·贝恩斯（1835年）和安德鲁·尤尔（1836年）关于19世纪早期棉花工业的标准史论（standard history）。[2]托马斯·埃里森的著作与早期的记述有所不同，他明确地将梭子的出现与机械工程师所面对的，以及他们能解决的挑战联系在一起，这些机械工程师无法回避生产过程中一系列不断发展的失衡问题。[3]埃里森引用了盖斯特的话，提出："在发明飞梭之后，手工纺纱和手工织布之间的失衡状况明显恶化……有了（飞梭）这项发明，在给定的时间内，织布工生产出来的布料是以前的两倍。"[4]

---

① 指的是Jane Margaret Strickland所作*A memoir of the life, writings, and mechanical inventions of Edmund Cartwright.* ——译者注

② Trevor G. Griffiths, Philip Hunt, and Patrick O'Brien, "The Curious History and Imminent Demise of the Challenge and Response Model", in *Technological Revolutions in Europe: Historical Perspectives*, eds. Maxine Berg and Kristine Bruland (Cheltenham: Edward Elgar, 1998), 117–37.

③ Thomas Ellison, *The Cotton Trade of Great Britain* (New York: Frank Cass, [or. Ed. 1886] 1968).

④ 同上，第15页。

托马斯·埃里森首开先河，对棉布生产所有的4个重要流程中创新出现的顺序和时机进行了解释说明。他的"模式"暗含的假定是：一项新技术，通过影响生产的一个阶段得以扩散，要对此作出反应，就产生了压力（或者向上，或者向下）。对投入品的需求日益增加，需要对此加以应对；或者说，使用廉价棉纱供给的动力增强，也需要着力加以解决（如卡特赖特发明动力织机的故事所示）。[1]

托马斯·埃里森故事的结尾处，是理查德·罗伯茨的织布机和他自动纺纱机，但在故事的开头，是凯伊的飞梭，而且凯伊的梭子贯穿全篇。"情节的设计"是用来说服我们，梭子使得织工对纱线的需求剧增，30多年以后，约翰·怀亚特（John Wyatt）和刘易斯·保罗（Lewis Paul）、哈格里夫斯、阿克赖特以及克朗普顿发明的纺纱机才使得织工的这些需求得以满足。据说，纺纱机的改进和扩散又导致生产出来的纱线数量过多，促使人们又去寻找动力织机。1785年，英国圣公会的一位神职人员从技术方面"解决"了这个问题（经过长达几十年的学习和发展之后），理查德·罗伯茨在1822年从商业上"解决"了这个问题。理查德·罗伯茨为经纱上浆，并将织机放置在铁制机架上。[2]

---

[1] Margaret Strickland, *A Memoir of Edmund Cartwright* (Bath: Adams and Dart, 1971), 7–10.

[2] Richard Hills, *Life and Inventions of Richard Roberts, 1789–1864* (Ashbourne: Landmark Publications, 1993).

　　为了让这个故事成为一个技术方面的挑战-反应过程，叙述应该从一个初始状态开始，随后再经过几个不平衡的片段。挑战-反应的简化形式提出，飞梭可以招致续发事件，但是，没有证据可以证明这一点。它的竞争优势似乎更多地体现在它能够提升窄幅布料的平滑度和质量上，而不是体现在它具有节省劳力的特性上，后者可能会导致整个行业如对纱线的需求翻一番。①此外，在18世纪中叶以前，甚至在粗斜纹布工业中也没有使用飞梭。彼时，飞梭传播之际，恰逢全棉天鹅绒（cotton velvet）和平绒（velveteen）研发、生产之时。出口到非洲的货品数量不断增加，这些优质棉绒在其中占据重要位置，它们取代了以前从印度供应的轻质棉织物。②

　　专利和其他数据长期滞后且原因不详，除此之外，它们并没有提供任何统计证据，来证明在引入飞梭之后，对创新的探索有系统地朝着任何明确的方向转变。相反，这些数据表明，记录在案的创新中，可以被归类为旨在提高纤维制备、纱线纺制环节劳动生产率的，在全部创新中所占的比例在下降：1720—1733年在凯伊带有轮子的飞梭出现之前是46%，

① Akos Paulinyi, " 'John Kay's Flying Shuttle: Some Considerations on His Technical Capacity", *Textile History* 17, no. 2 (1986): 149–76; and Harold T. Wood, "The Inventions of John Kay, 1704–70", *Journal of the Royal Society of Arts* 60 (1911–20): 73–86.
② Stanley Chapman, *The Cotton Industry in the Industrial Revolution* (London: Macmillan, 1972).

1734—1753年下降到了23%。①此外，就在凯伊的飞梭申获专利3年之前，他就研发了一种织造和加工精纺纱线的机器，②这表明，他希望解决一般的机械问题，而不是说他感觉到存在获利的机会，而这种盈利机会源自人们普遍认为需要缓解织造中的瓶颈问题。

善于操控统计技术的人，很难从一个不完善的数据集中捏造出令人信服的证据，"系统聚类"（systematic clustering）表明各种版本的挑战-反应模式提出的，在发明活动中加以探求和取得成功的模式类型。专利的年度数据，以及纺织创新中的其他数据显示，在织造取得重大突破并且得到扩散以后，准备工序方面"聚集"的趋势并不明显。也没有证据表明在哈格里夫斯的珍妮纺纱机、阿克赖特的水力纺织机、克朗普顿的骡机和卡特赖特的自动织布机扩散开来以后的那些年里，在生产过程中（牵涉织物的织造或整理）存在集中的趋势。

研究技术变革的历史学家们避免不了要阅读专利说明书中包含的技术细节。仔细检查后发现，创新有一些倾向，似乎从表面上看来是对宏观发明进行改进或者加以替代。③在18世纪40年代，对梭机进行了几次小调整。1775年，阿克赖特取得了无所不包的梳理和纺纱专利，而纱线生产的创新浪潮似乎也

---

① Griffith, Hunt, and O'Brien, "The Curious History", 126–33.

② 指1730年他研制成功的一种适合用于加工马海毛的机械。——译者注

③ Sean Bottomley, *The British Patent System during the Industrial Revolution, 1700–1852* (Cambridge: Cambridge University Press, 2014).

随之而至。在之后的4年里，出现了15台纺纱机，其中有8台获得了专利。[1]18世纪70年代末期，克朗普顿发明了骡机，目的在于解决他在使用珍妮纺纱机或罗拉（翼锭式）纺纱机无法生产出高质量印度式纱线时遇到的问题。[2]卡特赖特设计的动力织机的原型机也遵循同样的模式，十年之内，他对机器进行了16项"改进"，其中有一半获得了专利。[3]随着机器以工程技术的形式进入公共领域，盈利的机会出现了，这促使人们寻求如何对机器进一步加以改进（和/或促进差异化，以便削弱专利权人的垄断权），而不是推动人们明显地对研发支出进行重新配置，来缓解上下游的瓶颈。

英国棉纺织业机械化的背景：政治与地缘政治

现在，第一次工业革命被描述成了工业增长不平衡，发展相对迟缓的一个实例，但是，仍旧将棉纺织业中技术进步的作用包含在内。这就要求勾勒出该行业早期转型所处宏观经济

[1] Robert S. Fitton and Alfred P. Wadsworth, *The Strutts and the Arkwrights, 1758–1830: A Study of the Early Factory System* (Manchester, Manchester University Press, 1958); and Robert S. Fitton, *The Arkwrights: Spinners of Fortune* (Manchester: Manchester University Press, 1989).

[2] Harold Catling, *The Spinning Mule* (Newton Abbot: David and Charles, 1970).

[3] Patrick O'Brien, "The Micro Foundations of Macro Inventions: The Case of the Reverend Edmund Cartwright", *Textile History* 28, no. 2 (1997): 201–33.

背景的图像，将机械知识的积累和英国纺织机械发明家的杰出成就置于其中心位置。除非他们的发明能够同样容易地出现在欧洲各地貌似合理的范围之内，否则，英格兰的经济和文化必然具备某些特征，使得在《乌得勒支条约》（*Treaty of Utrecht*，1713年）和《维也纳条约》（*Treaty of Vienna*，1815年）之间英国"更有可能"成为棉纺织业创新的地点，而不是荷兰、法国、萨克森、西班牙、瑞士，以及（对大分流的研究已然使我们意识到）印度、中国和日本这几个原始工业区。[1]可以对岛屿经济的5个特征详加阐释（2个在岛内，3个在其国界以外），来说明1733—1822年在英国发生的技术突破其地点和时间不能仅仅被表述成是随机发生的。

第一，到17世纪末，该区域内纺织品生产的规模与范围已经非常庞大，并且在接下来的一个世纪里，纺织业继续扩张，产出更为多样。到1660年，英国和爱尔兰几乎生产所有品类的纺织品：羊毛织品、亚麻织品、丝织品、棉织物、纬起绒织物，还有各种混纺纱线和布料。[2]

第二，（这一论断吸引人们从统计方面进行比较）与欧洲

---

[1]　N.F.R. Crafts, "Industrial Revolution in England and France. Some Thoughts on the Question 'Why England was First' ", *Economic History Review* 30, no. 3 (1977): 429–41; and Peer Vries, *State Economy and the Great Divergence: Great Britain and China, 1680s–1850s* (London: Bloomsbury, 2015).

[2]　Eric Kerridge, *Textile Manufactures in Early Modern England* (Manchester: Manchester University Press, 1985).

大陆的劳动力相比，英国劳动力中拥有相关技能和知识的比例可能更高，在冶金、木工、精密工程、钟表和工具制造、机械设计等方面都是如此。乔赛亚·塔克（Josiah Tucker）也这么认为，并且宣称："我们可以满怀信心地断言……英格兰部分地区……展现了实用机械学的一个实例，世界上任何地方都难与其相匹敌。"[1]然而，英国这个经济体如何、何时以及为何积累起机械工程创新和持续改进所需的人力资本，无论是从理论上还是从历史范畴来看，都还没有定论。[2]对1688—1851年就英国纺织业产品差异化方面的发明或改进有专利记录，且其姓名可以追溯得到的小样本进行研究，结果显示，并未表明英国这部分技术精湛的劳动力可被描述为一种"可界定的资源"，将其与更大的人口群体区别开来。在社会地位、教育、居住地、宗教、政见，或者在与交流科学信息和机械信息的网络之间的联系方面，可追溯的专利权人并没有成为一个"独特的"子群体。[3]

与此同时，三个常见的"外生性"历史故事成了英格兰

---

[1] George Shelton, *Dean Tucker and Eighteenth Century Economic and Political Thought* (Basingstoke: Macmillan Press, 1981), 53.

[2] Gillian Cookson, *The Age of Machinery: Engineering the Industrial Revolution, 1770–1850* (London: Boydell & Brewer, 2018).

[3] Ralf Meisenzahl and Joel Mokyr, "The Rate and Direction of Inventive Activity during the Industrial Revolution, Revisited", in *The Rate and Direction of Inventive Activity Revisited*, eds. Josh Lerner and Scott Stern (Chicago: Chicago University Press, 2012), 443–79.

境内棉纺织品生产进程的背景，并从帝国主义政治经济学的历史中获得了良好的信誉。起先，1660—1721年从印度和中国进口的棉布迅速渗透到国内市场，这种棉花成本低廉，越来越受人欢迎，这对英国本土的纺织业构成了威胁，议会针对这种情况作出了机能反应，人们已经对此有过详细的分析。为保护羊毛、丝绸和亚麻产业而设立的关税和其他壁垒慢慢出现了，之后演变成一个保护框架，使英国的纬起绒布产业得以发展，并且最终从中发展出本土制造的纯棉布料，这与其他欧洲国家政府的反应有所不同。[1]

纬起绒布包含由棉纬纱（兰开夏郡制造）和亚麻经纱（主要从爱尔兰进口，但也从苏格兰和波罗的海各国进口）交织而成的混纺织物。在威廉三世统治时期（William Ⅲ，统治期为1689—1702年），他的大臣们制定了安抚英格兰反叛的天主教省份的政策，其中包括对爱尔兰的亚麻产业给予补贴，他们希望能为失地农民提供就业机会，也希望在1697年议会立法禁止爱尔兰制造的羊毛纱线和亚麻制品进入英国本土和帝国的市场之后，实施这一举措能够对爱尔兰的商人和制造商起到安抚作用。[2]这些政策奏效了，爱尔兰为兰开夏郡纬起绒布制造业

---

[1] Patrick O'Brien, Trevor Griffiths, and Philip Hunt, "Political Components of the Industrial Revolution: Parliament and the English Cotton Textile Industry, 1660–1774", *Economic History Review* 44, no. 3 (1991): 395–423.

[2] Julian Hoppit, ed., *Parliaments, Nations and Identities in Britain and Ireland, 1660–1850* (Manchester: Manchester University Press, 2003).

的快速发展提供了亚麻经纱，持续了数十年之久。最终，进口的亚麻纱线供给缺乏弹性、交货不稳定（由1740—1748年和1756—1763年爱尔兰海域的重商主义战争引起），再加上议会摇摆不定，这就使纬起绒布产业内部愈发期望通过使用完全在兰开夏郡纺成的棉纱，以其作经纱和纬纱来生产布料，从而使能够获得更为可靠、更有利可图的机会。[1]

第三，只有先将棉花种植扩展到西印度群岛（West Indies）的英国种植园、葡萄牙的巴西殖民地，再扩展到之前在美洲南部的殖民地，这样才能有更多的希冀。与此同时，在海地（Haiti）开发了肥沃的新种植园之后，法国在欧洲食糖市场上的竞争力增强，刺激进行多样化生产，并从加勒比地区（Caribbean）进口棉花纤维。事实上，任何一种可以在美洲热带土壤随地种植、成本廉价的粮食或经济作物（使用非洲奴隶），都有望从种植园、贸易和航运，以及廉价纺织品制造的投资中获得回报。欧洲列强中，英国海军夺得了海上霸权，并且成功利用了不断增长的大西洋经济体的经济潜力。将国内经济和帝国的棉纺织品生产加以整合，这个机会开始变得越来越有利可图，而且基本上比欧洲大陆其他任何地方更能免遭风

---

[1] Trevor Griffiths, Philip Hunt, and Patrick O'Brien, "Scottish, Irish and Imperial Connections: Parliament, the Kingdoms and the Mechanisation of Cotton Spinning in Eighteenth Century Great Britain", *Economic History Review* 61, no. 3 (2009): 625–50.

险。[1]另外，事实证明从美洲种植的棉花植株中抽取纤维支数更多，纤维更长，比从印度和中国种植的各种植物中提取的纤维更适合用于机纺。[2]

从必要条件到充要条件

英国重商主义的结构性先决条件和政治经济学有助于说明，为什么英国处于萌芽期，或者说是尚且原始的棉纺织业到1688年就达到了其"可能到达的高度"。从那时起，技术上的重大进展（事后看来）被描述成比随机事件发生得可能性要高，而且还不只是在口味和时尚方面发生了变化，其意味更为深长。

尽管如此，对环境背景详加阐述，对棉纺织品制造方面的技术突破进行充分而又必要的解释，还有一段路要走。这一形势依旧没有发生改变，因为宏观发明是由特定的人在特定的时刻构思和创造的。除非，并且直到能够让人信服地对纺织业（或者实际上生产的任何其他商品也适用）在机械化过程中发生的重大突破进行分析，明确地从背景分析转变到内容分析上来，否则，对技术创新的分析可能无处可去，只能

---

[1] Robert S. Du Plessis, *The Material Atlantic. Clothing, Commerce and Colonization in the Atlantic World* (Cambridge: Cambridge University Press, 2016).

[2] Giorgio Riello and Prasannan Parthasarathi, eds., *The Spinning World: A Global History of Cotton Textiles* (Oxford: Oxford University Press, 2009).

回到传记中来。①长期以来，宏观发明家们的名字总是让人如雷贯耳。除非我们相信威廉·佩蒂（William Petty）所说的"创新是未被发现的剽窃"，否则，这种联系必须首先得到证实。②然后，所进行的论证顺理成章地就将英国棉纺织业中著名的发明家其生活、工作与他们所处的网络、环境重新联系了起来。

宏观发明和微观改进的定义

保尔·芒图和他那一代的经济史学家认识到，对于纺织行业的长期转型而言，人们可能认为某些人工制品、技术设计和机器比其他东西更为重要。③他们书写机器的方式，在现代机械师看来是不连续的，或者是跳跃式前进的，乔尔·莫基尔将其重新命名为"宏观发明"。这个术语提醒我们，原型机为有用知识的积累和未来的技术进步奠定了"必要的"基础。机器作为正常运转的模型，其出现和扩散为我们设定了新的技术参数，提出了需要聚焦的问题，并且使探

---

① Patrick O'Brien, Trevor Griffiths, and Philip Hunt, "Theories of Technological Progress and the British Textile Industry from Kay to Cartwright", *Revista de Historia Economica* 14 (1996): 533–55.

② William Petty, *A Treatise on Taxes and Contributions* (London: N. Brooke, Cornhill, 1662), 19.

③ Paul Mantoux, *The Industrial Revolution in the Eighteenth Century: An Outline of the Beginnings of the Factory System in Britain* (London: Methuen, 1964).

寻改进的途径更加陡峭。万一这种模式出现在正确的空间、正确的社会网络中，具备发展的潜力，那么，它们就给当地商人、规划者、技术人员和其他专家等各类团体带来了挑战，同时也有激励。这些人所关注的，是对有用的、可以获利的知识加以利用。他们意识到，前景已经发生了变化，开发、诠释和测试新机器，使其一般情况下能够正常运转，而且最重要的是，让它具备商业可行性。这样的时机已经到来。

在理想的情况下，历史学家应提供证据，来证明机器的先后顺序，因为它们是以某种形式进化形成的。通过引用特定的模型，来识别和确定宏观发明出现的时间，而在这些模型中，为了特定手工艺中动作和过程的效果，会随着时间的推移对"技术可能性"作出改变。这类信息可以为量化技术史打下基础，其方式为：工程师认为某些机器是"全新的"，确定其准确位置，就常见的阶段——从发明到发展再到扩散——绘制图表。例如，埃德蒙·卡特赖特（Edmund Cartwright）于1784年推出了动力织机的原型机，对于使用已有技术的手织机织布工而言，原型机使其前景得以改观，使操作和判断实现了自动化或机械化。如果我们掌握了相关的数据，就可以绘制出时间跨度较长的生产能力比率图（productivity ratio）。另外，还可以在1785年卡特赖特的织机出现之前，由技术娴熟的成年男性织工使用当时最先进（state-of-the-art）的手织机，每小时所能织成的纬起绒布、毛料或棉布的码数上找到一个结合点。不幸的是，织布的劳动生产率可用的估计数是有限的。对于经济史学家来说，如果他们掌握了长时段内各台机器向上增长的生产率数据，他们会很乐意画出图表，而任何可以绘制出来的图表，都不过是上述图表的"概要"（synopia）。[1]

纪传体叙事和宏观发明家

事后看来，很明显到18世纪40年代，在英格兰西北部要对工业生产棉麻纱线混纺的棉织物进行变革，条件和环境都已具备。技术史学家已经辨识出7种投入运转的原型机，它们是凯伊、怀亚特和保罗、哈格里夫斯、阿克赖特、克朗普顿、卡特赖特和罗伯茨付出努力后所取得的成果，仍旧将其归类为被同时代人认可的发明，人们认为这些发明对一条通向世界上首次实现纺织工业机械化生产的发展轨迹至关重要。[2]

对技术史学家来说，不需要怎么劝说，就能在其叙事中将机构纳入其中，而对于研究现代经济增长的史学家而言，长期来看情况并非如此。当后者勉为其难地采用传记这种形式时，

① Robert E. Allen, "The Hand-Loom Weaver and the Power Loom: A Schumpeterian Perspective", *University of Oxford Discussion Paper in Economic and Society History* 142 (2016).

② George W. Daniels, *The Early English Cotton Industry* (Manchester: Manchester University Press, 1920)；Jon Stobart, *The First Industrial Region: North West England* (Manchester: Manchester University Press, 2004).

他们倾向于从心理学中引入理论，为稳妥起见，在进化生物学（evolutionary biology）中寻找在修辞学意义上具有说服力的词汇，玩弄合意空间（congenial space）这个来自地理学的概念，或者转而利用宏观经济学和微观经济学之间的经济差异。舶来的隐喻可能令人印象深刻，但它们是否能帮助我们理解机构和创造力的问题，这一点尚不清楚。宏观似乎只不过是一个熊彼特术语，用于描述网络技术，体现了在规模和范围上增加回报的潜力，以及产生技术衍生产品的潜力。进化突变和物种转变的达尔文式类比是启发式的吗？运动的速度并不是由繁殖跑得更快的马发展而来：作为分析的主题，与历史语境和社会网络相比，空间隐喻在概念上有什么影响力？

　　心理学提供了经过设计和校准的理论与证据，旨在阐明被选为有创造力的人的认知特征，他们自我标榜这是基于实验检验的，声称揭示出具备以下的个人特征：内在式激励、自信、不畏惧失败、求知欲强、充满激情、富于想象力、会摆布人、会利用人。可以预见的是，在上述8位纺织机械发明者的传记中，从有些记录里能够看出这样的特征。但传记也显示，这些特质并没有在克朗普顿作为小提琴家的天赋中，在卡特赖特乏味的诗歌中，或者在凯伊和罗伯茨的商业头脑中体现出来。是否可以认为，有创造力的人在某些方面是相似的，从而使后人将他们描绘成有创造力的人？事实上，从富有创造性的个人其心理测量数据库中提取出来的人格特征，是相当具有弹性的。在当时在世的、更加庞大的类似人群中，也可能有人存在这样的人格特征。①

然而，有一个虚拟的情境化传记库，它根深蒂固，其中包括对家庭、社会和文化网络所进行的历史研究，人们将其与这一小撮发明家所居住、所利用的经济空间并排放置。这样的文学形式和文学作品仍然具有启发性，启发我们去思量、去面对这样一个问题：这些人（在其他人的帮助下）为生产原型机调动他们自己以及社会的资源，从而使这些原型机发展到能够为位于兰开夏郡的全球棉纺织业奠定基础，这是怎么做到的？②这个问题很古老，也需要作出交代。

首先来看他们的社会出身，历史证据表明，在这些杰出的人物里，没有一位来自社会地位较低、收入水平不高的家庭。只有埃德蒙·卡特赖特牧师和路易斯·保罗（Louis Paul）可以被描述为身处纺织行业边界之外的社会圈层。按照当时的标准，人们承认这个群体是受过教育的（可能哈格里夫斯除外），不过没有一个人是英国著名科学协会的成员，而宏观经济的纺纱机器是由棉纱织工发明的。③

---

① Margaret Boden, ed., *Dimensions of Creativity* (Cambridge, Mass: Mit Press, 1994).

② Alfred P. Wadsworth and Julia de L. Mann, *The Cotton Trade and Industrial Lancashire, 1600–1780* (Manchester: Manchester University Press, 1931).

③ Christopher Aspin and Stanley Chapman, *James Hargreaves and the Spinning Jenny* (Helmshore: Helmshore Local History Society, 1964); Fitton, *The Arkwrights*; Thomas Midgley, *Samuel Crompton 1753–1827: A Life of Tragedy and Service* (Bolton: Corporation of Bolton, 1927); Michael Rone, "Samuel Crompton, 1753–1827: A Biographical Note and Appreciation", *Textile Recorder* (1927).

　　不幸的是，几乎没有证据（以信件、日记、反思录、评论
的形式）留存下来，能够让历史学家们窥探到用于纺纱准备、
织造、整理棉纤维，棉纱和布料的原型机最初是如何被构想出
来的，以及如何通过试验的过程将原型机组装成可操作的模
型，以便用来轧制、纺制纱线，并将纱线织成布料。以前经常
使用辊筒来制造丝绸、纸张和金属。而能够使纺纱工一次纺
出多股纱线的机器，14世纪在中国已经随处可见面，在1678
年、1723年和1755年在英格兰获得了专利。[1]

　　理查德·阿克赖特（Richard Arkwright）和卡特赖特作
为"规划者"着手开发一种可以运转的机器，耗资巨大，他们
非常乐观，认为机器能够更有效地执行这些操作。他们的背
景、职业以及有引用价值的宣言都表明，与欧亚大陆其他地方
相比，英国人对"机器的作用"更为信服，这种信心可能已
经更广泛、更深入地渗透到了英国社会中。他们还意识到，
必须招募工匠，将"富有想象力的见解"转化为可能会运转
的机器。路易斯·保罗与约翰·怀亚特（伯明翰的一名机械
师）结成了伙伴关系，一起探索用滚轴纺纱的可能性，明显
取得了成功。他们争执不断，合作关系最后以失败告终。[2]哈
格里夫斯是一名来自布莱克本（Blackburn）的织布工，他肯

---

[1]　O'Brien, Griffiths, and Hunt, "Theories of Technological Progress".

[2]　David Bates, "Cotton Spinning in Northampton. Edward Caves Mill, 1742–61", *Northampton Past and Present* 9 (1996): 237–51.

定设想过可能存在一台机器，一次可以纺制几股纱线？尽管如
此，他还是移民到了诺丁汉（Nottingham），并与一名木匠合
作，对他的珍妮机加以改良。①阿克赖特（一名理发师和假发
制造商）利用了他兰开夏郡关系网中几个工匠的技艺，然而，
他也搬到诺丁汉，去寻找建造一架水力纺纱机所需的技术和
技能，这种机器使用滚轮，能在梳理棉纤维的同时将其纺成
纱线。②

无论是珍妮机还是水力纺织机，都无法纺制出质量符合博
尔顿织工塞缪尔·克朗普顿期望的经纱、纬纱用棉纱。③他告
诉约瑟夫·班克斯爵士（Sir Joseph Banks，英国皇家学会会
员），在他母亲的照料下，他进行了为期6年的实验，将珍妮
机和水力纺纱机的机械装置结合在一起，制造出了名副其实的
"骡机"。这台机器发展成了原型机，可以将棉纤维纺成高质
量的纱线（经纱和纬纱），起先是在兰开夏郡，最终遍及世界
其他地区。④

由埃德蒙·卡特莱特牧师设计了一系列的织机，由理查

① Christopher Aspin, "New Evidence on James Hargreaves and the Spinning Jenny", *Textile History* 1 (1968): 119–31.
② Fitton, *The Arkwrights*.
③ Gilbert French with an Introduction by Stanley Chapman, *Life and Times of Samuel Crompton* (Bath: Adams and Dart, 1970).
④ H.Catling, *The Spinning Mule* (Newton Abbot: David and Charles,1970); and Midgley, Samuel Crompton.

德·罗伯茨带来了更高水平和更持久的效率,棉纺织品生产的机械化的历史到达顶峰。罗伯茨是一位工匠,他致力于解决众多行业的机械问题,其中包括纺织业。[①]卡特赖特对第一台原型织机的构想是,"从一个基本原理出发,即只能有3个动作,它们彼此接续进行,重复这些动作困难不大。构思成熟以后,立即聘用一位铁匠、一位木匠,来将这些想法付诸行动。"[②]他在曼彻斯特对自己第一台"粗糙的机器"进一步进行了改良,得到了一位不知姓名,但却是名"出色工匠"的帮助,打那以后,卡特赖特——这位圣公会神学家在1787—1788年有四台可运转的织机获得了专利。[③]

在凯伊和卡特赖特的时代之间,在这些人中没有一个人能接触到机械工程公司,来为他们提供专业技能,让他们能够实现将纤维纺成纱线,或将纱线织成布料的"构想"。[④]他们依靠的是在曼彻斯特、伯明翰、诺丁汉可获得的工匠,以及具有罗伯茨那种技术和技巧的人,后者可以动手制造机械,能将机器用于多种工业生产流程。[⑤]

---

① William Radcliffe, *Origins of the New System of Manufacture, Commonly called Power Loom Weaving and the Purposes for which This System was Brought into Being* (Stockport: James Lomax, 1828); and Hills, *Life and Inventions.*

② Guest, *Compendious History*, 45.

③ O'Brien, "Micro Foundations".

④ Cookson, *Age of Machinery.*

⑤ Hills, *Life and Inventions.*

将概念或初始设计转化为具有常规功能的机器，所需要的投入超出了这群人中任何一人的能力范围，卡特赖特除外。这群人中，没有一个人缺少朋友、亲戚、合伙人和赞助人的关系网络，来为他们的事业提供支持。卡特赖特耗费了7年时光，经手了各种类型的机器，用尽了自己的财产，也几乎花光了家人的钱财。卡特赖特一家投资于出身在他们开明家族的天才，因而损失了一大笔财富。[1]这些机器带来了英国熊彼特式的机械化进程，最终导致世界市场上印度和中国的棉纺织品被取代，而其发明者中，没有一人因为自己对促使这一典型产业崛起，使其夺得霸权地位所作的贡献而富裕起来，他们贡献不可或缺。理查德·阿克赖特是一个特例，对于他窃取和利用他人想法的"天赋"都是有据可查的。理查德·罗伯茨，"19世纪最伟大的机械师"，于贫困潦倒中死去。[2]

结论

历史学家们熟悉大量的学术文献，在这些文献中，对英国棉纺织工业过早地向世界生产和贸易领先地位的转变进行了分析，他们知晓，这个转变过程不是线性的，而是以一系列

---

[1] Strickland, *A Memoir*; and O'Brien, "Micro Foundations".

[2] Fitton, *Arkwrigbts*.

原型机出现在公共领域为标志，在这些原型机尚不具备商业利益之前，通过使用这些机器，为修改、改进和学习提供了基础。

本章对几位著名的发明家进行了讨论，他们无疑对自己的能力自信满满，相信自己能够解决棉布生产过程中不同工序所涉及的机械化问题。他们像许多居住在欧洲市场经济体中的其他人一样，继而利用自己的想法，并且希望能够赚钱。然而，更引人注目的是，他们寻求通过机械方法来解决生产问题，对此心怀信念，孜孜以求。传记是理解这些发明家的一种途径，通过传记能够重现围绕在他们所作努力周围的经济、社会和文化网络。它破坏了在经济学和经济史中常见的"通晓之道"（ways of knowing）——找出创造性充分、必要的背景环境。通过传记能够让人们重新看到，这种信任是真实存在的：一小群人有创造力的人，他们的发明改变了第一次工业革命的一个核心产业，同时代人对他们抱有信心。

这些英国工程师之所以富有创造力，部分原因在于他们的出身地恰好处在欧亚大陆海岸沿线一系列成功的市场经济体中，还是其中最为发达、地缘政治上最具侵略性的一个。他们还身处于一种弥漫着科学宇宙论（scientific cosmology）的宗教文化之中，科学宇宙论对理解自然世界保持着乐观态度，而且对这种行为大加赞颂，引发了一场"追求进步的狂热"，从欧洲大陆去往大不列颠群岛的参观者络绎不绝，他们经常就此发表评论。然而，他们在全球史上留下的这场关于"大分流"争论还在继续，欧洲中心论的问题依然存在。在这个时候，有没有可能出现一群类似的创新者，他们对机械的影响力和潜力有着相似的想法，并且能够为印度、中国和日本的棉纺织业带来革命性变化？

（帕特里克·卡尔·奥布莱恩[①]）

[①] 帕特里克·卡尔·奥布莱恩（Patrick Karl O'Brien），伦敦政治经济学院（London School of Economics）全球经济史教授。曾为伦敦大学（University of London）历史研究所（Institute of Historical Research）所长，1999年被伦敦政治经济学院任命为经济史荣誉教授，他在该校召集了由勒沃胡姆信托基金资助的"全球经济史网络"（Global Economic History Network）。他曾在哈佛大学、加州大学伯克利分校、耶鲁大学、普林斯顿大学、欧洲大学研究所（European University Institute）、加州大学圣地亚哥分校、哥伦比亚大学、马德里卡洛斯三世大学（Carlos Ⅲ University in Madrid）、慕尼黑大学、清华大学和复旦大学担任客座教授。

第九章
英国工业化中的一项自动化技术

在马克辛·伯格的许多著作中，她强调机器在工业革命和与工业革命相关的经济思想中处于中心地位。然而，她也让技术变革的"英雄"神话褪去光环，这种神话一直让对工业化的描述深受困扰。马克辛·伯格一方面展示了有的行业（如小型金属制品行业）采用的技术相当简单，这类行业十分重要，另一方面也展示了在诸如纺织业这类行当中，不仅技术十分重要，工作组织也很重要。

本章通过探究世界上首批重要的自动化技术，即所谓"自动纺纱机"（self-acting mule）的历史，继续对组织和技术进行探析。这项发明使纺纱在19世纪20年代实现了自动化，并使之成为近代时期最重要的一项工业技术，但它推广使用的速度却很缓慢。本章的论点是，要理解对这项技术的采用情况，就应该在它所处的社会背景中对其加以审视，而不仅仅是将它作为一种手工艺品。技术的演讲牵涉冲突、协商、妥协和适应等复杂的社会过程。不能脱离这些社会维度来理解工业化的这项关键技术，因此，即便是重大创新它要产生影响这个过程也要比人们通常认为的慢很多。

"资本主义制度的新纪元"

1825年，曼彻斯特工程师理查德·罗伯茨发明了自动纺纱机，并且取得了专利，理查德·罗伯茨是曼彻斯特一个重要的机床制造商团体的成员。[1]我们对这项发明和创新的情况了解得相当多：理查德·罗伯茨应制造商的要求开启了发明过程，这些制造商正在寻求解决与技术娴熟的纺纱工人之间劳资冲突的办法。[2]无论是在纺织生产技术（当时是世界上最重要的一个产业，现在也是如此）上，还是在技术原理方面，这项发明都是一个重大的进步，它使帕特里克·奥布莱恩（Patrick O'Brien）先前讨论的宏观发明又向前推进了一步：理查德·罗伯茨在许多人认为不可能的事情上取得了成功，那就是使棉纺过程实现了自动化，使得用一种机器代替一整类劳动技能成为可能。这台设备本身是复杂而又精密的：以误差驱动伺服控制（可以发现并立即纠正任何故障的反馈过程）第一次重要的工业应用为基础，集大规模的电力使用和精细、精确的操作于一体。[3]

---

[1] Gillian Cookson, *The Age of Machinery: Engineering the Industrial Revolution, 1770–1850* (Woodbridge: Boydell & Brewer Press, 2018), 105.

[2] Kristine Bruland, "Industrial Conflict as a Source of Technical Innovation: Three Cases", *Economy and Society* 11, no. 2 (1982): 91–121.

[3] 罗伯特·艾伦认为，自动纺纱机是由一个路径依赖过程发展而来的，这个过程始于珍妮纺纱机。然而，我们不应低估罗伯茨的成就在工程方面的创造性。Robert C. Allen, "The Industrial Revolution in Miniature: The Spinning Jenny in Britain, France, and India", *Journal of Economic History* 69, no. 4 (2009): 922.

到了1825年，纺织业已经成为英国经济的中心，所以，这项发明非同小可，而且理查德·罗伯茨的成就立即受到了同时代人的赞誉。《曼彻斯特广告商报》（*Manchester Advertiser*）谈到，当时的"成功……如此关键，甚至连那些熟悉这位发明家非凡才能的人都感到震惊"。①后来，更具分析性的观察家也赞同这些观点：安德鲁·尤尔（Andrew Ure）在《制造业的哲学》（*The Philosophy of Manufactures*）一书中有点夸大了经典的隐喻，将自动纺织机说成是"这个非凡的神童……在密涅瓦的命令下，从我们现代的普罗米修斯手中蹦出来……扼杀暴政的九头蛇"。②卡尔·马克思在《资本论》第一卷中一如既往地深中肯綮，简明扼要地提出了一个非常宏大的论断："自动纺纱机……开辟了资本主义制度的新纪元。"③

缓慢的扩散

在这样的背景下，我们可能会认为自动纺纱机会受到纺织

---

① *Manchester Advertiser*, November 1825, cited in H. Rose, *Manual Labour, versus Brass and Iron: Reflections in Defence of the Body of Cotton Spinners, Occasioned by a Perusal of Mr Robert's Self-Acting Mule* (Manchester: J.Pratt [printer] 1825), 2. 另见如James Montgomery, *The Theory and Practice of Cotton Spinning: or, The Carding and Spinning Master's Assistant* (first ed. 1832; Glasgow: J. Niven, 1886), 198, 204. 用类似的词来表达赞美。

② Andrew Ure, *The Philosophy of Manufactures* (London: Charles Knight, 1835), 367.

③ Karl Marx, *Capital, Vol.1* (London: Harmondsworth, 1976), 563.

企业家们热烈的欢迎，然而，它似乎扩散得很慢。自动纺纱机最终成为英国棉纺工业的基本技术，然而，至少在二三十年以后它在工业产出中才占到相当大的比重。在纺织工序中的一些关键部分，也就是细支纱上，扩散过程耗费了半个世纪。这着实令人费解，因为乍看起来，自动纺纱机具有明显的技术优势，而这些优势本可以转化为显著的经济优势。特别是它在生产效率方面取得了非常大的进步，在给定的时间里，产量比手工纺织技术提高了20%~25%，而且质量不受影响。[1]

此外，潜在的采用者中，可能不存在信息滞后：企业家们消息灵通，而且似乎对这台机器的需求很明确。创新尝试的涉及范围可以为此提供一些证据：理查德·罗伯茨在成功之前至少进行了6次重大尝试，这也许表明人们认为这项任务非常重要。创新的实际情况如何，这一点更为重要：理查德·罗伯茨是一位技术娴熟、工作繁忙的工程师，他着手开发自动纺纱机并非出于投机的目的，而是由于用户发起了这项创新。[2]理查德·罗伯茨起初不太愿意承担这项工作，但兰开夏郡一群棉纺织企业家"频繁造访，不停鼓动他多费心思"，一再向他提出具体要求，他据此来制造这台设备。[3]他的公司随后投入了

[1] G.N. von Tunzelmann, *Steam Power and British Industrialization to 1860* (Oxford: Oxford University Press, 1978), 188.

[2] 埃里克·冯·希普尔（Eric von Hippe）强调了用户–生产者互动作为创新成功因素的重要性，见Eric von Hippel, *The Sources of Innovation* (Oxford: Oxford University Press, 1989).

[3] Ure, *Philosophy of Manufactures*, 367.

1.2万先令的开发成本，表明这个项目相当不错，而且也经过了深思熟虑，将来的前景也不错，人们对产品有稳定的需求。[1]

　　自动纺纱机大大降低了生产成本：理查德·罗伯茨成功地将棉纺过程中成本最高的部分地实现了自动化。纺纱过程中要采用手工纺纱机，需要操作者相当有技术，还要具备相当强的判断力。[2]技术熟练、薪资较高的纺纱操作工可以被一位技术相对较差的机器看管员所取代，制造商在其早期宣传中就对这一事实予以强调。[3]这反过来表明，从表面来看这种新设备具备经济优势，因为在纺纱过程中（纺纱过程本身是纱线生产中成本最高的子工序），工资是成本中最大的一个部分。[4]我们可能认为，自动纺纱机很快就能流行起来，当时的一些观察家确实也是这么展望的。爱德华·贝恩斯（Edward Baines）在他的《大不列颠棉纺织业史》（History of the Cotton Manufacture in Great Britain，1835年）中提到，自动纺纱

---

① Charles Singer, et.al., *A History of Technology*. vol. IV: *The Industrial Revolution c. 1750 to c. 1850* (Oxford: Clarendon Press, 1958), 288.

② Harold Catling, "The Development of the Spinning Mule", *Textile History* 9, no. 1 (1978): 45.

③ 广告引自Andrew Ure, *The Cotton Manufacture of Great Britain* (London: Charles Knight, 1836), 2: 156.

④ Catling, "Development of the Spinning Mule", 48. 库尔特·内斯特（Kurt Neste）给出了大约在1860年拥有5000个纱锭的锭纺纱厂的成本数据：每周的日常开支为35英镑9先令3便士，其中15英镑2先令4便士包括折旧、机器维护、租金和税金，16英镑2先令5便士以工资形式支付（剩余部分包括次要杂项）。Kurt Neste, *The Mule Spinning Process and the Machinery Employed in It* (Manchester: John Hewood and London: Simpkin and Marshall, 1865), 91–2.

机"正在迅速投入使用",当时已有超过20万的锭子,他预计一年之内这个数字会增加一倍多。[①]

其他分析并不支持这一观点。W. 库克·泰勒(W. Cooke Taylor)在1843年(申获第一项专利近20年以后)撰文写道:"在纺织的纱线支数较低(即粗支纱)的工厂中,通常会使用自动纺纱机,但我们认为,还不适宜用它们来纺制细支纱。"[②]1860年和1880年前后有作者认为,自动纺纱机正在向中细纱的生产过程扩散,哈罗德·卡特林(Harold Catling)引用了他们的论述,但得出的结论是:"事实上,在自动纺纱机问世50年以后,人们还在使用大量的手动纺纱机,甚至还用它们来生产中细号纱线。"[③]对于博尔顿(Bolton)的精纺区,罗德斯·博伊森(Rhodes Boyson)给出的数字是1877年有1231架手工纺车,1191架自动纺纱机,也就是说,在自动纺纱机问世半个多世纪以后,博尔顿只有不到50%的纺纱机是自动纺纱机。[④]

尼克·冯·滕泽尔曼(Nick von Tunzelmann)认为,到1934年,自动纺纱机的纱锭占英国纺锭总数的3%左右,也就

[①] Edward Baines, *History of the Cotton Manufacture in Great Britain* (London: H. Fisher, B. Fisher, and P. Jackson, 1835), 207–8.

[②] W.C. Cook-Taylor, *The Handbook of Silk, Cotton and Woollen Manufactures* (London: Richard Bentley, 1843), 151–2.

[③] Harold Catling, *The Spinning Mule* (Newton Abbot: David & Charles, 1970), 51.

[④] Rhodes Boyson, *The Ashworth Cotton Enterprise* (Oxford: Oxford University Press, 1970), 75.

是说，在19世纪60年代之前，自动纺纱机在取代手纺细支纱方面并未取得任何进展。即便是原本最适合用自动纺纱机纺制的粗支纱，直到19世纪五六十年代使用自动纺纱机纺制的数量也未能在产出中占到最大的份额。[①]因此，自动纺纱机的实际情况是，我们拥有了一个设备，并且对其寄予厚望，但它主要扩散到占行业总产出份额很小的生产过程（粗纱）中，50年之后才在该行业的产出中占据主导地位。那么，扩散如此缓慢，原因可能是什么？

技术上的不足

有一种可能性，那就是这台机器根本不如宣传得那般好用。斯坦利·查普曼（Stanley Chapman）在《兰开夏郡棉花产业》（*Lancashire Cotton Industry*）一书中提出，"某些地区没有采用自动纺纱机"的一个技术原因，"就是多年以来用这种机器来络纱是有缺陷的"。[②]当然，这种机器在产出方面似乎也有问题：威廉·格雷厄姆（William Graham）在1833年向议会的一个制造委员会作证时说："专利所有人说，我们应该停止使用自动纺纱机，但不再使用自动纺纱机以后，我

---

① 　von Tunzelmann, *Steam Power*, 188.

② 　Sydney J. Chapman, *The Lancashire Cotton Industry* (Manchester: University Press, 1904), 70.

们的生产量无法达到他们所说的数额。"①詹姆斯·蒙哥马利
（James Montgomery）差不多在同一时间撰文，他一如既往
地对理查德·罗伯茨的发明才华表示敬意，但以一种更为冷静
的语气继续写道："经过几年的试验，是否会发现这项发明切
实有效，还有待证明……"②技术上存在缺陷，这不足为奇。
很少有创新在开始其经济生活时在技术上就已完备，这一点对
于理解扩散过程至关重要。但是，这并不意味着技术上不完备
的创新不会扩散，也许它会扩散得很快，后续的开发可能只是
在增强已经确立的（即使不稳固）商业可行性。许多创新（例
如早期的羊毛精梳设备）尽管存在严重的技术缺陷，但传播速
度相对较快。③

在尼克·冯·滕泽尔曼的《蒸汽动力和1860年以前的英国
工业化》（*Steam Power and British Industrialisation to 1860*）
一书中，所讨论的正是自动纺纱在技术细节和经济上的这种同
时性。他认为，查普曼和其他人所指出的技术困难，对操作自
动纺纱机不会带来绝对的技术障碍。冯·滕泽尔曼通过巧妙地
利用现有的成本和产量数据，试图量化自动纺纱机与手动纺纱
机的成本和收益，尝试重新构建1835年纺制次等（25号）纱
线的企业家理性投资决策的构成要素。他的研究表明，用自动

① British Parliamentary Papers (hereafter BPP), *Industrial Revolution: Trade*, 2 (1833), 5481.

② Montgomery, *Theory and Practice*, 205.

③ Bruland, "Industrial Conflict", 66.

纺纱机生产次等纱线，资金和动力成本较高，监理和接头的营
运成本较高，这些都被纺纱工资成本的下降和额外产出的收益
所抵消。纱线支数越高，断纱的频率就越高，为了维持产量，
就需要"接头工"来增加辅助劳动。因此他的论点是，因为有
额外的接头（修理）成本，自动纺纱机早期的扩散受到了限
制，只有少数生产低支纱的制造商在使用它。若要使自动纺纱
机在生产高支纱上变得更具经济效益，那么，这种转变的基础
并不在于技术改进降低了接头成本，而是因为电力成本下降
了。自动纺纱机生产过程耗电量相对较高，比手动纺纱机多消
耗60%的电力。到1850年，电力成本已经大幅下降，足以补
偿使用自动纺纱机生产高支纱较高的接头成本，从而使其成为
人们的一个经济主张。[1]

工资和劳动力成本

在接下来的章节里，有必要简单地考量在自动纺纱机发明
以后，由纺纱工人的工资变动所引发的问题，据此，就自动纺
纱机扩散的制约因素提出不同的见解。关键的一点是，预计自
动化可以大幅节省工资，可实际并非如此，那么问题是：原因
是什么？

纺纱的工资成本非常可观，约占总成本的46%：提供骡机

---

[1]　Bruland, "Industrial Conflict", 67.

显然是将其作为一种削减劳动力成本的供给，它的传播正是依赖于此。当然，可以通过各种方式降低此类成本：要么降低实际工资，要么让人均产出增长得比工资增速更快，要么两者兼而有之。在冯·滕泽尔曼的分析中，他非常有效地将这些过程加以分离，认为每台机器上每年要减少32.07先令的纺纱人工成本，才能使自动纺纱机有利可图。即便粗纱也是如此，与生产效率是否提高无关。

事实上，上述纺纱人工成本的降幅非常巨大。对使用手工纺纱机生产粗纱的纺纱工来说，乔治·伍德（George H. Wood）1804—1833年的收入表显示，平常工作一周平均收入在25先令至35先令。[1]然而，以25先令计，纺纱工每年的工资是65先令，那么，冯·滕泽尔曼的数据意味着工资削减了近50%。有一些证据表明，这样的工资削减已经实现了。工厂巡视员L.霍纳（L. Horner）在1841年12月31日的一份报告中引述"B.Y.，业主之一"的话："以前支付给骡机纺纱工的工资水平较高，促使各方尝试使用自动床头箱……我们现在有一处空间是按照这个工作原理来运转的。1838年，在这个工场里有24名工人，他们的工资统一都是22.2先令。现在有了自动纺纱机，产出增加了约10%，我们聘用了17名工人，他们的工资

---

[1] George H. Wood, *The History of Wages in the Cotton Trade during the Past Hundred Years* (London: Sherratt and Hughes, 1910), 22–3.

是7.19先令。"①

但是，还有相当多的证据表明，尽管纺纱收入下降了，但下降的程度并不像上文所说的那么严重。例如，伍德重制了下面的表格（表9-1），他指出，"虽然概括得很粗略，但我认为出入不大。"②

表9-1　棉纺行业的相对工资（约1850年）

单位：先令

	手动纺纱机	自动纺纱机
纺纱工或看护人	35	30
大接头工	15	12
中接头工	10	
小接头工	5或6	7
总收入	65～66	49

资料来源：George H. Wood, *The History of Wages in the Cotton Trade during the Past Hundred Years* (London: Sherratt and Hughes 1910), 27.

通过这些数据我们可以提出一个显而易见的问题：预想自动纺纱机可以节省大量的人工成本，但为什么未能实现这一点呢？特别是为什么这些数字显示纺纱工人和看管工人的工资下降幅度很小？而设计自动纺纱机正是为了压低这个工人群体的

———————————

① BPP, *Reports of the Inspectors of Factories, for the Half-Year Ending 31 December 1841: Industrial Revolution, Factories*, 7 (1842–47): 86. 同一制造商的证据另见第28页。

② Wood, *History of Wages*, 27.

工价，或者是为了取代他们。

管理成本、生产管理
和自动纺纱的扩散

纺纱直接人工成本下降，据称，这是从自动纺纱机生产中
获得的经济优势中关键的一环，在冯·坦泽尔曼的分析中，将
它与看管成本的增加联系在一起。看管成本增加会带来什么？
我们的论点是，成本构成的这种转变意味着管理上的变革，这
对扩散速度产生了重大影响。

所有的技术都牵涉管理的成分，也就是说，所有的技术都
需要有生产管理系统，其中不仅包括装配和操作技术的技能，
而且还包括监督和协调劳动力的技能。因此，技术变革和发展
不仅仅是新设备的问题，而是实践和技能的集合，其中真正意
义上的技术一如彼得·马赛厄斯所言，"只是隐匿的一大堆关
系中为人可见的一角"。①

自动纺纱机的情况就是如此，因为正如最初设想的那样，
向自动纺纱机过渡并不仅仅是将一种新技术嵌入到现有的生产
管理体系中。事实上，需要对这一体系进行彻底的结构变革。
在此处我们的观点是，这种管理转型的机会和成本对自动纺纱

---

① Peter Mathias, *The Transformation of England: Essays in the Economic and Social History of England in the Eighteenth Century* (London: Methuen, 1979), 37.

机的扩散至关重要，特别是所涉及的风险和相关费用严重地阻碍了扩散。这使纺纱操作工保留了准管理的职能，反过来有助于解释上一节中所提到的问题，即为什么没能直截了当地降低纺纱的人工成本。

西德尼·波拉德（Sidney Pollard）在《现代管理的起源：对英国工业革命的研究》（*The Genesis of Modern Management: A Study of the Industrial Revolution in Great Britain*）一书中强调，在早期的工业管理中有两个主要的难题。首先是招募劳动力并使其适应新的工作节奏，面对这个艰难的挑战，往往通过使用不自由的劳动力——例如囚犯、济贫院里的贫民和儿童来解决问题。其次，只有适用于管理工人小群体的监管技术，若超过这个范围，则监管技术尚不充分（实际上根本不存在）。[1]在纱线生产中，人们试图通过一种基于分包和计件工作的体系来克服这些困难，这在许多早期工业的生产过程中很常见：负责招募和监管帮工（很可能是他自己的家庭成员）的并非所有者，而是从事生产劳动的纺纱工。帮工所接线头（以重量或长度计）的报酬，由纺纱工从自己的工资总额中支付。[2]当时的一位评论家威廉·库

---

[1] Sidney Pollard, *The Genesis of Modern Management: A Study of the Industrial Revolution in England* (London: E. Arnold, 1965), esp. chapter 5.

[2] 同上，第51–65页; William Lazonick, "Industrial Relations and Technical Change: The Case of the Self-acting Mule", *Cambridge Journal of Economics* 3 (1979): 232–3.

克-泰勒（William Cooke-Taylor）写道:"很显然,当使用我们所描述的这种纺纱机时,纺纱工的角色非常重要:不仅机器和机器的运转要依赖他,聘用年轻的接头工和'拾荒者'（或'清洁工'）也由他决定。经常需要聘用'拾荒者'或'清洁工'来清除废棉或'飞花'。"[1]事实上,在某些情况下,纺纱工人自己是否会被聘用取决于他是否能找到帮工。[2]

因此,使用手纺机的纺纱工在生产中承担操作和管理的双重功能。手纺机纺纱工人的操作技能主要在于他引导"管纱"（cop）筒子进行卷绕的能力,因此,他被替换从技术上来讲是受到了罗伯茨自动化绕纱装置的影响。但是,有什么能够取代与其技术操作相关的管理职能呢? 当然,答案是没有谁能够取代纺纱工人准生产经理的角色,威廉·拉佐尼克（William Lazonick）在几项较为深入的研究中已经证明了这一点。纺纱工被一个"看护"取代,后者保留了纺纱工"传统"的管理职能。尽管看护的薪水比手织机纺纱工的要低,但在兰开夏郡,自动纺纱机发明者的梦想——完全取代成年、男性、工会的技术工人——并未实现。威廉·拉佐尼克的论点是,用"多对"系统取代旧的看护-接头工生产控制系统,不一定能降低单位

---

[1] Cooke-Taylor, *Handbook*, 151–2.

[2] BPP, *Industrial Revolution: Factories*, 1, 8795.

人工成本。①

极具竞争性的产业结构使这一问题更为严重，如果企业希望建立新的管理体制，它们几乎没有犯错的余地。威廉·拉佐尼克总结道："在19世纪三四十年代向自动纺纱机过渡的过程中，看护能够保留作为操作工和监管员的双重角色，不是因为他们共同迫使资本家去接受这种劳动等级划分，而是因为资本家没有尝试新劳动分工的余地，特别是考虑到需要对年轻工人进行严密的监管。"②

威廉·拉佐尼克的著作本质上是对手纺机的劳动分工在自动纺纱机时代得以延续的原因进行研究，他研究的时限相当广泛。也就是说，他根本没有讨论有关自动纺纱机扩散速度的问题。但是，他所描述的管理问题，以及普遍存在的生产管理技术不足的问题，也都会限制自动纺纱机的扩散，因为这些问题使人们无法完全能够节省劳动力成本，而这正是自动纺纱机得以存在主要的理由。生产管理系统是对机器的补充投入，缺乏此类投入会严重阻碍新技术的创新和传播。③

从这个角度来看，管理系统的补充投入必然会存在相当大的风险，成本也很高，而且这些成本和风险是很难预测的。在

---

① Lazonick, "Industrial Relations", 232–3, and 243.另见William Lazonick, *Competitive Advantage on the Shop Floor* (Cambridge, Ma: Harvard University Press, 1990).

② Lazonick, *Competitive Advantage*, 257–8.

③ Nathan Rosenberg, *Perspectives on Technology* (Cambridge: Cambridge University Press, 1977), 81.

1830年，尽管无人知晓如何为复杂的生产过程构建生产管理体系，但也有可供选择的方案。在从一个系统转变到另一个系统的过程中，失败的风险可能很高；在竞争激烈的行业里，建立一个新管理系统的尝试如若失败其后果将是灾难性的。不难想象，企业家们合计将这类成本与纺纱技术工人工资中归入管理成本的部分进行比较，得出的结论可能是这样的：声称自动纺纱机具备人力成本优势，但却只不过是美梦一场。当然，这会削弱所谓自动纺纱机优势的两大支柱其中之一（另一个是增加产量）。

威廉·拉佐尼克指出，走锭精纺机操作中的多线程体系（一个监工管理6~8对由接头工照管的纺纱机）在曼彻斯特至少尝试过一次，但更重要的是，在美国（自上而下的分级控制盛行，内部的分包体系实际无人知晓）和苏格兰（操作工通常是女性），多线程体系是自动纺纱机管理的基本形式。[1]那么，在所有改变兰开夏郡监管结构的抉择中，哪些是决定因素呢？

我们认为，最重要的因素是劳动力成本，还有产出的规律性和连续性，这与看护-接头工的监管安排有关。如果这个体系崩溃了，那么企业家就非常愿意把它替换掉。但此处有一个悖论：正好是这个系统的崩溃，或者说至少是这个系统里有一

---

[1] Lazonick, "Industrial Relations", 237, 243. Isaac Cohen, *American Management and British Labor. A comparative study of the cotton spinning industry* (New York and London: Greenwood Press, 1990).

个看上去很难处理的问题，为自动纺纱机的创新提供了推动
力。那么，为什么在自动纺纱机的创新之后，看护–接头工系
统又重新恢复了往日的活力呢？这会对自动纺纱机的扩散产生
什么影响呢？

自动纺纱机的震慑作用

安德鲁·尤尔就自动纺纱机写下了这样的话语："这项发
明证实了这一伟大的学说……当资本让科学为其服务的时候，
难以驾驭的劳动之手总会被教导要顺从。"[1]我们所强调的是，
手纺机是围绕着纺纱工核心的技术监督角色组织起来的，纺纱
工薪水相对较高，也很有组织，有自己的同业工会，还控制着
下属的接头工工会。[2]19世纪早期，他们组织有序，而且愿意
就工资问题，或者为保护他们对工作安排、进入条件等的控制
权而发动大罢工。[3]他们是骚乱的代名词："纺纱工人们知晓
自己的力量"，库克–泰勒写道，"而且，尽管他们所获薪资不
菲，却经常罢工，要求加薪"。爱德华·塔弗内尔（Edward

---

[1]　Ure, *Philosophy of Manufactures*, 368.

[2]　Sidney and Beatrice Webb, *History of Trade Unionism* (London: Longman's Green and Company, 1926), 6–7.另见Bruland, "Industrial Conflict".

[3]　见Herbert A. Turner, *Trade Union Growth, Structure and Policy* (London: Allen & Unwin, 1962), 76.说明了主要的行动。

Tufnell）说，他们"自由散漫，专横跋扈"。[①]1824年在海德（Hyde）发生了一次大罢工，直接推动了自动纺纱机的发明。1851年5月19日，罗伯茨在向英国上议院（House of Lords）特别委员会作证时说："因为海德纺纱工人罢工的缘故，我造出了自动纺纱机。这场罢工持续了3个月，当时，为了能够让纺纱机自动运转，一整个棉纺业雇主的代表团都在亲自等候，他们要求我将注意力转向纺纱。"[②]

爱德华·塔弗内尔对于自动纺纱机的性质、它的目标，以及事件可能会有什么样的发展过程非常清楚，他在1834年写道："这项发明的引入最终会给纺纱工人联合会以致命的一击。联合会的成员终究会自食恶果，因为这个注定会让他们消亡的媒介已经诞生了。自动纺纱机现在正迅速被投入使用，有其优势，最大的优点是，它已不再任由工人摆布。几年以后，卖力干活的纺纱工人姓甚名谁，纺纱工人联合体有什么样的蠢行，又受到了怎样的压迫，都将被湮没在历史深处。"[③]

因此，自动纺纱机发展成为一种武器，对企业家来说，其效能取决于它在平息纺纱工人和雇主之间的斗争方面发挥了多大作用。纺纱工人和雇主双方经常会有争斗，这曾经是棉花制

---

① Cooke-Taylor, *Handbook,* 151; Edward C. Tufnell, *Character, Object and Effects of Trades Unions* (London: James Ridgway & Sons, 1834), 13.

② BPP, *Inventions general,* 1 (1829–5): 1334.人们普遍认为1824年的罢工是发明"自动纺纱机"的动力。例如，见James Wheeler, *Manchester: Its Political, Social and Commercial History* (London: Whittaker, 1836), 538.

③ Tufnell, *Character,* 108–9.

造业的特征。但是，武器的效能不一定是在使用过程中发挥出来。在威慑时代，我们知道，或者说至少我们殷切希望，仅仅是有武器存在，或者甚至只是可能有武器存在，就足以对一场斗争产生影响，这样一来，实际使用武器可能已无必要。自动纺纱机的情况会不会就是这样？自动纺纱机甫一发明，它的威慑力肯定已被承认。罗伯茨本人对自动纺纱机"震慑作用"的那一面表述得最为清晰，他在向议会特别委员会提供关于专利政策的证据时指出："机器一旦被制造出来，（雇主们）就会认为他们的目的已经达到了，也就是说，他们随时能用机器对工人施以惩罚。"[1]

亨利·罗斯（Henry Rose）表示，工人们"以一种甚至能够取悦雇主的方式"对这一威胁作出回应，"措施已经完备，在将来将会防止个人行为不端"。他提出，纺纱工人应该以相同的自律措施对自动纺纱机作出回应。[2]来自自动纺纱机的威胁是真实存在的，根据赫伯特·特纳（H. A. Turner）的说法，"1836年……普雷斯顿（Preston）的纺纱工……为了加薪10%而举行罢工。但是这次罢工特别惨痛，三个月以后，不仅让工会在疲惫不堪，而且还导致自动纺纱机（在约60家英国工厂里已经投入使用）被引入到北部正在崛起兰开夏郡纺纱中心，而超过四分之一的普雷斯顿纺纱工人被

[1]　BPP, *Inventions, General* I (1829–51): 1366.
[2]　Rose, *Manual Labour*, 2.

解雇了。"①

　　亨利·阿什沃思（Henry Ashworth）在谈到普雷斯顿罢工时指出，事实上"其中有两家工厂用几台走锭精纺机，或者说纺纱机取代了普通纺纱机，因此就不需要纺纱工人了。"②当时一位作者在1838年的《爱丁堡评论》（*Edinburgh Review*）上重申："让纺纱工业同业工会（Cotton-Spinners Association）引以为傲的效率和影响力，却使人们在这个行业部门大量安装机器设备，在兰开夏郡和拉纳克郡（Lanarkshire）都是如此。不久以后，在纺纱部门机器有望完全取代人力。自动进行调节的纺纱机——不需要纺纱工人也能运行的机器——其专利权人就是由最近的罢工催生出来的，订单已经让他不堪重负，现在收到的订单在5年之内都不能交付货物。"③

　　1830年以后，在纺织行业工人和资本家之间的斗争中，因素或者说武器当然远不止自动纺纱机一种。但事实上，自动纺纱机发明之后的一段时间里，纺纱工人沉寂了，他们被挫败了："竞争的威胁（来自自动纺纱机），再加上他们因之前的失败精疲力竭，让他们在1837—1854年极度消沉、因循往

---

①　Turner, *Trade Union Growth*, 74–5.

②　H. Ashworth, *An Inquiry into the Origin, Progress and Results of the Strike of the Operative Spinners of Preston, From October 1836 to February 1737* (Manchester: John Harrison [printer], 1838), 9–10.

③　*Edinburgh Review*, vol. 67 (1838): 254–5.

复，这些因素结合在一起，使手纺机的纺纱工大为顺服。"①罗
伯茨本人也毫不犹豫地宣称，应该将镇压纺纱工人的功劳记到
自动纺纱机名下："这样做的后果是，纺纱部门的罢工几乎完
全停止了？——（罗伯茨）现在，如果手纺工人还是要罢工，
他们很少能再回到自己的岗位。"②

安装自动纺纱机的方案使纺纱工人面临威胁，格拉斯哥
（Glasgow）棉纺业的雇主威廉·格雷厄姆（William Graham）给议会委员会提供了一个具体的实例：

5398. 您是否知晓，有哪家棉纺厂由于工人联
合的缘故，老板们正关掉旧机器，引入自动纺纱
机？——我们自己正在着手进行。

5399. 您会怎么做？——会将我们每一台纺纱机
都纳入。我们有几台纺纱机，适合女工使用。我们不
知道是否能让她们适应自动纺纱机，如果可以，我们
甚至会撵走女工，引入那些自动纺纱机。

5400. 这对您聘用的男工人数有什么影响？——
大概只有22人。

5401. 占多少比例？——我们会解雇所有的纺纱
工人，所有赚取过高工资的男性都会被解雇。

① Turner, *Trade Union Growth*, 74-5.
② BPP, *Inventions General, I*, (1829–51): 1334.

5402. 难道您不需要一些人来管理自动纺纱机吗？——不需要。一名纺纱工目前手底下有两名接头工，我们仍将雇用两名接头工，对于其中的一名接头工，我们不得已时可能会多给他几先令，比纺纱工目前支付给他的要多。[①]

因此，有人认为自动纺纱机的创新侵蚀了它自身扩散的根基。自动纺纱机在企业家和纺纱工人的斗争中添加了一种新元素，将权力的天平向企业家的一端倾斜，由此可能会有助于我们构建一种经济环境，在这种环境下，自动纺纱机的扩散不再那么紧迫。安德鲁·尤尔当然是这么想的：他将自动纺纱机视为"一种旨在恢复勤勉阶层秩序的创造物……这位非凡神童的消息使工会里一片沮丧情状，甚至可以说，在它离开摇篮很久之前，就扼杀了施暴的九头蛇。"[②]

结论

自动纺纱机问世50年以后，它就成了英国纺织业的核心技术，在美国也被广泛使用，并且成为日本进入纺织机械化的

[①]　BPP, *Industrial Revolution, Trade 2*, (1833): 323.

[②]　Ure, *The Philosophy of Manufactures*, 367.

关键技术。[①]到19世纪后期，自动纺纱设备主要的生产商，例如奥尔德姆（Oldham）的泼拉脱（Platt）工程公司，大约将其产品的60%出口到世界各大洲。[②]因此，就我们所探究的自动纺纱机而言，它是一项在国际范围内具有经济意义的重大技术创新。

然而，扩散过程非常缓慢，主要有两个原因：第一，技术娴熟的男性纺纱工人不仅在生产中承担了技术职能，也承担了规训、管理职能。他们在技术上可以被取代，但在管理方面却不行。第二，技术娴熟的男性纺纱工人不会再要求提高工资，叫板工厂主的次数也减少了，它们以此来应对自动纺纱机带来的威胁。[③]这种相互抵消的策略模式使创新的初衷无法实现，而创新旨在实现自动化，让工人消失。

英国工业化中创新的历史，在一定程度上只是非同凡响、技术先进的机器的历史。这些机器并不像人们所宣称的那样具

---

① 美国对自动纺纱机的使用在科恩（Cohen）的《美国管理与英国劳工》（*American Management and British Labor*）一书中有详细的介绍。对骡机在日本的使用，见G. Saxonhouse, "A Tale of Japanese Technological Diffusion in the Meiji Period", *Journal of Economic History* 34, no. 1 (1974): 149–65.

② Kristine Bruland, *British Technology and European Industrialization* (Cambridge: Cambridge University Press, 1989), 150–2.

③ 见Louise Purbrick, "Ideologically Technical: Illustration, Automation and Spinning Cotton around the Middle of the Nineteenth Century", *Journal of Design History* 11, no. 4 (1998): esp. 278. G.N. von Tunzelmann, "Time-saving Technical Change: The Cotton Industry in the English Industrial Revolution", *Explorations in Economic History* 32, no. 1 (1995): 12.

有划时代的推动力，因为它们扩散缓慢，而且也因为它们预示
着的经济成果在其问世几十年以后才能显现出来。这对工业化
出现的时间产生了影响，而工业化进程比人们通常认为得更为
迟缓、更加踌躇不定。但是，必须质疑工业化的特征，因为工
业资本主义的控制和管理方法是通过旷日持久的谈判和冲突才
慢慢发展起来的。

（克丽丝廷·布鲁兰、基斯·史密斯[①]）

---

① 基斯·史密斯，2008—2017年曾在创新与创业硕士项目（Innovation and
Entrepreneurship Group）和帝国理工学院（Imperial College London）工作，
现在仍然担任该校的客座研究员。他在创新经济学方面做了大量的工作，并
发表了大量的论著。1990—2000年，他是挪威奥斯陆STEP团体的（The STEP
Group, Studies in technology, innovation and economic policy）主任，时任马斯
特里赫特（Maastricht）联合国大学（United Nations University）的教授级研
究员。之后，在塞维利亚的联合研究中心（Joint Research Centre）为欧洲委
员会（European Commission）工作，当时是塔斯马尼亚大学（University of
Tasmania）革新方向的教授。2009—2012年，他被借调到英国政府的商业、
创新和技能部（Department of Business, Innovation and Skills），担任政策分析
团队的负责人，还是英国科学预算和英国创新政策工具战略管理高级小组的
成员。此外，他还是英国参与经济合作与发展组织（OECD）科学与技术问
题代表团的团长。

第三部分

奢侈品的时代：
消费、想象和欲望

第十章
利奥·阿非利加努斯
向欧洲人展示非洲

　　1550年，威尼斯的琼塔出版社出版了一本关于非洲的杰作，叫《非洲志》(*La Descrittione dell'Africa*)，这是乔瓦尼·巴蒂斯塔·拉姆西奥 (Giovanni Battista Ramusio) 著名的《远航行纪》(*Navigations and Voyages*) 系列丛书的第一部。拉穆西奥向他的读者保证，这本书由一个非洲人所著，非洲人乔瓦尼·利昂 (Giovanni Leone the African,)，他称其为"乔万·利奥尼·阿非利加诺" (Giovan Lioni Africano)。[①]

　　事实上，这本书的作者一生大部分的时间里都被称作哈桑·伊本·艾哈迈德·伊本·穆罕默德·瓦桑（al-Hasan ibn

感谢沃尔特斯艺术博物馆（Walters Art Museum）允许对最初出版的《利奥·阿非利加努斯向欧洲人展示非洲》进行再版。"Leo Africanus" Presents African to Europeans, in *Revealing the African Presence in Renaissance Europe*. Joaneath Spicer, ed. (Baltimore: The Walters Art Museum, 2012), 60–74.

[①] 引文摘自现代的版本：Giovanni Battista Ramusio, ed. *La descrizione dell'Africa di Giovan Lioni Africano, in Navigationi et Viaggi*, ed. Marica Milanesi (Turin: Giolio Einaudi, 1978), 1: 19–460, 引用时写作Ramusio, *Descrizione*.

Ahmed ibn Muhammad al-Wazzan）。①哈桑·瓦桑大约在
1486—1488年出生于格兰纳达（Granada），1492年前后被家
人带到摩洛哥（Morocco），当时，基督教扩散到了他的祖居
之地。他在完成学业之后成了一名外交官，并且以外交官的身
份（有时还以商人的身份）访问了摩洛哥各地的政治势力。哈
桑·瓦桑随商队穿越撒哈拉沙漠，来到"黑人之国"（Land of
the Blacks，他把阿拉伯文"bilad al-sudan"翻译成意大利
语"le terre de li nigri"），并在廷巴克图（Timbuktu）和加
奥（Gao）等地停留，在那里，他见到了桑海（Songhay）皇
帝阿斯基亚·穆罕默德（Askia Muhammad）。他还曾在阿加
德兹（Agadez）驻足，在这个地方，图瓦雷克族（Tuareg）
上层对他们的奴隶和乡村的黑人施以统治。受使命驱使，他来
到了柏柏尔（Berber）王朝特莱姆森（Tlemcen，现在的阿
尔及利亚）和突尼斯（Tunisia），又去了开罗（Cairo），从
那里前往麦加朝觐，然后行抵伊斯坦布尔（Istanbul）的奥斯
曼（Ottoman）宫廷。

1518年夏天，在由海路从开罗返回摩洛哥的途中，
哈桑·瓦桑乘坐的船只被西班牙信奉基督教的海盗佩德
罗·德·卡布雷拉·伊·博巴迪拉（Pedro de Cabrera y
Bobadilla）截获。博巴迪拉大喜过望，决定不去拿哈桑·瓦桑

---

① 有关哈桑·瓦桑的广泛论述和完整书目，请参阅Natalie Zemon Davis, *Trickster Travels: A Sixteenth-Century Muslim between Worlds* (New York: Hill and Wang, 2006).

勒取赎金，也不把他变卖为奴，而是将这位外交官作为礼物献给教皇利奥十世（Pope Leo X）。当时，利奥十世正竭力主张发动一场十字军东征，讨伐奥斯曼土耳其（Ottoman Turks）。哈桑·瓦桑被关押在圣天使堡（Castel Sant'Angelo），后被赐名为约安尼斯·利奥（Joannes Leo），即乔瓦尼·利奥尼（Giovanni Leone）。出狱以后，乔瓦尼·利奥尼给自己取了一个阿拉伯语名字，叫作约安拿·阿萨德（Yuhanna al-Asad），更妙的是，他在1524年的一份阿拉伯文手抄本上写下了"约安拿·阿萨德·加尔纳提①（Yuhanna al-Asad al-Gharnati），原名哈桑·伊本·穆罕默德·瓦桑·法西②（al-Hasan ibn Muhammad al-Wazzan al-Fasi）"，这表明他在意大利生活期间具有多重身份。③

　　在意大利生活了五年以后，乔瓦尼·利奥尼已经掌握了意大利语和拉丁语，已经能尝试着用这种语言认真地进行写作了。他经常被问及关于非洲和伊斯兰教的问题，当然也会被问到妻妾、浴室和其他私事这类问题，欧洲人对这些问题十分好奇。他听过埃吉迪奥·达·维特尔博（Egidio da Viterbo）抨击夏甲（Hagar）和以实玛利（Ishmael）的布道；他看过托

---

① 加尔纳提表示生于格兰纳达。

② 法西表示来自菲斯。

③ Al-Hasan al-Wazzan and Jacob Mantino, Arabic-Latin-German dictionary, ms 398, Manuscritos árabes, Real Biblioteca del Monasterio de San Lorenzo de El Escorial, 117b–118a.

勒密（Ptolemy）印刷版的非洲地图，里边刻有无头人，"食人族"（anthrophagi）的字样被标于东南方向；他无疑听过或者读过关于非洲的各种惊人的观点：可怕的猛兽、哺育孩子所采用的极端方式，急剧变化的气候，以及非洲变动不居、无止无休。此外，他现在有机会去见识除了高级圣职人员和博学之士的圈子之外意大利世界的其他地方。

作为乔瓦尼·利奥尼在罗马做学术工作时，曾拜访了一些贵胄家庭，奴隶们在其中履行家务职责：有获得了自由之身的"摩尔人"（Moor），例如摩尔人苏珊娜（Susanna the Moor，Susanna mora）和摩尔人吉亚玛拉（Giamara the Moor，Giamara mora），他们居住在罗马战神广场（Campo Marzio）附近，乔瓦尼·利奥尼在那里度过了他（在意大利）的头几年，那里还住着工匠、商人和妓女。这些"摩尔人"中有一些是有色人种，棕色或黑色——摩尔人这个词当时既可以指肤色较深的人，也可以指来自北非的人——许多奴隶和自由人都以穆斯林的身份长大成人。[1]到了1525年，乔瓦尼·利奥尼也已经游历了罗马以外的地方：他曾在博洛尼亚和维泰尔博住过一段时间，访问过佛罗伦萨，最北到过威尼斯，最南到过那不勒斯。他在基督教土地上生活的社会经历和视觉体验拓展了他的视野，为他提供了一个框架，来向欧洲人展示伊斯兰教

[1] D. Gnoli, ed., "Descriptio urbis o censimento della popolazaione di Roma avanti il Sacco Borbonica", *Archivio della R. Società di Storia Patria* 17 (1894): 420–5.

地区（Dar al-Islam）和他所了解的非洲。

在意大利的那些年，乔瓦尼·利奥尼完成了他的巨著，是一部关于非洲的手稿，他将之命名为《非洲寰宇地理书》，书尾提署的日期是1526年3月10日。①书中想必有一些用阿拉伯文写成的旅行见闻，记录了他在非洲来回奔波的岁月，那是俘获者将他的外交行囊洗劫一空之后归还给他的，但大部分文稿都是用意大利语写成的，简洁却也生动，有时，他还会为自己的"记忆力有限"表达歉意。②最后的成书杂糅了各种体裁，这和许多其他阿拉伯地理书的传统一样：地理、游记、人种志和历史交织在一起，偶尔还夹杂着自传和文学评论。在关于地理、气候、风俗和健康的总论之后，乔瓦尼·利奥尼围绕他所知晓的非洲分区域来安排章节，结论部分概述了非洲的河流和动植物。

从1526年乔瓦尼·利奥尼的手稿中浮现出来的非洲世界，打破了在16世纪早期欧洲文献中流传的有关非洲人的陈词滥调。诚然，乔瓦尼·利奥尼在他的总论中也提到了一些在北非本身长期持有的刻板印象，称他的马格里布（Maghreb）为"非洲最高贵的地区……（居民为）白种人且有理性"，并

① *Libro de la Cosmographia (sic) et Geographia de Affrica*, V.E. ms 953, Biblioteca Nazionale Centrale, Rome, hereafter cited as CGa.

② CGa 19r ("secundo la debil memoria del prefato compositore"); Ramusio, *Descrizione*, 39 (changes to "questo è quanto m'è rimaso nella memoria").

且说"黑人之国的居民们……缺乏理性……没有智谋"。[①]但是一旦他开始讲述故事，又会对所有地区——从他认为高度文明的地区到荒蛮之地——一系列的行为和文化进行了描述。比如，廷巴克图有一座富丽堂皇的清真寺，还有一座王宫，工匠和商人们售卖来自世界各地的货品，百姓富裕，喜欢音乐和舞蹈。学者、传道者和法官在那里备受尊崇，阿拉伯文手抄本是市场上最畅销的商品。

1527年罗马被洗劫之后，有两份《非洲地理书》手抄本在威尼斯流传，[②]当时它的作者似乎已经回到北非和伊斯兰世界，恢复了他的阿拉伯名字和北非装束，并且在突尼斯落了脚。当威尼斯人文主义者乔瓦尼·巴蒂斯塔·拉姆西奥决定出版这部手稿，将它作为自己《远航行纪》系列丛书的开篇之作时，针对这部文稿他做了大量的编辑工作，以便使该书作者，以及在某些情况下使作者的非洲更容易被信奉基督教的欧洲读者接受。还有一些其他变化，拉姆西奥将乔瓦尼·利奥尼简单而生动的意大利语变成了一种复杂的书面化语言；他把乔瓦尼·利奥尼自己展现出来的阿拉伯文人形象变成了一个遵循专业规则的历史学家形象；乔瓦尼·利奥尼对黑人之国偶尔会有

[①]　CGa 2r; Ramusio, *Descrizione*, 20.

[②]　由于《非洲寰宇地理书》中没有"寰宇"相关内容，所以在本文作者的其他论著中，认为将其称为《非洲地理书》更为合适。见娜塔莉·泽蒙·戴维斯著，周兵译：《行者诡道》，北京大学出版社2018年版，第93页，后文不再另作说明。——译者注

负面的言辞，他对此予以强化；他插入了一些文字，明确说明文稿的作者是一位基督徒。[①]

非洲的手工生产

在这里，让我们来看看乔瓦尼·利奥尼（我多半会继续用他的意大利名字来称呼他，因为他呈现在读者面前的就是这个名字）《非洲地理书》中的一个主题，这个主题将会让欧洲人了解到非洲社会一种"文明的"生活节奏，以及在这种生活中所包含的产品。乔瓦尼·利奥尼对非洲不同地区的工匠有什么看法，他们制造了什么？他们的产品看起来如何，摸起来怎样，以及是谁购得了这些产品？在探究这样的问题时，让我们跟随着马克辛·伯格对早期现代物质文化、物质的生产，以及物质跨洋跨洲交流的开创性研究。

在瓦桑所处的时代，欧洲出版的有关非洲的文献中很少提到这类话题。约安尼斯·博埃米奥（Joannes Boemus）的《各民族风俗志》最早出现于1520年，书中关于非洲的内容篇幅很长。对用来遮盖私处的动物毛皮、木制标枪，以及装在皮袋里的石制武器所言不多。对于"食鱼者"记载颇为详细，他们

---

① 拉穆西奥还改变了瓦桑经常使用的"他"和"作者"（或编者，"il compositore"）作为自我指代的第一人称，从而消除了作者小心插入手稿中的一种与人疏离的手段。

外形像人，但却像野兽一样生活在海边的悬崖上。[1]

葡萄牙人关于旅行和征服的著述，其中有一些仅以手抄本的形式流传，让读者更具体地了解了非洲靠近海岸的地方所生产的物品。由此一来，航海家亨利一艘卡拉维尔帆船[2]的船长在1436年去往博加多角（Cape Bajador，在今天的西撒哈拉）以南的一次航行中带回了渔网，这些渔网由树皮制成，不添加任何亚麻就可以捻成结实的绳索，编年史学家戈梅斯·埃亚内斯·德祖拉拉（Gomes Eanes de Zurara）对此感叹道，"这是西班牙人应重视的新事物"。[3]1455—1457年，年轻的威尼斯人阿尔维斯·卡达莫斯托（Alvise Cadamosta）率领亨利的一艘帆船向南航行至冈比亚（Gambia），甚至到过更远的地方，后来他用意大利语写了一本书，名叫《出航》。尽管他所记叙的一些传闻充满了想象，但他确实描述了塞内加尔（Senegal）沿海地区男女的棉质服装，他也描述这些人对他西班牙款式衣服的毛料不胜惊羡，这甚至比他白皙的皮肤更让他

---

[1] Joannes Boemus, *The Fardle of Facions Conteining the Aunciente Maners, Customes and Lawes of the Peoples Enhabiting the Two Partes of the Earth Called Affrike and Asia* (London: John Kingstone and Henry Sutton, 1555; facsimile edition: Amsterdam: Theatrum Orbis Terrarum and New York: De Capo Press, 1970), F 1r, F3r, F8v.

[2] 卡拉维尔帆船用阿拉伯三角帆和欧洲方形帆混搭，长宽比为1：3.5，船体小，吃水浅。——译者注

[3] Gomes Eanes de Zurara, *Chronique de Guinée*, trans. Louis Bourdon and Robert Ricard (Dakar: IFAN, 1960), 77.

们感到惊讶。①再举一例，1498年在瓦斯科·达·伽马（Vasco da Gama）绕过好望角（Cape of Good Hope），经过纳塔尔港（Port Natal）之后，他航海日志的记录者记载了这群葡萄牙人在一个社群中的见闻，他们为补充淡水在那里停留了5天，受到了当地村民的欢迎。村民们的武器是长弓、长箭和铁刃长矛。他们匕首的柄是锡制的，匕首的鞘是象牙制的。他们的胳膊、腿和头发上缠绕着铜制的饰品。他们珍视亚麻布，并且乐意用铜币来换取。②

塞巴斯丁·缪斯特（Sebastian Münster）的《世界志》于1544年首次在巴塞尔（Basel）出版，书中既有传统的陈腔滥调，也有比较新的旅行游记。乔瓦尼·利奥尼的《非洲寰宇地理书》当时仍旧只是以手抄本的形式流传，而缪斯特也没有看到它。在缪斯特关于非洲的章节中，他首先引用了约安尼斯·博埃米奥的话，又一次提到了可以追溯至希罗多德（Herodotus）时代的故事，认为埃及是一个颠倒的国度（妇女出去做生意，男人待在家里纺纱），其中有一章是关于"在非洲发现的奇妙而可怕的生物"，插图中有无头人之类的东

① Alvise Cadamosto, *Relation des voyages à la Côte occidentale d'Afrique d'Alvise de Ca' da Mosto, 1455–1457*, ed. Charles Schefer (Paris: Ernest Leroux, 1895), 80–1, 115.

② Alvara Velho, *A Journal of the First Voyage of Vasco da Gama*, trans. E.G. Ravenstein (New Delhi and Madras: Asian Educational Services, 1995), 17–18.

西。①然后缪斯特转而叙述"新非洲，也就是对非洲最近的调查"，并转载了阿尔维斯·卡达莫斯托的发现（他的《出航》于1507年及之后被翻译出版）。据此，读者们知晓了塞内加尔沿海地区每两周举行一次集市，妇女和男子在集市上交易棉花、棉布、棕榈垫、食物、武器和少量黄金。②

揭开非洲的商品世界

乔瓦尼·利奥尼为欧洲读者打开了一个关于非洲物品及其生产者和使用者的世界，其内容更加广泛，细节更加丰富，而且并没有因循旧例，去假设欧洲的物品总是会更好。③瓦桑是一名游历各地的外交官，偶尔也是一名商人，他会留意产品的外观，会估计产品的价值。此外，他的姓氏瓦桑在阿拉伯语中的意思是"司秤"，他的父亲和祖父可能都做过穆赫塔希（muhtasib）的助手，穆赫塔希是露天市场交易的监督官，其中有些交易会涉及称重和计量。哈桑·瓦桑知晓市场和集市如何运作。

① Sebastian Münster, *Cosmographiae Universalis Libri VI* (Basel: Heinrich Petri, 1559), 1151–2.

② Münster, *Cosmographiae Universalis*, 1128, 1157–8. Cadamosto, Navigations, xiii–xvii, 114–15.

③ 关于地中海的生产和贸易，见费尔南多·布罗代尔的经典研究，Fernand Braudel, *La Méditerranée et le monde méditerranéen à l'époque de Philippe II*, 2nd ed., 2 vols. (Paris: Librairie Armand Colin, 1966), especially vol. 1.

在乔瓦尼·莱昂的非洲，从事纺织行业——纺纱、织布和为布料上色，以及制作服装、床上用品和其他家用物品——的工匠数量众多，他们为此劳心费力。亚麻和帆布在像菲斯（有520家工坊）和突尼斯这样的重要中心以及里夫山脉（Rif Mountains）的村庄都有生产。开罗和廷巴克图出产棉布，而且在埃及各地的小城镇、特勒姆森，以及"黑人之国"的"大村子"杰内（Djenné）也生产棉布。在菲斯和君士坦丁（Constantine），在摩洛哥各地的城镇和乡村，在杰尔巴岛（Djerba）上，有成群的绵羊出产羊毛，可以用织机将羊毛制成毛料。在菲斯和地中海港口舍尔沙勒（Cherchell）可以纺织丝织品，其生产由拉纳达的移民把持，乔瓦尼·利奥尼自豪地说，他们开发了桑树种植。①

纺纱工（或络丝工）总是女性。乔瓦尼·利奥尼回忆突尼斯妇女的技艺：她们让纺锤从窗户或房屋中的其他高处垂下来，其结果是线"被拉得更紧、缠绕得更好，很均匀，并且地道的亚麻布被销往非洲各地"。②在菲斯，大多数织工是男性，他们在大型的工业厂房里工作，但乔瓦尼·利奥尼记述了在一些地方有女性织工。菲吉格（Figuig）的情况就是如此，它是摩洛哥东部阿特拉斯山脉（Atlas Mountains）附近的一个柏柏尔绿洲，那里的妇女编织羊毛毯，羊毛毯"薄

---

① CGA 291v; Ramusio, *Descrizione*, 294.
② CGA 321r; Ramusio, *Descrizione*, 322.

而精致，就像丝绸一样"，它们在菲斯和特勒姆森的市场上很受欢迎。[1]

不管用哪种织机生产的产品，其中乔瓦尼·利奥尼最常描述的是服装，因为他重视着装问题，把它当作身份的象征，也知道欧洲人对人们的穿着十分好奇。的确，在他过去的外交官生涯中，衣着得体很重要，而改变装束也是他皈依基督教的一部分。他很早就在介绍摩洛哥南部地区时对基本的服装进行了介绍。沿海的哈哈（Haha）是商人和牧民聚居的地区，那里的男人们穿着一种叫作斗篷（al-kisa）的羊毛衣服，很宽大，能把他们的身体裹严实。他向读者们介绍，这种布料与意大利用来做毯子的布料很相似。在斗篷底下，他们会将一小块羊毛布料绑在腰间。在有亚麻布的地方，也可以在里面穿一件衬衫。他们将一块用胡桃染料染色的长幅毛料缠在头上，缠绕的方式很奇特。[2]乔瓦尼·利奥尼在谈到高阿特拉斯山（High Atlas Mountains）特德尔（Tedle）地区的城镇和村庄时，又提到了另一种基本服饰：连帽斗篷（burnoose，他又是用阿拉伯语写出了这个词，即al-burnus）。这种带兜帽的斗篷由当地的妇女制作，被染制成黑色，做工精美。客商远道而来，在泰德尔主要的集镇上购买连帽斗篷。乔瓦尼·利奥尼说，当

---

[1] CGA, 362r; Ramusio, *Descrizione*, 359 (Ramusio added 'tanto sottili e delicati'; CGA just said 'paron di seta').

[2] CGA 46r; Ramusio, *Descrizione*, 70.

时甚至可以在意大利和西班牙看到这种服装。①

乔瓦尼·利奥尼接着展示了样式上的差异。衣服不长，头饰比较简单，标志着地位较低。在安蒂阿特拉斯山（Anti-Atlas）的村庄里，男性矿工和牧民穿的是短款羊毛衫，束腰，无袖。里夫山区经营葡萄园的村民们穿着短款连帽的衣服，由羊毛制成，有黑白条纹。而在这些农村家庭，妇女们不戴面纱。②在特莱姆森王国，柏柏尔农民穿着"厚布短衣"。在特莱姆森城里，忙碌的男工匠们都老老实实地穿着短衣，大多数人都戴一顶软帽，不缠头巾。③

在菲斯、突尼斯和开罗，富裕家庭的服饰更加华贵，也更受乔瓦尼·利昂关注。在菲斯，身份显赫的人穿的是"外国毛料"（也许"外国"是指来自意大利）。他们穿的衣服分了好几层：先是一件汗衫，在外面套一件中袖外衣，穿一条亚麻马裤或长裤，然后套一件前襟缝合的大袍子，在最外面披一件在菲斯市场上买到的连帽斗篷，上面装饰着配饰和流苏。他们先在头上戴一顶小帽（乔瓦尼·利奥尼解释说，就像意大利的睡帽，只是不包耳朵），之后再缠一条亚麻布包头巾，包在胡须以下，在头上缠绕两圈。地位较低的人只穿贴身衣和连帽斗篷，戴一顶简单的无边小圆软帽（bonnet），穷人则将连帽斗篷作外衣，由当地白色的粗羊毛制成，他们四处奔波。他向读

---

① CGA 104r, 110v, 111r; Ramusio, *Descrizione*, 127–8, 133–4.

② CGA 81v, 236r; Ramusio, *Descrizione*, 107, 247.

③ CGA 274r, 281r; Ramusio, *Descrizione*, 280–1, 286.

者们指出，博学者可以通过他们长袍上的宽袖辨认出来，与威尼斯位高权重者所穿的长袍颇为相似。[1]

售卖女性服装布料的商人，在菲斯人中间是最富有的。女人们的衣服也是分层的：首先是一件有束带的宽松内衣或直筒内衣，由上好的布料制成，在最热的时候她们在居所里可能只穿这些；然后是一件用细毛料或丝绸制成的宽袖长袍，前襟缝合。当她们外出时，会穿上长裤，用一件宽大的斗篷遮盖住全身，用亚麻面纱蒙面，只露出双眼。[2]

对于突尼斯这个"非洲最非凡的城市"里衣着光鲜的男男女女来说，乔瓦尼·利奥尼最关注的是他们具有鲜明特征的头饰。在这里，商人和学者都包头巾，甚至连工匠也是如此：他们都缠一块大头巾，有一片布料从一个特殊的角度悬垂下来，军人和其他为苏丹服务的人缠头巾时，没有垂落的布料。[3]妇女们穿着考究，装饰华丽，用一块头巾裹住额头，再用一块长布遮住头发和眼睛下方的面孔，缠绕得十分庞大，看起来就像有个"巨人的脑袋"。乔瓦尼·利奥尼在街上经过她们身边的时候，还能闻到她们的香水味。[4]

---

[1] CGA 163v–164r; Ramusio, *Descrizione*, 183. Burnoose trimmings: CGa 155v; Ramusio, *Descrizione*, 176.

[2] CGA, 164r–v, 166v; Ramusio, *Descrizione*, 183, 185. 卖女装的商人，CGa, 155v, Ramusio, *Descrizione*, 176.

[3] CGA, 321r–v; Ramusio, *Descrizione*, 321–2.

[4] CGA, 324v; Ramusio, *Descrizione*, 324.

据乔瓦尼·利昂所述，埃及尤其是开罗富裕家庭的服装剪裁得都比较窄，与菲斯的服装相比，混搭的面料也不相同。埃及没有连帽斗篷，但男子穿的是颈部收紧、向下垂落及地的窄袖外衣。夏天着丝质或棉质服装，上面有彩色条纹，冬天的服装由细羊毛制成，里面有棉质衬料。不过，他们的头巾用来自印度的布料制成，十分宽大，身居高位者穿戴颇为得宜。妇女们的衣服也是窄袖，不论是用细羊毛、亚麻还是棉布制成，都有漂亮的绣花。她们的头饰又高又窄，价格不菲。当她们行走在开罗繁忙的街道上时，会佩戴用优质的印度棉制成的面纱，还会用一个用毛发编成的黑色面罩蒙面，这样她们就可以朝外看向别人而不会被人认出来。[①]（可以想象，威尼斯的女性读者会对这种描述非常着迷。）

与此同时，在"黑人之国"的杰内，人们"彬彬有礼、衣冠楚楚"，所以乔瓦尼·利奥尼回忆道（乔瓦尼·拉穆西奥后来省略了"彬彬有礼"一词）：男人们穿着蓝色或黑色的棉布衣服，头上遮盖一件大斗篷，商人、工匠或农民的是黑色，伊玛目（imam）或法官的是白色。同样，廷巴克图的男人们"穿着黑色或蓝色的棉布衣服，衣着考究"，也穿商队从马格里布运到镇上的欧洲布料。廷巴克图妇女通过佩戴面纱来显示自己的社会地位，奴隶妇女不戴面纱，其他妇女用当地织工生产的棉布来遮面。（出于某种原因，乔瓦尼·拉姆西奥删掉了乔瓦

---

① CGA 394r–v, 414v–415r; Ramusio, *Descrizione*, 390–1, 412.

尼·利奥尼对廷巴克图男性服装的描述，但保留了他对女装的描述。）①

在此时欧洲人既有的想象中，非洲黑人赤身露体，但在瓦桑的非洲却不常出现。在桑海都城加奥附近的乡村，农民和牧民都是些"无知"的人，"方圆一百英里之内很难找到一个能读会写的人"。（当然，欧洲读者会认识到他们的农民文盲程度与此类似。）他们冬天披羊皮，夏天只在私处盖一小块布料。②

皮革、珠宝、木制品和陶瓷

加奥附近乡下人的羊皮服装，将我们带到了乔瓦尼·利奥尼所述非洲的第二个领域：非洲的生产（非洲的皮革生产）。在非洲的许多地方，都可以发现人们在用绵羊皮、山羊皮和牛皮鞣革，但我们的作者着墨最多的，是他最为熟悉的地区，事实上，这些地区以皮革闻名于世，其中包括摩洛哥的许多地区，从南部的苏斯（Sous）到北部的里夫，还有突尼斯王国。例如，在安蒂阿特拉斯山附近的一个平原上，提尤特（Tiyout）的人们将山羊皮鞣制成漂亮的皮革，这些皮革到了菲斯众多生产鞋子、马鞍、服装、皮袋和短刀、马刀刀鞘的皮革工匠手里。许多地区也在当地用皮革生产物件：乔瓦尼·利

---

① CGA 379v [Rauchenberger, *Johannes Leo*, 270].

② CGA 384r–v [Rauchenberger, *Johannes Leo*, 288], 290; Ramusio, *Descrizione*, 381.

奥尼提到在阿特拉斯山的坡地上有一个村庄制作马鞍，在"黑人之国"的高伯（Gober）也有村里的鞋匠用羊皮制作凉鞋。这种凉鞋"与古罗马人穿的凉鞋相似"，在廷巴克图和加奥都有销售。①在他所描述的日常用品中，有他在商队旅途中挂在骆驼背上的大号皮水袋，也有开罗街头售水者携带的精心装饰的小号水袋。他所描绘的精美物件中还包括在菲斯制造的马鞍，三层皮革被巧妙地叠放在一起。从那些出口到意大利的产品中可以看得出来，它们"真的非常出色，精美绝伦"。②

许多非洲工匠倾心于金属行业的铸造厂、熔炉、锻炉、锤子及其他工具。关于为这些作坊提供金属的矿山，乔瓦尼·利奥尼仅提到摩洛哥山区和沙漠地带的银矿、铁矿和铜矿，特莱姆森的铁矿以及从"黑人之国"购买的黄金。③但是，他提到从阿特拉斯山脉到沙漠绿洲，在许多地区都有浇铸工、锻造工、铁匠和金匠，他还提到了他们的手工制品，包括菲斯市场上的缝针、钉子、军刀和马刺，包括埃及用来煮糖的大锅，还包括他在博尔努（Bornu）看到的皇家马匹上佩戴的金质笼头和嚼子。④

---

① CGA 60v, 93v–94r, 384v [Rauchenberger, *Johannes Leo*, 290]; Ramusio, *Descrizione*, 86, 118, 381.

② CGA, water bags: 415v, saddles: 154v ('per excellentia'); Ramusio, *Descrizione*, water bags: 412–13, saddles: 175 ('eccellenti e mirabili').

③ CGA 81r, 98r, 257v, 283v–284r; Ramusio, *Descrizione*, 89 , 107, 122, 265, 289.

④ CGA 154r–159r, 390r [Rauchenberger, *Johannes Leo*, 314], 404v; Ramusio, *Descrizione*, 175–9, 386, 401–2.

特别有趣的是，乔瓦尼·利奥尼提到了犹太金匠，在摩洛哥的城镇和山区，在像塞格尔梅斯（Segelmesse）这样的沙漠绿洲，在通往"黑人之国"的道路上，在开罗，到处都有他们的踪迹。在乔瓦尼·利奥尼途经的城镇和村庄，犹太人也做铸工和锻工，例如，在距离马拉喀什（Marrakech）不远的阿特拉斯山区，他看到这些犹太人在生产锄头和镰刀。但是，在北非和沙漠中的露天市场上出售的珠宝大都是他们的手笔。（乔瓦尼·利奥尼解释说，犹太人占多数是因为有一部穆斯林法律规定了销售金银的条件。）①

无论乔瓦尼·利奥尼身在何处，他总是对女人佩戴的珠宝眼光独到。在菲斯，他可以近距离看到镶有贵重珠宝的大金耳环，这些无疑要在自己家里佩戴，还有佩戴在两只手臂上沉甸甸的金手镯；对于不那么富有的人来说，他们佩戴的是银制的耳环、手镯和脚环。在摩洛哥的农村和平原地区，妇女们不遮面，乔瓦尼·利奥尼描述了她们的银耳环、手镯和戒指（一只手上戴着好几只）。在高阿特拉斯山一个被他称为"艾度坎卡尔"（Ideucacal）的地方，比较富有的妇女戴着沉重的银耳环，有时同时戴4个，她们的手指、手臂和腿上都戴着银器。贫穷的妇女只能佩戴铁或铜制的首饰，她们对此心满意足。②

---

① CGA 47v, 49r, 52v–53r, 61r, 78r, 82v, 87v , 353r, 357r, 407r; Ramusio, *Descrizione*, 71, 73, 78, 86, 104, 108, 112, 351, 355, 404.

② CGA 56r–v, 60r, 86v, 96v, 112r, 164v , 257v; Ramusio, *Descrizione*, 81, 85, 111, 120, 134, 183–4, 266.

最后还有开罗富有的女人们，尽管她们蒙着面纱，但乔瓦
尼·利奥尼还是能看到她们"珠光宝气"，在前额和脖子上妆
点着环状花饰。[①]可以想象，威尼斯的妇女听到这样的装扮时
会有多么羡慕。

至于另外两种手工制品——木制品和陶瓷，乔瓦尼·利奥
尼记述的基本都是北非的情况。欧洲人可以在他的书中读到黄
杨木细齿梳子，这种梳子产自大西洋小镇萨雷（Salé），并在
菲斯周边各地都有销售。他还提到了梳理羊毛用的梳子。欧
洲人会了解到，木匠大师制作横梁、耕犁、轮子、磨机部件
和木桶。可以将木桶作为谷物和其他在市场上销售的此类产
品的量器。有的工匠天资聪颖，他们为菲斯的内宅雕刻精美
的木门，也制作巨大的彩绘衣橱，菲斯家庭用其来存放床上
用品和贵重物品。[②]搜罗旧时记忆，他想起菲斯著名的布-伊
奈尼耶教经学院的讲经坛（pulpit）——阿拉伯语称之为敏拜
尔（minbar），它由乌木和象牙繁复地雕刻而成。[③]有为菲斯
上流社会的人制作的木鞋，供他们在街道泥泞的时候穿，乔瓦
尼·利奥尼认为，意大利人也会喜欢听他讲这个故事。用桑木
做的鞋最耐穿，用胡桃木或橙木制作的鞋子更为优雅。这种木
鞋配有铁底和皮革扣件，用丝绸装饰，很漂亮，价格从1到25

---

① CGA 415r; Ramusio, *Descrizione*, 412.

② CGA 128r–v, 138v, 158r, 292r; Ramusio, *Descrizione*, 151, 161, 178–9, 295.

③ CGA 142r; Ramusio, *Descrizione*, 164.

达克特（ducat）不等。[1]

在陶瓷方面，乔瓦尼·利奥尼让人想起了摩洛哥和突尼斯不同地区的窑炉和陶棚。他回忆起在菲斯城东靠近城墙处制造和销售廉价的无釉白碗、白盆和白罐，也回忆起在菲斯主要的市场上陈列着色彩悦目的花瓶和罐子，一些上好的釉料从不远处中阿特拉斯（Middle Atlas）山脚下一个小镇上的陶工处获得。地中海城镇苏塞（Sousse）的制陶工人们生产碗、罐子和花瓶，将它们销往突尼斯和许多其他沿海城镇。[2]乔瓦尼·利奥尼总是不厌其烦地向意大利读者们讲述他在北非城镇的清真寺、宗教学校（madrasas）、喷泉和房屋的墙壁上发现的色彩绚烂的彩色瓷砖和马赛克。

市场

正如苏塞的花瓶所示，乔瓦尼·利奥尼在谈到非洲手工产品的时候，不仅会谈到人们使用、穿戴这些物品的情况，而且会论及它们作为商品被交换和在贸易路线中流通的情况，他详细描述了菲斯露天市场的空间布局——按照手艺和地位进行排列（无论在非洲、亚洲还是意大利，从未见过有一个市场能与

---

[1]　CGA 157v–158r; Ramusio, *Descrizione*, 178.

[2]　CGA 148v, 149v, 159r, 260v, 329v, 370r; Ramusio, *Descrizione*, 170–1, 269, 328, 365.

菲斯郊区的市场相媲美，"人潮涌动，货品琳琅满目"）。特勒
姆森、突尼斯和开罗市场的布局与此类似。①他告诉意大利的
读者，在较小的市镇每周都有集市，商品在马格里布、埃及和
"黑人之国"间来回运输。例如，在安蒂阿特拉斯山下繁华的
绿洲乌弗兰（Oufran），商人们在阿加迪尔港（Agadi，1505
年后被葡萄牙人占领）购买欧洲的羊毛和当地的亚麻，然们将
这些纺织品装入他们装载着铜制器皿的大篷车，这些铜器由他
们自己的工匠制造（来自附近的铜矿），商人们穿越沙漠，到
达杰内和廷巴克图，在那里购买染色棉布，将其带回北方。意
大利读者肯定会喜欢乔瓦尼·利奥尼关于威尼斯布料在加奥市
场上能卖得高价的记述。②

　　同时，他向意大利读者提到，欧洲商人在地中海港口
购买非洲商品。他谈到了特莱姆森和突尼斯特有的商队
客店（funduqs），那是为热那亚人（Genoese）、威尼斯
人（Venetian）、加泰罗尼亚人（Catalan）和其他基督教
商人提供住宿的旅馆或货栈。其他旅行者也曾在亚历山大港
（Alexandria）看到商人们的客店里堆满了货品。③他回忆起
自威尼斯、热那亚（Genoa）、阿普利亚（Apulia）、西西里

---

① CGA 190r; Ramusio, *Descrizione*, 201.

② CGA 351r–v (Oufran), 379r (Djenné), 380v–381r (Timbuktu), 384r (Gao) [Rauchenberger, *Johannes Leo*, 268, 274, 276, 288]; Ramusio, *Descrizione*, 350, 376, 378, 381.

③ CGA 279v, 320v; Ramusio, *Descrizione*, 285, 321.

（Sicily）、杜布罗夫尼克（Dubrovnik）、葡萄牙（Portugal），以及遥远的英国而来的船只挤满了亚历山大港的码头。经济史学家告诉我们，非洲的棉花、羊毛和织物在北非的港口装船，皮料、果干、橄榄油、蜡、黄金、象牙和鸵鸟羽毛（只列出了部分清单）沿着穿越撒哈拉沙漠的商路被带到北方。乔瓦尼·利奥尼不仅谈到了出口到欧洲的纺织品和毛皮，甚至还谈到了某些服装和皮革制品（上文已有介绍）。①

最后，乔瓦尼·利奥尼讲述了日常生活中摆弄手工产品的小插曲。在乔瓦尼·利奥尼的学生时代，他曾在高阿特拉斯山一个偏僻且"未开化的"农业聚居地住了两天，那里的居民很少看到来自其他地方的商品。所有的年轻人都对他的白色斗篷（mantle）惊叹不已，因为白色是学生们穿着的颜色。想必材料和剪裁对山区居民来说都很新颖（乔瓦尼·利奥尼并未称其为连帽斗篷）。他们每个人都用手指摩挲这件斗篷，到乔瓦尼·利奥尼离开的时候，他的斗篷已经"脏得像厨房的抹布一样了"。有一位年轻人说服他用他那把价值1.5达克特的剑换取了一匹价值10达克特的山地骏马，他从中发了一笔小财。②

---

① CGA 399r; Ramusio, *Descrizione*, 395–6.
② CGA 76v–77r; Ramusio, *Descrizione*, 102. Once again, Ramusio replaced alWazzan's third-person reference to "il compositore" by the first person.

其他人描绘的非洲

乔瓦尼·利奥尼/哈桑·瓦桑向欧洲读者展示了非洲不同地区生活的方方面面。他的故事讲述了地区之间以及地区内部存在的差异和彼此之间的联系（包括不同宗教流派所造成的）。他在许多章节中都在描述流血事件：非洲各民族和政体之间、阿拉伯穆斯林和北非的柏柏尔人，以及西班牙和葡萄牙的基督徒相互之间的战争以及所造成的破坏。但是也有一些恬静安宁的故事，包括笔者在本文中关注的那些，关于工匠制造的物品，它们在日常生活中的使用以及进行交换的故事。这些叙述的特殊性在于，它既能让欧洲读者对非洲人产生好感，也为他们提供了对差异进行回应的方法，使他们不必总是纠结于按照欧洲的标准去看待"野蛮"和"文明"。

在16世纪后期和之后的许多著作中，引用拉穆西奥版《非洲志》及其法文、拉丁文和英文译本的比比皆是。[1]通常，引用该书是出于欧洲人某种特殊的兴趣或好奇心；《非洲志》在多大程度上能更为深刻地影响到欧洲人的认知和情感，这个问题超出了本章的范围。通过乔瓦尼·拉穆西奥的《远航行纪》，对于哈桑·瓦桑的著作作为非洲见证者的地位我们可以

---

[1] On the impact of Giovanni Leone's Africa book, see Zhiri, *L'Afrique*, and Oumelbanine Zhiri, *Les sillages de Jean Léon l'Africain: XVIe au XXe siècle* (Casablanca: Walalda, 1995).

一窥端倪:《非洲志》是这部丛书第一部的开篇之作，地位举足轻重。在接下来篇章中，卡尔维斯·卡达莫斯托的《出航》紧随其后。[1]

让我们对《非洲志》所产生的影响稍作探究，也就是使用乔瓦尼·利奥尼关于非洲服饰的文字图片来结束本文。[2]这位画家是《非洲志》法文译本中版画不知名的创作者，他很乐意将乔瓦尼·利奥尼的文字绘制成图。该书于1556年由让·坦普拉尔（Jean Temporal）在里昂出版，是《非洲志》在16世纪唯一有插图的版本。有几张图片与乔瓦尼·利奥尼对菲斯、摩洛哥其他地区和开罗所穿服装的描述出现在同一页面上。画家使用文中细致描绘的式样来激发自己的视觉想象力，创造出了具有生命力和风采的人物形象。在这里，哈哈的羊毛斗篷遮不住多少身体，不像乔瓦尼·利奥尼所说的那么宽大，紧紧地包裹着那个手执长矛的年轻人的身体（图10-1）。头巾缠绕的圈数比乔瓦尼·利奥尼描述的要少，但确实让头顶裸露着。这并不是一幅哈哈牧民和商人的"写实"画，但它确实展示了这位画家想象的在一个乔瓦尼·利奥尼提到过的小规模局部战争频发的地区里一位充满朝气的年轻人。

---

[1] 'Delle navigazioni di messer Alvise da Ca'da Mosto, gentiluomo venezianO', in *Navigazioni* vol. 1, Ramusio, 473–535.

[2] On the interest in depicting the clothing of non-Europeans in the Renaissance and the other uses of pictures of garments, see Ulinka Rublack, *Dressing Up: Cultural Identity in Renaissance Europe* (Oxford: Oxford University Press, 2010), esp. 125–75 and 177–209.

图10-1 "摩洛哥男子服饰"版画

注：摘自《非洲志》，里昂：让·坦普拉尔，1556年。

同样，在"菲斯男子服饰"中，骑在马背上富有的菲斯男子（图10-2）并没有穿连帽斗篷，乔瓦尼·利奥尼对斗篷有过详细的描述，将它作为男子在外穿着的罩袍。他执长矛，而在我们料想商人应该佩剑。但他的衣服是分层的，外衣前襟缝合且有宽袖，包头巾在颏下又裹了一层。如果说骑手外套上令人赏心悦目的图样是艺术家顽皮的想象，想象精美的欧洲布料在菲斯的会是什么样子，或者在他看来他的画作怎样才能看起来富有装饰性，那么尽管如此，他还是试图展现一位骑着骏马、坚毅的北非男子。[1]

这对出身显赫的开罗夫妇（图10-3）他们的服装也是同样的穿搭。式样直接根据乔瓦尼·利奥尼的描述绘制，比如头饰。其他的则由画家的视觉练习和想象来提供，让文字的描述变得栩栩如生。对欧洲读者来说，这些可能是最具吸引力的形象。可是，这里描绘的妻子并没有神秘的黑色面罩，乔瓦尼·利奥尼在书中描述道，这个面罩隐藏了她自己，但允许她看向别人。[2]画家又给出了一张图像，只有这张图上的女子脸面未被完全遮住（图10-4），她是一个孤单而又有几分隐秘的人物。[3]

---

[1] *Historiale description de l'Afrique* (Lyon: Jean Temporal, 1556), 150: "Acoutremens de ceux de Fez".

[2] *Historiale description*, 353: "Habits des habitans du Caire".

[3] *Historiale description*, 354: "Autres sorte d'habits des femmes d'Egypte, demeurans au Caire".

图10-2 "菲斯男子服饰"版画

注：摘自《非洲志》，里昂：让·坦普拉尔，1556年。

图10-3 "开罗居民着装"版画

注：摘自《非洲志》，里昂：让·坦普拉尔，1556年。

图10-4　"开罗埃及妇女的另一种装束"版画

注：摘自《非洲志》，里昂：让·坦普拉尔，1556年。

这些和平景象，就像乔瓦尼·利奥尼的著作本身一样，与暴力时代共存。战争和洗劫还在继续，海盗行径和奴役他人也从未止息，对异教徒和皈依者的谴责响彻四方。但是对这位非洲穆斯林来说，培养其他种类关系的可能性是一项不小的成就，这在文艺复兴时期的欧洲曾一度出现。

（娜塔莉·泽蒙·戴维斯[①]）

---

① 娜塔莉·泽蒙·戴维斯，加拿大多伦多大学历史学和人类学兼任教授，也是中世纪研究的教授。她曾在布朗大学、多伦多大学、伯克利和普林斯顿大学任教。她的著作有：《现代早期法国的社会与文化》《马丁·盖尔归来》《档案中的虚构：16世纪法国司法档案中的赦罪故事及故事的叙述者》《十六世纪在法国的礼物》《边缘的女性：17世纪的三种生活》以及《行者诡道：一个16世纪文人的双重世界》。

第十一章
商业名片和销售产品的艺术：1680—1800年

引言

尼尔·麦肯德里克（Neil McKendrick）、约翰·布鲁尔（John Brewer）和约翰·哈罗德·普勒姆（John Harold Plumb）合著的《消费社会的诞生》（*The Birth of a Consumer Society*）平装本于1982年首次发行，一年之后再次出版，封面上印着一张金匠的商业名片，上面刻有"W·Hogarth"的签名（图11-1）。[1]这幅图对该书的论点至关重要，它强调在1750—1800年广告有着十分重要的作用。作者写到，在这期间"人们学会了从要买卖产品的角度来思考问题"，具有讽刺意味的是，长期以来人们普遍认为选来装饰书籍封面的商业名

除另有说明外，本文所提及的所有商业名片均来自大英博物馆（British Museum）的班克斯和希尔藏品（Banks and Heal Collection）。

[1] 这张卡片有好几份副本：Cc,2.260, Cc,2.261, Cc2,262, 1868,0822.1644, 1868, 0313. 1, Heal, 67. 115, and Banks, 67. 63.

图11-1 据说是金匠彼得·德·拉封丹的商业名片

注：伦敦利奇菲尔德街，伪造的蚀刻画，伦敦，18世纪90年代。

片是赝品。[①]与广告媒介打交道另一个更为常见的问题是，从17世纪开始，广告这个词本身从仅表示书面的信息告知转变成了复杂的产品推广，其中包括对图像和文字进行处理。广告具有说服力，诱惑和欺骗必然会埋下陷阱，不仅蒙蔽了当时的消费者，而且难住了历史学家们。

《消费社会的诞生》封面图像的选择进一步告诉我们，在历史研究和历史著作中，广告特别是商业名片是如何被使用和诠释的。虽然这张商业名片并非出自霍迦斯（Hogarth）之手，但它创作于18世纪，有可能是在18世纪90年代产生的，而且借鉴了18世纪早期至中期霍迦斯作品的风格，其中有些经鉴定是由霍迦斯创作的。在霍迦斯职业生涯的初始阶段，他是一名银器雕刻师，也是一名商业艺术家。[②]卡片的设计使制造（图的左边，两名工人在一个熔炉前工作，一人在锻打，另一人在退火）和零售（图的右边，有一位戴假发的店主和他的

---

① 研究霍加斯学者长期以来对Heal, 67.11存有疑问，并将其从他们的目录中删除。乔治·史蒂文斯（George Steevens，1736–1800）将其归入威廉·亨利·爱尔兰（William Henry Ireland）名下，他的父亲出版了《霍加斯的插图》（*Illustrations of Hogarth*）。见Mark Jones et al., eds., *Fake? The Art of Deception* (London: British Museum Press, 1992), 156–9.

② 这张卡片的设计很大程度上借鉴了霍加斯大约在1725年为他的姐妹们设计的卡片，她们在伦敦小不列颠（Little Britain）开了一家"旧服装店（Old Frock Shop）"，见Heal, 40.62和Heal, 40.64。朱莉·安妮·兰伯特（Julie Anne Lambert）指出，霍加斯"据人们所指，设计了大约30张商业名片，人们还认为他画过商店招牌"，一些人认为，自己的商业名片是霍加斯最早的作品。见Julie Anne Lambert, *A Nation of Shopkeepers* (Oxford: Bodleian Library, 2001), 47.

男主管，还有两位女士和一位先生，他们在柜台前摆弄各种各样的银器）的活动和技能相互平衡。在支轴处有一个从地到顶的橱柜，里面陈列着货品，那里是将制造和零售连接起来的地方。视觉上的平衡反映在附随的文字中，在商店的签字中给出了"金匠彼得·德·拉封丹"（Peter De la Fontaine Goldsmith）的地址，在伦敦苏活区（Soho）的黄金杯（Golden Cup），我们从中知晓他"制造并出售各种金银板"。①不论是否"真的"在进行广告宣传，这张商业名片都反映了18世纪人们的态度，代表了商业化故事中被丢失的那一半，即对制造在销售艺术中重要性的认知。尽管《消费社会的诞生》有这样的封面，但书中并未论及故事的这个部分，它对历史的写作和研究产生了前所未有的影响，导致过去的一代人"轻率地痴迷于消费和消费文化"，付出的代价是不重视生产。②因此，对商业名片的研究主要集中于它们在消费方面的作用上。③直到2014年凯特·史密斯（Kate Smith）出版了《物质商

---

① 在金匠公司的记录或任何其他同时代的资料中都未出现有这个名字的金匠。1752年，一名船长因伪造罪被流放到弗吉尼亚，见*Newgate Calendar*, Part Ⅱ, 1780 edition.

② Beverly Lemire, "The Power of 'Things' in Eighteenth-Century Societies", *Eighteenth Century Studies* 50, no. 3 (2017): 341.

③ 例如，Maxine Berg and Helen Clifford, "Selling Consumption in the Eighteenth Century: Advertising and the Trade Card in Britain and France", *Cultural and Social History* 4, no. 2 (2007): 145–70; Philippa Hubbard, 'Trade Cards in 18th-Century Consumer Culture: Movement, Circulation, and Exchange in Commercial and Collecting Spaces', *Material Culture Review* 74–75 (2012): 30–45.

品，开动双手：感知1700—1830年英格兰的生产》（*Material Goods, Moving Hands: Perceiving Production in England, 1700—1830*）之后，人们才做出了一项重要的尝试，试图重新将制造与销售连接起来。凯特·史密斯对个人如何理解陶瓷行业的生产过程进行了研究，她认为，生产商和零售商不仅力图限制公众访问工场，而且还努力控制生产形象。她断言，那是一场战役，在18世纪末才取得胜利。她使用的资料其中有一种是商业名片，展示了陶瓷零售商是如何借助地理距离的观念，海洋、船舶和异国风情的图像，并将其与坚固的仓库和工场并置，直观地将零售商定位成向消费者提供商品的枢纽。[1] 商业名片能为历史学家提供什么，能让他们描绘这种变化，并让其超越陶瓷行业的界限？本文的目的，是通过分析商业名片中所包含的文字和图片，使人们细致入微地了解广告中对制造的态度方面所发生的变化。[2]

商业印刷图样的基石

商业名片出现于17世纪初，当时被称为店主的单据（bill），用来吸引和提醒顾客（包括已有的和潜在的），让其

---

[1] Kate Smith, *Material Goods, Moving Hands: Perceiving Production in England, 1700–1830* (London: Routledge, 2014), 63–9.

[2] 同上，第75页。

知晓商店的生意，被称为"商业印刷图样的基石"，衍生出了空白单据、赠礼便条、标牌、招贴或传单、海报、价目表和行业名录中的条目等。[1]它们从一开始就是一种有插图的媒介，最初是凸版印刷、木刻或木版画，但很快就开始采用铜版、钢版雕版，还使用了蚀刻技术，并且从19世纪早期开始采用平版印刷术。这种原始资料过早成熟且富有魅力，但有点令人费解。手写的商业名片数量更多，但印刷的商业名片更具吸引力，名片上很少标注日期，但有时可以通过它们上面注明的购买记录，或者通过风格来确定日期，但后一种方法问题比较大。从它们首次亮相时起，自塞缪尔·佩皮斯（Samuel Pepys，1633—1703年）和约翰·巴格福德（John Bagford，1650—1716年）以后，它们就一直是关注的焦点，英国收藏家对其尤为关注。[2]正如雕刻师乔治·比克罕（George Bickham，1684—1758年）所言，它们印刷文化的一部分，在这种文化中，"使用和装饰合而为一"。[3]正是它们特别的装饰以及它们的视觉吸引力才使其免遭毁灭。

---

[1]　Maurice Rickards, T*he Encyclopedia of Ephemera* (London: British Library, 2000), 148.

[2]　大陆商业名片的收藏非常罕见，但见到商业名片收藏在瓦德斯登庄园（Waddesdon Manor）。

[3]　George Bickham, *The Universal Penman* (London 1733–41, republished New York: Dover Pictorial Archive Series, 1968).

设计的策略

　　商家们采用了不同的视觉手段，他们认为人们值得为每500张商业名片支付8先令。[1]我们利用安布罗斯·希尔（Ambrose Heal，1872—1959年）的藏品可以发现所选择的一些手段和所存在的一些问题。安布罗斯·希尔的收藏相当可观，他在1960年将16 000件藏品捐赠给了大英博物馆（British Museum），此前，莎拉·班克斯（Sarah Banks，1744—1818年）已经捐赠了6000件藏品。这些藏品大多数都与伦敦有关，不过也有少数存留下来的是受伦敦以外的商家所委托。例如，在班克斯和希尔的藏品中，与袜类供应商（长袜经销商）相关的239张卡片中，只有5张代表了伦敦以外的商家：伯明翰、布里斯托尔（Bristol）、纽卡斯尔（Newcastle）和诺里奇（Norwich）。但是，线上目录中仅显示了51张名片的插图，因此很容易直观地进行比较和分析。[2]尽管确定商业名片年代问题使得人们难以在这些设计中找出按照时间排列的顺序，但是，可以发现所有行业都通用一个整体模式，从仅使用商店招牌（17世纪初至18世纪20年代），到使用带有装饰性涡卷饰的商店招牌，最早的一批中有一个由霍迦斯制作。之后

[1]　From Lambert, A *Nation* of Shopkeepers, 45, using trade card of J. Rozea, Letter-Press and Copper Plate Printer, London c. 1790.

[2]　大英博物馆藏品检索网址：http://www.britishmuseum.org/research/collection_online/search.aspx.

是不挂招牌，进行货品陈列，对工作内容和销售商店进行描述（18世纪20年代至60年代）。最后，摒弃招牌、商品以及制造和零售场景，推崇古典人物和场景（18世纪60年代到19世纪20年代）。尽管这些变化反映出在风格上的转变更为广泛：经历了从巴洛克式到洛可可式，再到新古典主义的转变，但1762年伦敦城（City of London）禁止悬挂商店招牌，次年威斯敏斯特（这是一项1761年始于巴黎，旨在清理日益拥挤的城市街道的运动的一部分）也禁止悬挂商店招牌，随着数字取代了符号成为识别地址的手段，促使店主们重新考虑如何用图形来表现他们自己和他们的企业。有些人保留了他们早期的标识，有些人同时使用符号和数字，还有更多的人在进行尝试。

然而，这些商业名片的图像仅只是故事的一半。如果我们看一下51张图文并茂的袜商名片上的措辞，19张只提到销售，7张只提到制作，而22张既没有提到制作，也没有提到销售，而是依靠视觉手段给出只包含姓名、地址和行当的信息。从袜商名片上的措辞来看，他们似乎更喜欢提销售，不喜欢提生产。但这种措辞模式在多大程度上能代表其他行业呢？让我们看看希尔绘有插图的《伦敦金匠》（*London Goldsmiths*），[①]它从18个不同的藏品系列中抽取了331张商业名片，在金匠的名片（很少有女金匠）上，对金匠活动最

---

① Ambrose Heal, *The London Goldsmiths: 1200–1800* (1953, Newton Abbot: David and Charles Reprint, 1972).

常见的书面叙述是，他（或她）"制造和销售"（Maketh &
Selleth），或者是后来的"制造和销售"（Makes & Sells）。
书中所绘的80张名片中，日期在1702—1790年的，有2/3的卡
片上有这个词组。①

　　虽然金匠、银匠和珠宝商、家具木工、雕工、车匠和锡
匠的卡片都偏爱"制造和销售"（Make & Sell）这个词组，②
瓷器、袜类和五金的供应商却很少这样做。在与金属制品和家
具相关的奢侈品行业中，似乎有一种明显的偏好：既强调制造
的卡片要图文并茂，还重视对广告设计进行创新。重视创新的
原因在于，金属和家具行业与雕刻和印刷之间关系密切。迈
克尔·斯诺丁（Michael Snodin）通过有签名的商业名片的证
据，揭示了如何将18世纪30年代到50年代（商业名片生产最
繁盛的时期）所创作的核心设计，与银雕师和版画家亨利·科
普兰（Henry Copland，约1710—1752年）联系在一起，"他
事实上是英国洛可可式商业名片的发明者"。③科普兰早期的
卡片比最早的洛可可式书籍——马赛厄斯·洛克（Mathias

---

① 另一种选择是"买&卖"（Buys & Sells），即列出商品清单。

② E.g. John London coachmaker, VaM, e.4937–1927.

③ Michael Snodin, "Trade Cards and English Rococo", in *The Rococo in England*,
ed. Charles Hind (London: V&A Museum, 1986), 82–103, 84. 他最早签名并注
明日期的商业名片是给本杰明·拉克斯特罗（Benjamin Rackstrow）的，见
"Figure-Maker" in Fleet Street, 1738, Heal, 28. 187, 替换1720年的早期版本，仅
使用商店标志，见Heal, 28. 186.

Lock）的《六面烛台》(*Six Sconces*）还要早，[1]而且大部分为金匠和类似的商人制作的，比如珠宝商和金匠玛丽·欧文（Mary Owen），[2]试金者和钣金工威廉·基德尼（William Kidney）[3]（都在1739年和1740年制作），还有金匠兼钟表匠托马斯·加德纳（Thomas Gardner，大约在1741年制作）[4]，可能至少有12张同样设计的其他商业名片以托马斯·加德纳的商业名片为原型。[5]1752年，科普兰与洛克合作出版了《装饰品新书》(*A New Book of Ornaments*），书中的许多设计都反映了商业名片的原型。银器和家具相关行业引领商业名片设计风潮，因为在这些行业中有雕刻师，他们能制作商业名片，而且还是手工艺人里的革新者。他们的作品将二维的概念设计与三维物体的世界联系了起来，也将艺术和工艺品连接起来。[6]

当然，我们知道，我们所看到的不一定代表实际情况就是如此。商业名片像其他广告一样，意指一种引人遐思的理想状

---

[1] M. Heckscher, "Lock and Copland: A Catalogue of the Engraved Designs", *Furniture History* 15 (1979): 1–34.

[2] Heal,67.305.

[3] Heal,67.247.

[4] Heal,39.33.

[5] Snodin, "Trade Cards", 87，直到17世纪90年代还使用相同的设计。

[6] Pamela H. Smith, Amy R.W. Meyers, and Harold J. Cook, eds., *Ways of Making and Knowing. The Material Culture of Empirical Knowledge* (Chicago: University of Chicago Press, 2017).

态，即在零售的现场制作物品，而事实上，我们从其他渠道了解到，实际情况往往并非如此。例如，尽管伦敦金匠约翰·帕克（John Parker）和爱德华·瓦克林（Edward Wakelin）（1761—1770年为合伙关系）在他们1761年的商业名片上宣传说，他们在干草市场（Haymarket）附近潘顿街（Panton Street）的店铺里"制作和销售各式各样的珠宝和金银制成的新奇玩意"，但是从他们的账簿上可以知晓，从那时起，店内没有生产任何东西，都被转包了出去。[①]然而，在这个商家以及奢侈品行业的其他商家那里，要让制作的卡片图文并茂，店主认为这是顾客想要看到的。

将制造过程作卖点

在确定了文字和图像两种销售策略之后，现在是更为详细地对如何将生产过程呈现出来加以审视的时候了。纵观这些行业，可以分辨出4种不同的方法：第一种，也是最早的一种，描绘的是正在工作的一个人或一群人；第二种出现在18世纪20年代，生产场景附属于主设计，且通常出现在底部，被放置在一个精心设计的框架内；[②]第三种将重点放在机器上，有

---

① Heal,67.311 and Heal,67.310. Helen Clifford, *Silver in London: The Parker and Wakelin Partnership, 1766–1770* (London: Yale University Press, 2004).

② VAM, e.858–1997, engraved by Robert Clee, see Hilary Young, "An Eighteenth-century London Glass–cutter's Trade Card", *Apollo* (February 1998): 41–6.

的机器是静态的，有的机器在运行；第四种出现在18世纪70年代，当时对生产和机器的描绘屈从于古典理想，例如，不是男人或女人在工作，而是丘比特或小天使挥舞着工具，劳动行为脱离了现实。然而，任何试图按时间顺序条理有序地对商业名片进行排列的尝试，做起来都不容易，因为事实上早期的形式一直延续到18世纪后期，并且商家数十年来都保持着相同的设计。

现存最早的一张展示制作过程的商业名片，可能是提供给猎犬沟渠街（Houndsditch）雅各布·斯坦普（Jacob Stampe）的一幅笔力遒劲的木版画，即"白棉布印染工（Callico Printer，约1680—1685年）"，上面描绘了一名男子正在桌子旁边印染白棉布，有一个男孩和他一起，他正在将木模板着色（图11-2）。[①]为什么斯坦普选择了这个图像？第一，也许他忍不住想使用自己的名字，因为他的名字一语双关；第二，他极力强调在伦敦印染印花布的重要性，当时英国人正与印度就印花布生产展开竞争。他清楚地感觉到，他的顾客可能会被说服，可能会去购买他的商品，因为这些产品是他在自己的工场里印染出来的。他向消费者传达的信息，其核心是国内制造的举措。白棉布印染商的商业名片存世量稀疏，由此看来，斯坦普对这类广告进行投资是富有创新性的，同时也是非同寻常的。作为一名印染工，他甚至有可能自己雕饰了木刻，

① Heal, 41 .7.

图11-2　印染工人雅各布·斯坦普的商业名片

注：伦敦市的猎犬沟渠街，木版画，约1680年。

再使用它来制作商业名片。[1]使用生产场景的这种策略一直持续到十八九世纪，例如，玻璃切割工兼瓷器、玻璃和陶器生产商劳伦斯·道根（Lawrence Dorgan）18世纪后期自伦敦的艾德门街（Aldersgate Street）起家，在他所选择的商业名片上，描绘了7位男性，正在他的工厂里忙碌着，在将玻璃碾碎。[2]对于制造和零售玻璃与瓷器的商家而言，在他们的商业名片上描绘着的，仅只是玻璃刻花和研磨的过程，从来不会在上面体现陶瓷生产过程。

---

[1]　在班克斯和希尔的藏品中，另外唯一的一张印花机商业名片是大约1760年绘制，没有图像，只有文本，见Heal, 41.3.

[2]　Heal, 37.21.

下一个设计阶段，显现在印刷商威廉·戴雪（William Dicey，1690—1756年）和克鲁尔·戴雪（Cluer Dicey，1715—1775年）大约在1736—1756年的蚀刻和雕刻卡片上，然而他们的前辈，威廉的姐夫约翰·克鲁尔（John Cluer，逝于1736年）已经使用过这种设计。[1]他们在鲍教堂（Bow Churchyard）的商店招牌"少女头像（Maiden's Head）"被放置在商业名片的顶部，名片上登载着广告语："能将店主的单据以不同寻常的方式雕刻在铜板上（Shop-keepers Bills are curiously Engrav'd On Copper-Plates）"，卡片上有两个小插图，上面显示了用于木刻版印刷的凸版，左边还有铅字。有两名男子在摆弄这些铅字，另外有两个人正在排版，右边有一个铜板辊压机，一名工人在操作这台机器，一位顾客在检查样品。[2]这家商店非常具有开创精神，他们销售廉价印刷品、畅销故事书和报纸，除此之外，还销售专利药品（贝特曼医生的镇咳滴剂和达非氏酊）。这张卡片暗含的意思是，车间里员工众多，大家忙忙碌碌，能够确保实现"各色业务都能以最快的速度被印刷出来"这样的承诺。精雕细刻的装饰品能体现出设计和布局的技巧，制作场景被融入到18世纪30年代至50年代新式洛可可风的漩涡装饰中，伦敦斯特兰德（Strand）的玻璃销售商"梅德威尔和温德尔"（Maydwell & Windle，

---

[1] Banks, 99. 12 and Heal, 59. 56.

[2] 见Sheila O'Connell, ed., *London* 1753 (London: British Museum, 2003), 95, cat. I.77.

大约在1750—1756年）就是如此，在他们的卡片上，左边有两名男子站在切割机前，右边有一名男子正在使用磨床，上方是雕花玻璃枝形吊灯，上面布满了精心雕刻的漩涡花饰，顶部有皇家纹章。①

那么，这些制造过程的图像是从哪里来的呢？正如塞莉娜·福克斯（Celina Fox）所言，在英国没有描绘正在工作的工匠的传统，或者说至少没有先例留存下来，德国与之不同。德国有《商业手册》（*Standebuch*，或称*Book of Trades*），该书1567年在纽伦堡（Nuremberg）出版，书中有乔斯特·安曼（Jost Amman）的木刻版画插图，或者还有博尔杜尔德（Borduurder）的《人类职业》（*Mensschelyke beezigheeden*，或称*Human Occupations*），该书1695年在荷兰出版。约瑟夫·莫克森（Joseph Moxon）在1677—1684年分几册出版了《全面印刷技术的机械训练》（*Mechanick Exercises on the Whole Art of Printing*），他给工具添加了插图，帮助人们去理解他所谓每种手艺的"语言"，例如，他描绘了带有台钳的工作台、铁砧和砧台，还有带风箱的铁匠炉，但他没有展示正在工作的男人或女人。行会的出版物不在此列，像《1677年金银器检验标准》（*A Touchstone for Gold and Silver Wares of 1677*）一书的卷首插图，上面是正

---

① Heal, 66.44。另见早期的韦瑟比（Weatherby）、克罗瑟（Crowther）、昆廷（Quintin）和温德尔（Windle）的商业名片，Heal, 66.75玻璃屋的内部以顶部为特色，合伙关系于1751年解散。

在工作的金匠威廉·巴德科克（William Badcock，1622—1698年）。还有1741年金匠大厅（Goldsmiths' Hall）的邀请函，在邀请函上所绘制的并不是单个工场，而是以独立小插图的形式呈现出该行业不同的专业化生产过程，有A. 柯克（A. Kirk）和J. 柯克（J. Kirk）的签名。[①]六年后，约翰·辛顿（John Hinton）《环球知识与娱乐杂志》（*Universal Magazine of Knowledge and Pleasure*）发行，该刊为月刊，面向"士绅、商人、农民和小贩"，在早期发行的几卷里，刊印了包含商家生产过程的版画，其中包括编织、金银提纯和钟表制作等。商业名片上制造的图像本身自成一家，它们比后来的这些插图形式要早，而且可以说，它们凭借自身实力影响了后来的插图形式。

对技术独创性的迷恋

在设计的第3阶段，视觉重点已经从生产者转移到生产中使用的机械上，将其置于商业名片的中心位置。1786年左右伦敦鞋巷（Shoe Lane）"铜板制造商琼斯"（Jones, Copper Plate maker）的卡片（图11-3）在这方面就是一个很好的例

---

① 阿什莫尔博物馆（Ashmolean Museum）版画和绘画部（Department of Prints and Drawings）的约翰·柯克（John Kirk）刻了自己的名片，见Banks, 59. 104。第二年，这一设计被替换为用代表正义和美德的小天使制作的场景，见Henry Copland, British Museum C, 2. 586。

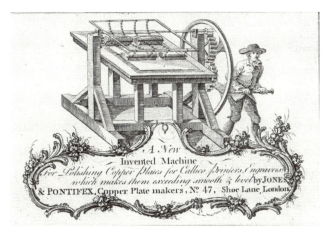

图11-3　铜板制造商琼斯和庞蒂菲克斯的商业名片

注：伦敦，街巷，约1780年。

子。[①]卡片上有一名男子在转动大型抛光轮，它是"新发明的机器，用来打磨用于白棉布印染机的铜板……它能使铜板非常光滑、非常平整"。这些文字被放置在一个时髦的涡卷饰中，以花卉装饰，曲线优美，它使名片在形式上看来不那么生硬，并且通过操作者让人体会到动感。抛光机的工艺图是一种混杂的类型，将时髦的印刷品与专利图样合二为一。[②]从1734年开始，如若在商业名片上想对注册过专利的发明（包括图纸）进行详细的描述，通常需要将专利图复制在卡片上，即便不是非要强制要求人们做到，但也已经成了一种惯常做法。例如，

---

① 　Banks, 58. 22.

② 　Alain Pottage, *Figures of Invention: A History of Modern Patent Law* (Oxford: Oxford University Press, 2010).

1773年约翰·约瑟夫·梅林（John Joseph Merlin）用于荷兰锅（Dutch oven）①的"新发明……即弹簧插孔"，它的专利图用钢笔、水墨和水彩绘就，是梅林同一年印制的广告和商业名片的素材。②1754年成立了"艺术、制造和商业促进学会"（Society for the Encouragement of Arts, Manufactures and Commerce），反响热烈，证明了"不论天资，不分阶层……人们痴迷于技术巧思与改进，商业创新与进取"③（事实上，这些人正是广告针对的受众）。18世纪上半叶，人们越发认识到将画作用于商业目的重要性，因此，无论是艺术家还是消费者对机器的描绘都越来越熟稔。很明显，对机器进行描绘是为了表达机器很重要。具备"科学性"或技术性是现代性的标志，也是可靠性和价值的标志。④

1786年，理查德·琼斯（Richard Jones，卒于1788年）的徒弟威廉·庞蒂菲克斯（William Pontifex, 1766—1851年）成了他的合伙人，他光大了琼斯的创业精神，图11-3中

---

① Patent No.1032, 29 January 1773 in Anne French et al., *John Joseph Merlin: The Ingenious Mechanick* (London: Greater London Council, 1985), 66, cat.no. B6.

② Patent No.1032, 29 January 1773 in Anne French et al., *John Joseph Merlin: The Ingenious Mechanick* (London: Greater London Council, 1985), 66, cat.no. B7, 67.

③ Celina Fox, "Art and Trade-from the Society of Arts to the Royal Academy of Arts", in *London* 1753, O'Connell, 18.

④ Maxine Berg, "Inventors of the World of Goods", in *From Family Firms to Corporate Capitalism: Essays in Business and Industrial History in Honour of Peter Mathias*, eds. Kristine Bruland and Patrick O'Brien (Oxford: Oxford University Press 1998), 15.

的商业名片也是在这一年制造的。庞蒂菲克斯心灵手巧，他和他的兄弟在1799年取得了一项改进铜蒸馏头的专利，这在后来的商业名片中成为主角，①他还经营着几家生意，都与铜有关。②在庞蒂菲克斯的卡片中③显示，1790年左右他对风格的变化作出了反应，卡片上有一个简单的椭圆形边框，里面描绘了有4名男子正在锻铜，庞蒂菲克斯将这个漩涡装饰放置在了新古典主义风格的摇铃壁和他产品样品上面，有一个蒸馏头，还有一把时髦的茶壶。从庞蒂菲克斯的这张商业名片可以看出，他是如何将各色商家的名字——包括"酿造者、酿酒师、棉布印染工、染匠、制糖业者、镌版工和西印度种植园主"——放在一起，以及在装饰时髦且自成一体的背景下，他如何对这些名字进行安置。

工业拒斥之物的艺术

尽管凯特·史密斯（Kate Smith）认为在18世纪末，制造商和零售商在争夺对制造形象的控制权，但这需要在更广阔的视域下对此加以审视，也需要将其放置在艺术领域脑力

---

① Banks, 85. 127.

② Aquatint of *An interior view of William and Russell Pontifex and E. Goodwin's copper and brass works at 46–8 Shoe Lane showing men at work* (London: W.H. Pyne and J.C Nattes, c. 1806).

③ Banks, 85. 82.

和体力之间相互斗争的背景下。当乔舒亚·雷诺兹（Joshua Reynolds）1769年成为新成立的皇家美术学院（Royal Academy of Arts）第一任院长时，他利用每年一度向学生发表演讲的机会，来说明由"皇家艺术、制造和商业协会"（Royal Society of Arts, Manufactures and Commerce）所代表的，商业艺术家们的目标和努力，是如何与精美艺术和艺术家的目标和努力相背离的。他提醒他的听众，"机械的精妙之处"和有趣之处在于它"微细整洁"，而且"仿制品"只不过是物质以及"伟大的……思想"的映射，描绘实相所涉及的体力劳动总是居于普遍的真理和伟大的思想之后。这一切，都是一个更长的"逐渐让思想掌控物质的故事"的一部分，给我们以谆谆教诲，一如朱尔斯·普罗文（Jules Prown）所观察到的："在我们评价人类的活动和经验时，存在一种等级排序模式，即将脑力的和抽象的东西置于体力的和物质的东西之上。"[1]其结果是，在商业名片上，"古色古香的"小天使和丘比特、古典的着衣人像，以及男女神祇取代了工场里卷起袖管的工匠们。艺术史学家约翰·巴雷尔（John Barrell）对劳动分工具象化进行了探究，他通过分析W. H. 派恩（W.H. Pyne）的《艺术、农业和制造业：见微知著，抑或传神写照（1806—1808）》（*Microcosm, or A Picturesque Delineation*

---

[1] Jules David Prown, "Material/Culture: Can the Farmer and the Cowman Still Be Friends?", in Art as Evidence: Writings on Art and Material Culture, Jules David Prown (New Haven and London: Yale University Press, 2001), 235.

of the Arts, Agriculture & Manufacture 1806–1808），对艺术领域里制造过程和制造者图像广泛缺失的情况进行了解释。

在商业名片中采用新古典主义的设计，在其中将人的劳动彻底抹去，而当时恰逢"商人、制造商和新近出现的富人受到了……（小说家和卫道士们）的口诛笔伐"，在18世纪七八十年代，小说家和卫道士们坚信，这些人不可能完全转变成儒雅之士。[1]詹姆斯·雷文（James Raven）认为，因工业运营越来越神秘，反对制造业"暴发户"的运动也愈演愈烈。他指出，尽管在18世纪初人们欢迎游客参观工厂和生产现场，但是，斯雷尔夫人（Mrs Thrale）抱怨说，1787年在伯明翰"他们不会展示自己的生产"，1790年托灵顿子爵乔治·拜恩（George Byng Viscount Torrington）被禁止进入阿克莱特的工厂，福哈斯·德·圣方迪（Faujas de Saint-Fond）不得进入普雷斯顿潘斯（Prestonpans）的化工厂，而范妮·伯尼（Fanny Burney）则被劝阻去格洛斯特（Gloucester）的一家扣针工厂视察，"理由是它脏兮兮的"。[2]伦敦的熟练工非常充足，分包也越来越复杂，这意味着不可能在一个地点看到一种商品从设计到零售全部的生产过程。制造商们反而鼓励好奇的顾客光顾"画廊"，而不是造访工厂和车间，他们在画廊里可以更有选择性地精心打造自己的形象。

---

① James Raven, *Judging New Wealth: Popular Publishing and Responses to Commerce in England 1750–1800* (Oxford: Clarendon Press, 1992), 239.

② 同上，第233–234页。

伊莲诺·科德（Eleanor Coade，1733—1821年）把握住了这种风尚，在古典的语境中推销她大约在1769年推出的新型"两次烧制石"（twice fired stone）。科德并未邀请顾客到她位于兰贝斯（Lambeth）的制造厂，因为她配方的秘密可能会在工厂里被泄露出去，1799年，她在威斯敏斯特（Westminster）开了一家画廊。在通往这座画廊的科德石（Coadestone）门廊上，描绘着一座开放式窑炉，在它的前面，时间的形象被火的女性形象击败了，玻璃化起到了辅助作用（图11-4）。[①]1802年，它被雕版并且被用作《欧洲杂志》（*European Magazine*）第41卷的卷首插图。就像那些为科德提供模型的著名雕塑家一样，这张卡片的镌版工塞缪尔·洛雷（Samuel Rawle）也曾在皇家美术院（Royal Academy）办过展览。然而，门廊的设计可以追溯到更早的时候，并且它出现在了科德的商业名片上。门廊是陶瓷大师约翰·培根（John Bacon，1740—1799年）的作品，他从1769年开始为科德工作，并在两年后因其作品荣获皇家美术院颁发的一枚金质奖章。[②]再一次，是商业名片的设计先行，它开风气之先。

---

① Heal, 106.7.

② 1785年后的某个时候，雕刻家理查德·卡彭特（Richard Carpenter）为圣保罗教堂（St Paul's）附近巴弗斯托克（Baverstock）的瓷器和玻璃仓库剽窃了这一设计，他将图像颠倒过来，将窑中的美惠三女神（Three Graces）移走，取而代之的是盘子、盖碗和模型，还加上了一个"在巴黎"的地址（拼写错误），见Banks, 77.22.

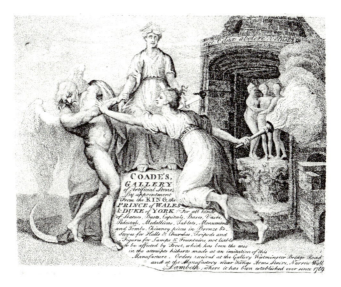

图11-4　科德和西利的商业名片

注：画廊在威斯敏斯特大桥，工厂在兰贝斯，由塞缪尔·洛雷刻版，1814年。

　　作为雕刻家艺术的缩影，商业卡片矗立在学术界和商界之间。它们的制作者，虽然通常是做散工的雕刻师，籍籍无名，但有时也有著名的艺术家，许多人在他们的作品上签上了自己的名字。商业名片是一种广泛的、不断增长的印刷文化的一部分，在今天这种文化基本上已经被遗忘了。虽然大量日常的印刷品已经丢失，但是大量更稀有、更昂贵的艺术印刷品（art print）却留存了下来，影响到了我们对于这种文化的看法，①

_____

① Anthony Griffiths, *The Print before Photography: An Introduction to European Printmaking 1550 to 1850* (London: The British Museum, 2016).

317

人们很难理解"这样的印刷品在那个时代的文学和视觉文化中会那么普遍",但也解释了为什么会有那么多带插图的商业名片存留下来。①

结论

在伦敦的商业名片上对制造过程进行描绘,很少有历史实例可供借鉴,雕刻师以一种商业艺术的形式创造了他们自己的表现类型,对广告业更广阔的世界产生了影响,将其与艺术的世界联系了起来。有商人选择使用文字和图像来凸显制造的重要性,其中以金匠、家具木工和雕工,玻璃匠和(印花布、铜板、书籍等的)印刷商为主,他们与雕刻工艺密切相关,而矗立在广告业前列的,正是这些雕刻师们。这是一种以转包为主的奢侈品交易,零售商承担了曾经有品位的资助者所承担的角色。技术娴熟的工人必须相互配合,但必须对成本加以限制,顾客与制造商保持着一定的距离,在这种情况下,使用的是生产的图像,而不是生产的实景。然而,选择描绘制造过程并不一定意味着生意上取得了成功,更多是因为存在竞争压力,这促使人们对图形设计进行创新。雅各布·斯坦普试图打破东印度印花布的统治地位;当这个大城市的针织业在走下坡路的时

---

①   Kevin Murphy and Sally O'Driscoll, eds., *Studies in Ephemera: Text and Image in Eighteenth-Century Print* (Lewisburgh: Bucknell University Press, 2013), 2.

候，袜商在他们的商业名片中加入了织袜机；白镴器工匠其产品难以与马口铁、廉价陶器和玻璃制品一较高下，他们采用了更具创新性的广告来吸引顾客的注意力。[1]关注广告中所呈现的制造过程，能够揭示出在不同的行业中所采取的方法截然不同，而且随着时间的推移其方法还会发生变化，这为我们创造出销售的艺术一幅复杂而又动态的图景。

（海伦·克利福德[2]）

---

[1] 在1600年，该公司有200多名成员，在17世纪末，当家庭使用锡达到顶峰时，人数增加了一倍。见Peter R.G. Hornsby, Rosemary Weinstein, and Ronald F. Homer, *Pewter: A Celebration of the Craft 1200 –1700* (London: Museum of London, 1989), 12.

[2] 海伦·克利福德，曾在维多利亚和阿尔伯特博物馆、华威大学就职，目前管理自己位于北约克郡斯韦尔代尔的博物馆。她在皇家艺术学院（Royal College of Art）完成了皇家金匠的博士学位。她的著作有《伦敦的银器：1760–1776年 帕 克 和 韦 克 林 合 伙 关 系》(*Silver in London: The Parker and Wakelin Partnership 1760–1776*, 2004），策划的大型展览包括：为阿什莫林博物馆（Ashmolean）举办的"珍贵的遗产：牛津大学银器的600年"，(A Treasured Inheritance: 600 Years of Oxford College Silver, 2004），为金匠公司（Goldsmiths' Company）举办的"英国与黄金的故事"(The Story of Britain and Gold, 2012）。

第十二章
18世纪哈布斯堡王朝下辖尼德兰城乡的新旧奢侈品

1724年4月7日，布鲁塞尔（Brussels）附近赫林贝亨（Grimbergen）已故前执达吏（bailiff）亨利库斯·德拉鲁（Henricus de la Rue）的遗产被拍卖。[1]这样的公开拍卖在布拉班特（Brabant）的农村并不少见，但是这次拍卖由于逝者的社会地位很高，引起了众多富有买家的关注。拍卖的家具确实品质非凡，其中有52把椅子，一些用皮革包覆（"西班牙椅"），另一些包覆着布料和天鹅绒。还有10张桌子，其中三张是硬木桌，一张是胡桃木桌，一张桌子镶嵌着石板。金色的皮质挂饰连同37幅画和一些印花烟囱布（挂在壁炉架上的挂饰，用于装饰或阻挡烟雾）一起出售。拍卖会上还有两个带玻璃门的陈列柜、一个衣橱、一个食品柜、一个餐具柜、两张书桌、四张奢华的床架和一个带有彩色印花帷幔的床架。[2]

按当时乡村的标准来看，亨利库斯·德拉鲁的家当十分奢华，可以与附近城镇如安特卫普（Antwerp）、布鲁塞尔或鲁

---

① Leuven, State Archives, *Schepengriffies Brussel*, no. 3721 (7 April 1724).

② 前者是框架结构，后者是支架结构。——译者注

汶（Leuven）等地贵族家庭客厅（saletten）里常见的家具和
装饰品相媲美，[1]这些都是典型的"旧奢侈品"。"旧奢侈品"
这个词是由简·德·弗里斯创造的，用来描述奢侈品外观和品
位方面的变化。然而，据德·弗里斯所言，从17世纪下半叶
的荷兰共和国（Dutch Republic）开始，"旧奢侈品"被"新
奢侈品"取代了。旧奢侈品价格昂贵，因本身价值较高而受人
青睐，新奢侈品比较便宜，不太耐用，因为新颖、设计和时尚
被人欣赏。此外，新奢侈品具有新的功能，拥有它们的人也不
相同。世家炫耀性消费旧奢侈品，以此来彰显自己的社会地
位，而新奢侈品则迎合了城市中产阶级的社交需求。从旧奢侈
品到新奢侈品的转变，导致经济和道德壁垒降低了，这两方面
以前让非精英家庭难以获得奢侈品。[2]严格来说，这是德·弗

---

[1]　Brecht Dewilde and Johan Poukens, "Confraternities, Jansenism and the Birth of a Consumer Society in 17th–18th Century Leuven", in *Religion and Religious Institutions in the European Economy, 1000–1800*, ed. Francesco Ammannati, Fondazione Istituto internazionale di storia economica F. Datini Prato. Pubblicazioni. Serie 1 2: Atti delle settimane di studio e altri convegni 43 (Florence: Firenze University Press, 2012), 671–93; Bruno Blondé and Veerle De Laet, "New and Old Luxuries between the Court and the City: A Comparative Perspective on Material Cultures in Brussels and Antwerp, 1650–1735", in *A Taste for Luxury in Early Modern Europe: Display, Acquisition and Boundaries*, eds. Johanna Ilmakunnas and Jon Stobart (London: Bloomsbury, 2017), 39–57.

[2]　Jan de Vries, "Luxury in the Dutch Golden Age in Theory and Practice", in *Luxury in the Eighteenth Century: Debates, Desires and Delectable Goods*, eds. Maxine Berg and Elizabeth Eger (Basingstoke: Palgrave, 2003), 41–56; Jan de Vries, *The Industrious Revolution: Consumer Behavior and the Household Economy, 1650 to Present* (Cambridge: Cambridge University Press, 2008), 44–70.

里斯提出的第二个概念——"勤勉革命"必要的前提条件。[1]

勤勉革命是家庭层面消费和生产决策中一系列相互关联的变化的结果。简言之，德·弗里斯注意到从17世纪下半叶开始，西北欧的家庭开始重新安排自己的劳动力供给和对商品的需求，越来越多地走向市场。德·弗里斯认为，劳动的强化，是由对生活必需品之外的物品的消费欲望所引起的。这种劳动强化带来了额外的收入，刺激了对新型家具、服装和食品的需求。[2]他观察到，勤勉革命不仅只是一种发生在城市里的现象。在城市化程度较高的西北欧，农村家庭也能够而且也愿意参与到新的城市消费文化中来。[3]

本章考察了18世纪在安特卫普（Antwerp）附近的偏远小镇利尔及其农村腹地品位和舒适方面新标准的普及。利尔的中产阶级越来越痴迷于用新奢侈品来装饰和布置他们的住宅，以

---

[1] Sheilagh Ogilvie, "Consumption, Social Capital, and the 'Industrious Revolution' in Early Modern Germany", *Journal of Economic History* 70, no. 3 (2010): 311–12, 320.

[2] Jan de Vries, "Between Purchasing Power and the World of Goods: Understanding the Household Economy in Early Modern Europe", in *Consumption and the World of Goods*, eds. John Brewer and Roy Porter (London and New York: Routledge, 1993), 85–113; Jan de Vries, "The Industrial Revolution and the Industrious Revolution", *Journal of Economic History* 54, no. 2 (1994): 249–70; de Vries, *Industrious Revolution*, 122–86.

[3] Jan de Vries, "Peasant Demand Patterns and Economic Development: Friesland, 1550–1750", in *European Peasants and their Markets: Essays in Agrarian Economic History*, eds. William N. Parker and Eric L. Jones (Princeton: Princeton University Press, 1975), 179–266; Ilja Van Damme, "Mensen doen dingen, steden niet: Interview met historicus Jan de Vries", *Stadsgeschiedenis* 4 (2009): 207–16.

此来款待宾朋。①一些中产阶级家庭的遗嘱认证清单提供了名副其实的新奢侈品目录，使我们能够通过构建新奢侈品所有权的量化指标，以及提出购买新奢侈品的动机，来对这些新奢侈品的传播进行比较分析。

利尔镇及其腹地

在18世纪，利尔是一个拥有约6000名居民的偏远城镇，承担了其农村腹地的工商业枢纽功能。利尔以其蓬勃发展的酿酒业而闻名，特牛（Caves）是这里最好的啤酒，出口到整个哈布斯堡王朝统治之下的荷兰。在18世纪上半叶，该地区普遍发生了城市危机，利尔镇深受影响。1748年以后，酿造业出口再度扩大，原始工业迅速扩张，使利尔镇得以复苏。②利尔的腹地主要延伸至该镇的东部，那里的土壤为沙质，有小规模的混合农业，大多数农场都很小。根据1747年的一项调查，63%的农场没有养马，耕种的土地不足5公顷（该地区能长期自给自足持有土地的下限）。尽管他们的土地面积很小，但许多农民能够在利尔的市场上销售他们的一些产品，如乳制

---

① Johan Poukens and Nele Provoost, "Respectability, Middle-Class Material Culture, and Economic Crisis: The Case of Lier in Brabant, 1690–1770", *Journal of Interdisciplinary History* 42, no. 2 (2011): 159–84.

② Erik Aerts and Herman Van der Wee, *Geschiedenis van Lier: Welvaart en samenleving van het ontstaan van de stad tot de Eerste Wereldoorlog* (Lier: Gilde Heren van Lier, 2016).

品（主要是黄油）和蔬菜。18世纪下半叶，该地区引进马铃薯并扩大种植以维持生计，使得即使拥有些许土地的农民也有机会销售一些农作物（主要是小麦和混合麦，即小麦和黑麦的混合物）。他们利用那个时期的农业创新，提高他们耕地的产出并使之多样化。[1]

遗嘱认证清单

我们的样本来源于利尔及邻近地区（Bijvang）市政官两个议事厅的档案。[2]议事厅对其管辖范围内的孤儿施以关照，如果父（母）亡故，留下未成年或残疾的子女，根据利尔和邻近地区的习惯法，必须在父（母）故去后6周内对其财产进行清点，以便于在世的父（母）和子女之间进行遗产分割。遗产清单由两名宣誓过的估价师进行评估，并由镇上的干事在两名市政官在场的情况下进行记录。[3]估价师仔细地列出家庭大部

---

[1] Herman Van der Wee, "The Agricultural Development of the Low Countries as Revealed by Tithe and Rent Statistics, 1250–1800", in *Productivity of Land and Agricultural Innovation in the Low Countries*, eds. Herman Van der Wee and Eddy Van Cauwenberghe (Leuven. Leuven University Press, 1978), 1–23, Johan Poukens, "Tout à la fois cultivateurs et commerçans: Smallholders and the Industrious Revolution in Brabant", *Agricultural History Review* 60, no. 2 (2012): 153–72.

[2] Lier, Municipal Archive (hereafter sal), Oud archief (hereafter oa), nos. 1833–1884; Oud gemeentearchief (hereafter oG), nos. 72–4.

[3] Guillaume Philémon De Longé, "Coutumes de la ville de Lierre et de sa banlieu", in *Coutumes de Kiel, de Deurne et de Lierre*. Coutumes du pays et duché de Brabant: Quartier d'Anvers 5 (Brussels, 1875), 411–701; Aerts and Van der Wee, *Geschiedenis*, 61.

分的动产（衣服通常不包括在内），逝者所欠的以及应向逝者
偿还的债务都要详细列出，与此相反，从来不会对不动产进行
估价，但有时会提到它，附随"备忘"（pro memorie）一词。

　　现存的清单从理论上来讲代表的应该是一组随机选取的家
庭，然而，很多学者一致认为，处于社会顶层和底层的家庭权
重偏低。[1]例如，利尔的情况是顶层群体会在遗嘱中指定监护
人，因此不会对他们的财产进行清点；底层群体中，一些穷人
身无长物，其他人则由于盘点的成本比财产的价值还要高被免
予清点。[2]我们样本中遗嘱认证清单的社会分布证实了所谓中
层家庭比例过高的说法，而且在现存的城市财产清单中，这种
情况要比农村财产清单中的更明显（表12-1）。然而，总的来
说，这种偏倚并没有使我们所做的分析失真，因为我们主要是
对各个阶层的财产进行对比。我们根据社会权力方案（social
power scheme，SOCPO方案）将样本划分为3个社会经济类
别，并且根据相同的标准对不同类别的人群进行分层比较。

---

① Anton Schuurman, "Things by Which One Measures One's Life: Wealth and
Poverty in European Rural Societies", in *Wealth and Poverty in European Rural
Societies from the Sixteenth to the Nineteenth Century*, eds. John Broad and Anton
Schuurman (Turnhout: Brepols, 2014), 23.

② SAL, OA, no. 2013 (24 May 1732); De Longé, "Coutumes la ville de Lierre", 582.
另见Philippe Godding, "Le contrôle des tutelles par le magistrat dans las Pays-Bas
méridionaux", in *Het openbaar initiatief van de gemeenten in België: Historische
grondslagen (Ancien Régime). Handelingen* (Brussels: Credit communal de
Belgique, 1984), 557–68.

表 12-1　遗嘱认证清单样本的社会分布　　　（单位：%）

社会地位	城市		乡村	
	家庭样本	人口 （1755 年）	家庭样本	人口 （1747 年）
低收入群体	47	68	45	53
中等收入群体	43	25	48	43
精英	10	7	7	4

资料来源：遗嘱认证清单样本（sal, oa, nos. 1833–84; oG, nos. 72–4）；利尔1755年的人口普查（Vorst, State Archives, Officie Fiscaal no. 373）；1747年 'Bijvang' 的人头税（Beveren, State Archives, Oud gemeentarchief Nijlen, no. 39; Vorst, State Archives, Staten van Brabant: Cartons, nos. 400–1）.

社会权力方案是以职业为基础来进行社会分类，[1]可以很容易地将它应用于遗嘱检验清单样本，因为在清单的简介里，有时会提到有父（母）亡故的家庭所从事的职业，但通常也可以从清单中所列的工具、储存物和牲畜的类型推断出来。例如，织布工可以通过他的织布机辨认出来，裁缝则可以通过剪刀、码尺和熨斗（persijzer）的组合来识别。在社会权力方案中，按照职业的经济和文化实力，将其划分为不同社会权力层次。经济实力取决于技术、职权，而且对于个体经营者来说，还取决于他们企业的规模；文化实力取决于劳动的体力

---

[1]　Erik Thoen and Eric Vanhaute, "The 'Flemisch husbandry' at the Edge: The Farming System on Small Holdings in the Middle of the 19th Century", in *Land Productivity and Agro-Systems in the North Sea Area (Middle Ages-20th Century): Elements for Comparison*, eds. Bas J.P. Van Bavel and Erik Thoen (Turnhout: Brepols, 1999), 276–7, 287, 291.

或非体力性质，还取决于社会地位（比如贵族头衔）。对于农业部门的家庭来说，持有多少土地也被认为是他们经济实力的一个来源。由于土地拥有量与牲畜拥有量之间存在线性相关关系，因此我们样本中家庭的农田规模是从家畜和马匹的拥有量推断出来的。两个权力维度的要素被合并成5个社会权力层次，可以将这些社会权力层次缩减为反映收入分类的3个类别。[①]

奢侈品的所有权

我们用14个对象构建了一套指数，用来衡量奢侈品和新奇物品的扩散在利尔及其农村腹地的变化情况。最早使用指数法的是露易丝·格林·卡尔（Lois Green Carr）和洛雷娜·沃尔什（Lorena Walsh），他们测量了圣玛丽县（Saint-Mary's County，北美的英国殖民地马里兰）18世纪消费模式的变化。卡尔和沃尔什建立了一套生活福利设施指数，由12

---

① Bart Van de Putte and Andrew Miles, "Social Classification Scheme for Historical Occupational Data: Partner Selection and Industrialism in Belgium and England, 1800–1918", *Historical Methods* 38 (2005): 61–92; Bart Van de Putte and Erik Buyst, "Occupational Titles? Hard to Eat, Easy to Catch", *Belgisch Tijdschrift voor Nieuwste Geschiedenis* 40 (2010): 7–31; Bart Van de Putte and Patrick Svenson, "Measuring Social Structure in a Rural Context: Applying the SOCPO Scheme to Scania, Sweden (17th–20th Century)", *Belgisch Tijdschrift voor Nieuwste Geschiedenis* 40 (2010): 249–93.

种可以使生活更加富有乐趣的非必需品组成。[1]由于指数是一种粗略但却有效的工具，能够总体上反映在不同时期、不同地点和不同的社会群体中，所选择的物品在所有权方面存在什么差异。卡尔和沃尔什的方法很快被其他物质文化史学家所采用。[2]例如，在米舍利娜·鲍兰特（Micheline Baulant）对法国莫城（Meaux）地区的研究中，将86件物品分为5类（基本物品、私人生活品、慰藉物、奢侈品和文化精品），在此基础上构建了一套生活水平指数（indice de niveau de vie）。典型的新奢侈品，比如热饮（茶、咖啡、可可）、异国香料、陶瓷制品、酒杯、刀叉和绘画都属于文化精品（文明）这一类，而奢侈品这一类代表的是旧奢侈品，如马匹、马车和侍从之类物品。[3]不论建立哪种指数，其困难在于选择合适的物品。表12-2列出

[1] 他们的"福利设施指数"包括陶器、床单或桌布、餐刀、叉子、精美的陶器、香料、宗教和世俗书籍、假发、钟表或手表、画作和银器。Lois Green Carr and Lorena S. Walsh, "Inventories and the Analysis of Wealth and Consumption Patterns in St Mary's County, Maryland, 1658–1777", *Historical Methods* 13 (1980): 81–104; Lois Green Carr and Lorena S. Walsh, "The Standard of Living in the Colonial Chesapeake", *William and Mary Quarterly* 45 (1988): 135–59.

[2] Schuurman, "Things", 26–8.

[3] Micheline Baulant, "L'appréciation du niveau de vie: Un problème, une solution", *Histoire & Mesure* 4 (1989): 299–301. 研究中使用了与卡尔（Carr）、沃尔什（Walsh）和鲍兰特（Baulant）相似的指数，见Gloria L. Main and Jackson T. Main, "Economic Growth and the Standard of Living in Southern New England, 1640–1774", *Journal of Economic History* 48, no. 1 (1988): 27–46; Christian Dessureault, John A. Dickinson, and Thomas Wien, "Living Standards of Norman and Canadian Peasants, 1690–1835", in *Material Culture: Consumption, Life-Style, Standard of Living, 1500–1900*, eds. Anton Schuurman and Lorena Walsh (Milan: Università Bocconi, 1994), 95–112.

表12-2　利尔及其腹地所选取的奢侈品所有权的变化，1695—1795年

（单位：%）

物品	社会地位	城市				农村			
		1695—1719年	1720—1744年	1745—1769年	1770—1795年	1695—1719年	1720—1744年	1745—1769年	1770—1795年
烟囱布	低	37	56	62	31	0	3	18	19
	高	76	88	77	27	9	12	26	41
巧克力	低	0	5	0	0	0	0	0	0
	高	5	23	21	12	0	0	0	0
钟表	低	0	0	4	15	0	0	0	14
	高	11	10	13	35	0	3	13	48
咖啡	低	11	12	7	15	0	0	0	5
	高	16	35	36	62	0	2	0	17
代夫特陶器	低	70	76	60	88	38	58	39	62
	高	66	85	74	69	52	53	50	55
餐叉	低	19	49	73	73	17	13	30	76
	高	45	79	87	62	15	22	17	76
玻璃器皿	低	48	63	71	77	4	18	12	41
	高	68	87	92	73	24	34	24	52

续表

物品	社会地位	城市				农村			
		1695—1719年	1720—1744年	1745—1769年	1770—1795年	1695—1719年	1720—1744年	1745—1769年	1770—1795年
热饮	低	7	24	33	23	0	3	0	0
精制	高	32	71	59	42	3	2	4	3
镜子	低	93	80	71	77	8	13	18	22
	高	97	98	92	92	15	17	26	31
画	低	56	54	56	62	0	5	0	8
	高	84	88	74	88	12	9	9	17
银器	低	0	7	9	4	0	0	0	0
	高	34	27	23	19	9	3	2	3
香料	低	41	59	44	73	4	3	3	19
	高	66	90	74	81	15	12	22	24
亚麻	低	93	90	73	62	29	43	24	27
台布	高	97	100	95	96	36	45	39	52
茶叶	低	0	46	89	100	0	0	15	62
	高	5	88	97	100	3	3	35	79
锡器	低	89	83	82	85	67	50	45	70
	高	100	100	97	100	70	76	85	97

说明：地位较低的是低收入家庭，地位较高的是中等收入家庭和精英家庭。
资料来源：遗嘱认证清单样本 (sal, oa, nos. 1833–84; oG, nos. 72–4).

了我们奢侈品指数中所有的物品，考虑到当地的情况和我们资料的缺陷，我们对这些物品精挑细选。例如，假发就被排除在该指数之外，因为它们被认为是服装的一部分，而清单中经常对服装不予登记。此外，我们的指数形式最为简单。对所有物品赋予的权重都是一样的。在这套指数中，一把锡制的茶壶和一套由中国细瓷制成的精美茶具的值都是1。因此，指数的分值只反映新物品有没有新被采用。

图12-1显示以25年为间隔，从清单样本得来的城市指数和农村指数的平均数。实线表示所有家庭的平均数，误差线（error bar）一端为低收入家庭（下限）指数的平均指数，另一端为中等收入家庭和精英家庭（上限）指数的平均指数，误差线体现了

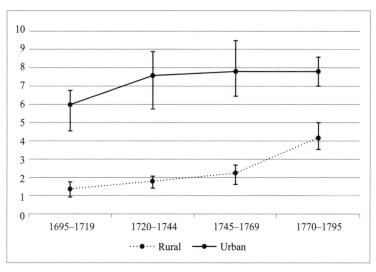

图12-1　利尔及其腹地奢侈品拥有量指数的平均数，1695—1795年

二者之间的差额。①图中显示，在18世纪，不论地理位置或社会
地位如何，指数总的来说都在增长。在农村地区，这种变化是逐
渐扩大的，到18世纪的最后25年间平均指数突然上升，相比之
下，城市指数在18世纪的第二个25年已经在快速上升，然而在此
之后却停滞不前。最终的结果是，用指数来衡量城市和乡村的权
力层次在一定程度上趋于一致。在18世纪的前25年，城市指数是
农村指数的4倍，但到了最后25年，城市指数只为农村指数的2
倍。一般来说，农村社会所有阶层的家庭都在其财产中都增加了
新物品，但与此同时，由社会所决定的差异依旧存在，甚至愈发
严重了。此外，在18世纪末，低收入的农村家庭（农业工人和拥
有一两头牛的小农）所拥有的物品种类更多，比一个世纪以前农
村中等收入家庭和精英家庭（拥有马的佃农、手工艺人、零售商
和少数公职人员）拥有的物品种类还要多。因此，农村平均指数
的差额从1.1上升到了1.5。在利尔镇，可以观察到相反的变化。
在18世纪第二个25年间，利尔镇的社会差距也扩大了，但此后，
低收入家庭——劳工和技术娴熟的工匠——与较为富裕的家庭、
零售商和自由职业者之间的差距有所减小。

　　从城市地区拥有银器数量的下降，以及热饮所用的壶、
杯、碟数量的大幅增加，旋即就能看出从旧奢侈品向新奢侈
品的转变。昂贵而又引人注目的银器是旧奢侈品的经典范

① 所有家庭平均指数得分遵循相同的轨迹，通常非常接近平均值。农村平均指数
得分从1695—1719年的1分上升到1710—1744年的2分以上，从1745—1769年的
2分上升到1770—1795年的4分。城市平均指数得分分别为6分、8分、8分和8分。

例。①银碟、芥末瓶、胡椒粉盒和撒盐罐传统上多见于取自城
市精英的财产清单，但是逐渐从他们清单的表格上消失了。
从18世纪的第二个25年开始，在城市的遗嘱认证清单中，奢
侈品的另外一些品类，如热饮（尤其是热茶）消费的证据很
快变得很常见。70%的农村清单里也出现了茶壶、茶杯和茶
托，但只是在18世纪的最后25年间才出现。在同一时期，咖
啡在镇上颇受欢迎，但当时用来制作咖啡的器具，以及用来
饮用咖啡的杯碟在农村的遗嘱认证清单中依然很少见。可可
的情况更是如此，在18世纪农村的清单上，它们渺无影踪，
在城里，也仅只是精英的逸乐。一般来说，在利尔及其农村
腹地，人们接纳热饮的过程与一般的西北欧模式相符：18世
纪第二个25年间在城市家庭中迅速普及，到18世纪末在农村
地区缓慢扩散。②利尔人也开始拥有盛放胡椒和其他异域香料

---

① Blondé and De Laet, "New and Old Luxuries".

② Lorna Weatherill, *Consumer Behaviour and Material Culture, 1660–1760* (London: Routledge, 1988), 88; Johan A. Kamermans, *Materiële cultuur in de Krimpenerwaard in de zeventiende en de achttiende eeuw: Ontwikkeling en diversiteit* (Wageningen: Afdeling Agrarische Geschiedenis, Landbouwuniversiteit, 1999), 121; Hester C. Dibbits, *Vertrouwd bezit: Materiële cultuur in Doesburg en Maassluis 1650–1800* (Nijmegen: Socialistiese Uitgeverij Nijmegen, 2001), 321, 326; Amy Barnett, "In with the New: Novel Goods in Domestic Provincial England, c. 1700–1790", in *Fashioning Old and New: Changing Consumer Preferences in Europe (Seventeenth-Nineteenth Centuries)*, eds. Bruno Blondé and Ilja Van Damme (Turnhout: Brepols, 2009), 83; Bruno Blondé and Wouter Ryckbosch, "Arriving at a Set Table: The Introduction of Hot Drinks in the Urban Consumer Culture of the Eighteenth-century Southern Low Countries", in *Goods from the East, 1600–1800: Trading Eurasia*, eds. Maxine Berg, Felicia Gottmann, Hanna Hodacs, and Chris Nierstrasz (Basingstoke: Palgrave, 2015), 309–27.

的容器，在乡村传播得并没有那么广泛，与茶和咖啡的情况
类似。

精美的釉面陶器是另一种典型的新奢侈品。它不仅比白
镴器皿便宜，而且由于装饰得色彩斑斓，更适合用来展示品
位。[1]到18世纪初，这种精美的陶器在利尔镇已经相当普遍
了。在农村，只是在逐步用这些陶瓷来补充粗陶器，尤其是锡
镴餐具的不足。尽管如此，在乡村的遗嘱认证清单出现细瓷器
的情况增加了63%，在收入境况较好的阶层的清单里，细瓷器
出现的次数尤其多。餐桌上使用玻璃器皿的情况也多起来了，
使得餐具更易碎。在餐具里，叉子又是一项创新，它与茶叶类
似，自18世纪第二个25年以来，在城市家庭里迅速传播，在
18世纪最后的25年里，农村人也在奋起直追，尽管速度十分
缓慢。

因此，在拥有新餐具的类型方面，城乡之间存在明显的
时滞性，但也存在一定的趋同性。就装饰品而言，恰恰相
反，城乡之间所存在的差异依然清晰可见。在18世纪，绝
大多数城市中等收入群体拥有一幅或多幅画作，这种情况在
农村却很少见。农村家庭更喜欢镜子、烟囱布和钟表，这种
偏好是18世纪末大约30%的农村人口所特有的，但就这部分
人的社会阶层而言，却主要集中在中等收入家庭和精英家庭
方面。

---

[1]　Blondé and Ryckbosch, "Arriving at a Set Table", 316–17.

购置的缘由

新奢侈品消费传播的社会和空间决定模式表明，仿效可能是驱使消费做出改变一个重要的推动因素。仿效的概念是尼尔·麦肯德里克（Neil McKendrick）关于"消费革命"（consumer revolution）开创性论述的基本要素，它借鉴了托斯丹·范伯伦（Thorstein Veblen）和格奥尔格·西梅尔（Georg Simmel）的研究成果。[1]他们两人都强调，下层社会的消费者都有社会抱负，激励着他们去模仿富裕阶层的炫耀性消费。这种仿效开启了新一轮的消费者创新：精英们去寻找新手段，将自己与那些社会底层的人区别开来。必须要指出，德·弗里斯对仿效颇有微词，认为购置新奢侈品最主要的动机是仿效。[2]德·弗里斯认为，家庭不应向上看，而应向前看。对他来说，推动消费者做出改变最重要的驱动力是创新，而不是模仿。这为非精英消费者留出了发挥的空间，也

---

[1] Neil McKendrick, John Brewer, and John H. Plumb, *The Birth of a Consumer Society: The Commercialisation of Eighteenth-Century England* (Bloomington: Europa, 1982), 9–33.

[2] De Vries, *Industrious Revolution*, 46–52. 还可以找到其他关于模仿驱动消费者变化的批评，见Stana Nenadic, "Middle-Rank Consumers and Domestic Culture in Edinburgh and Glasgow 1720–1840", *Past & Present* 145 (1994): 123–25; Marina Bianchi, "Taste for Novelty and Novel Tastes: The Role of Human Agency in Consumption", in *The Active Consumer: Novelty and Surprise in Consumer Choice*, ed. Marina Bianchi (London and New York: Routledge, 1998), 69.

为我们引出了马里纳·比安奇（Marina Bianchi）"主动消费者"（active consumer）的概念，将其作为理解农村家庭购置新奢侈品动机的框架。比安奇与提勃尔·西托夫斯基（Tibor Scitovsky）的观点一致，认为猎奇是消费者的天性。然而，新奇事物只有在外观上或功能上被人们熟悉了，才能普遍被人们接受。①

叉子的传播可以作为通过仿效来传播新奇事物的一个例子。据诺贝特·埃利亚斯（Norbert Elias）所言，在近代早期，宫廷里开始使用餐叉和其他新型餐具，开启了餐桌礼仪的"文明进程"（civilizing process）：从那一刻起，它慢慢地渗入到社会之中。事实上，17世纪初在布拉班特，布鲁塞尔的宫廷精英们似乎已经在居所开始使用餐叉了。②然而，仔细分析城市非精英家庭遗产认证清单中提到叉子的情况，可以发现在仿效的过程中还有其他因素在起作用：中低收入群体拥有

---

① Bianchi, "Taste", 74–6.

② Veerle De Laet, *Brussel binnenskamers: Kunst-en luxebezit in het spanningsveld tussen hof en stad, 1600–1735, Studies Stadsgeschiedenis 8* (Amsterdam: Amsterdam University Press, 2011), 151–2, Bruno Blondé, "Tableware and Changing Consumer Patterns: Dynamics of Material Culture in Antwerp, 17th–18th Centuries", in *Majolica and Glass from Italy to Antwerp and Beyond: The Transfer of Technology in the 16th–Early 17th Centuries*, ed. Johan Veeckman (Antwerp: Stad Antwerpen, 2002), 298–9, 301; Bruno Blondé, "Cities in Decline and the Down of a Consumer Society: Antwerp in the 17th–18th Centuries", in *Retailers and Consumer Changes in Early Modern Europe. England, France, Italy and the Low Countries*, eds. Bruno Blondé and Ilja Van Damme (Tours: Presses Universitaires François-Rabelais, 2005), 43–4.

的餐叉不是用银制，多数情况下是用锡镴制成的。[1]在研究热
饮消费的演变时，也必须对类似的社会因素加以考量。尽管在
18世纪初，可可是利尔城市精英圈子里首选的饮料，但在社
会阶层中蔓延开来的不是昂贵的可可，而是便宜的茶叶，后来
还有咖啡。因此，不仅品位在起作用，收入和财富也在起作
用。在城市精英的遗产认证清单中，越来越频繁地提及由中国
或日本的瓷器制成的，精致、昂贵、繁丽的茶具，这也表明，
精英阶层希望通过使用如此繁复而又昂贵的茶具，将自己与地
位较低的家庭区分开来。[2]这些例子不仅说明新旧奢侈品之间
的二分法远不止这么简单，而且还表明，中低收入群体获取奢
侈品的行为不仅仅是由社会抱负所决定的，还取决于收入和财
富等其他因素，餐具就是如此。[3]

　　小农和农业劳动者的清单中也几乎没有多少证据，能够为
这种简单的模仿过程提供支撑。例如，牛奶壶、糖盅和涤方
（spoelkommen）在茶叶的仪式化应酬消费中起着重要作用，
但在小农和农业劳动者的家中却几乎完全见不到这些东西。因
此，我们提出这样一个假设：必须在传统农村生活方式的框架

---

[1]　在城市精英阶层中，使用银质餐具的比例为68%，在中低收入群体中，使用
　　银质餐具的比例分别为29%和9%。在农村，几乎没有遇到过银叉子。另见De
　　Laet, *Brussel binnenskamers*, 151–2; Ryckbosch, "A Consumer Revolution", 246–7.

[2]　Jon Stobart, *Sugar and Spice: Grocers and Groceries in Provincial England, 1650–
　　1830* (Oxford: Oxford University Press, 2012), 242–53; Blondé and Ryckbosch,
　　"Arriving at a Set Table", 315.

[3]　Blondé and De Laet, "New and Old Luxuries", 50–1.

之内，来理解18世纪后期以来新奢侈品在农村缓慢的扩散过程。约翰·斯泰尔斯（John Styles）认为，在18世纪的英国乡村人们采用式样新颖入时的服装，这依旧与节日的日程安排有着千丝万缕的联系。[1]在当时的目击者对哈布斯堡王朝统治下荷兰日常生活的叙述中，我们也经常会发现这样的评论：奢侈品的消费，尤其是新奢侈品的消费，在礼拜日、盛大的节日和一年一度的露天市集（Kermess）上是大事。这些奢侈品不仅包括衣服，还包括特殊的食物和饮品。

法国神甫阿兰·勒内·勒萨日（Alain Rene Lesage，1668—1747年）在18世纪访问过布拉班特的农村，他注意到，只有在礼拜日和庆祝活动期间，乡村家庭才会穿上他们最好的衣服去教堂参加弥撒，之后去光顾小酒馆，[2]他没有详细说明他们衣服的外观。从意大利伯爵和统计学家乔瓦尼·阿里瓦贝内（Giovanni Arrivabene）的文章中可以明显看出，他们正在慢慢采用具有新奢侈品特征的布料，比如棉花。阿里瓦贝内提到，农村劳动者的妻子在工作日期间会着羊毛料或亚麻布服装，但到了礼拜日，她们逐渐开始穿棉质衣服，戴便帽，

[1] John Styles, "Custom or Consumption? Plebeian Fashion in EighteenthCentury England", in *Luxury in the Eighteenth Century: Debates, Desires and Delectable Goods*, eds. Maxine Berg and Elizabeth Eger (Basingstoke: Palgrave, 2003), 103–15; John Styles, *The Dress of the People: Everyday Fashion in Eighteenth-Century England* (New Haven and London: Yale University Press, 2007), 319.

[2] Rita Van Damme, "De Zuidnederlander in reisverhalen van de tweede helft van de achttiende eeuw (1748–1795)" (unpublished Master's thesis, Leuven, 1964), 124.

披围巾或斗篷。^①我们关于利尔农村腹地财产清单的典型证据证实，最好的衣服都留到星期天穿。^②证据还显示，农业劳动者和小农的妻子们到18世纪末已经拥有了诸如围裙、帽子、围巾之类的棉质服装配饰。

每逢礼拜日，跟工作日比起来他们不仅衣着更为华美，饮用的啤酒也更为甘醇，入口的食物也愈发美味。甚至在整周之内，农村地区日常食物的质量总体上都有所改善：黑麦面包、黄油、牛奶和土豆越来越多。在礼拜日，农村人也开始定期食用肉类，尤其是咸猪肉。然而，根据前述阿里瓦贝内的说法，农业工人只能在一年一度的露天集市上才能吃到新鲜牛肉和小麦面包。^③我们没有发现有文献明确提及在这些场合所使用餐具的是什么材质，但是在遗嘱认证清单中，我们确实发现了与日常使用精陶器说法不尽一致的证据。在乡下，

---

① Giovanni Arrivabene, "Enquête sur l'état des paysans de la commune de Gaesbeek", *Recueil encyclopédique belge* 4 (1834): 239.

② 例如，"丈夫穿了件带银纽扣的外套去教堂，这是他最好的穿着"（'Item de man zoals hij op zijn best naar de kerk gaat met enige zilveren knopen aan zijn kamizool'), sal, oG, no. 73 (7 August 1752).

③ Charles Joseph Fortune d'Herbouville, *Statistique du département des DeuxNèthes* (Paris, 1802); Jan Lodewijk Van Aelbroeck, *Werkdadige landbouw-konst der Vlamingen, verhandeld in zes zamenspraken, tusschen eenen grond-eigenaar en zijnen pachter* (Gent, 1823), 93; Joseph Fernand de Lichtervelde, *La bêche, ou La mine d'or de la Flandre oriental: Ouvrage, ou l'on trouve les détails des principes suivis de culture, de l'emploi des engrais, de l'éducation du bétail, de gouverner les laitages, ainsi que de tous autres objets pratiques* (Gent, 1826), 34; Arrivabene, "Enquête", 246.

估价师多数是在碗碟洗涤室（op de mose）遇到粗陶器的。在农村的财产清单里有精陶器的前提下，精陶器出现在洗涤室的情况仅占6%。因此，我们可以合理地推测，如果居所里有这样的细陶器，节庆的时候就可以把这些细陶器从架子上取下来。

　　本研究中所举的例子说明，农村地区对新奢侈品的消费是如何被限定在特殊场合的，并且，我们对这类物品独特的社交性因素予以强调。小酒馆紧邻教区的教堂，是乡村生活的核心。①当时的亲历者指出，布拉班特的农村人口在去教堂做完礼拜之后，一般都喜欢频繁光顾村里的小酒馆，也喜欢在那里长时间逗留。②汉斯·梅迪克（Hans Medick）等人强调，通过公开的社交活动，通过在这些场合展示奢侈品和炫耀性消费，进而对农村低收入群体的社会文化生活进行再生产，这个过程至关重要。③外国游客同样也注意到，在布拉班特的农村，人们对于在公共场合露面非常在意。④因此，我们似乎有

----

① Robert Muchembled, "De kroeg als trefpunt", in *België in de 17de eeuw: De Spaanse Nederlanden en het prinsbisdom Luik*, ed. Paul Janssen (Gent: Dexia Bank; Snoeck, 2006), 355–62.

② Thomas De Wolf, "De visie van reizigers op Brabant en Mechelen (1701–1800)" (unpublished master's thesis, Gent, 2004).

③ Peter Kriedte, Hans Medick, and Jürgen Schlumbohm, *Industrialization before Industrialization: Rural Industry in the Genesis of Capitalism* (Cambridge: Cambridge University Press, 1981), 64–73.

④ De Wolf, "De visie".

理由认为，农业劳动者和小农之所以会购置新奢侈品，在很大程度上是因为他们渴望在礼拜天和喜庆盛事的时候去维护自己在社区中的地位。[①]

结论

在18世纪，商业网络的拓展和劳动力的市场化发展使得城乡家庭可获得的商品的范围扩大了。像热饮这类新奢侈品在那个时候仍旧是城市家庭的特权，但已经明显在向农村地区蔓延了，只不过传播得十分缓慢，到18世纪末，这种奢侈品甚至已经传到了一些农业劳动者和小农的家里。更精致的陶器和玻璃餐具成为农村富裕家庭物质财产的一部分，甚至也成为一些农村劳动者和小农物质财产的一部分，尽管速度要慢一些。这样的话，布拉班特的农村阶层就与文献中显现的西北欧的一般模式相符。

然而，最近的研究强调，在农村和城镇购买新奢侈品的动机因社会地位不同而存在差异。对于城市高收入群体来说，新奢侈品发挥了奢侈品消费的旧功能，是与低收入群体进行区分的一种手段。另一方面，对于大多数农村人口来说，新奢侈品仍然牢牢扎根于他们传统的社会交往中。对这个群体而言，由

---

① Alan Hutchinson, "Consumption and Endeavour: Motives for the Acquisition of New Consumer Goods in a Region in the North of Norway in the 18th Century", *Scandinavian Journal of History* 39, no. 1 (2014): 27–48.

旧奢品向新奢侈品的转变已经融入到了他们的社会传统当中：经常去教堂，在小酒馆里寻欢作乐，并且会参加村里的庆祝活动，这些都是主要的决定因素。但是他们确实开启了一个商品和纵乐的新世界。在这种情况下，传统并没有抑制创新。

（约翰·普肯斯[①]、赫尔曼·范德尔·维[②]）

[①]　约翰·普肯斯（Johan Poukens），安特卫普大学（University of Antwerp）商业与经济学院会计与金融系副教授。

[②]　赫尔曼·范德尔·维，比利时鲁汶大学的名誉教授，1955年被任命为讲师，1969年晋升为正教授。他在货币金融史和社会史的定量分析方面进行了开创性的研究，广泛研究了饥荒、就业、食物、生活水准和贫困。他是许多比利时和国际组织的成员，这些组织包括英国皇家科学院（Royal Academy of Science）、艺术和美术学会（Arts and Fine Arts of Belgium）、荷兰皇家艺术与科学院（Royal Netherlands Academy of Arts and Sciences），以及英国国家学术院（British Academy）。1986年，他被推选为国际经济史协会会长。1994年，他被比利时国王授予男爵头衔。

第十三章

帝国的线索：
"盎格鲁-世界"的土著器物和物质生态
（约1780—1920年）

帝国的线索能够将人物和场所联系在一些，样式五花八门。我所关注的是那些不太有名的物料。与工业品和帝国的产品，比如棉花相比，它们的运输量并不大。首先，请让我描绘一下这个情境：霸权的物质文化跨越了"盎格鲁-世界"，甚至走得更远。詹姆斯·贝里奇（James Belich）将"盎格鲁-世界"一词定义为语言和风俗一致的宗主国和殖民地。[①]到19世纪，来自种植园和工厂的棉花定义了这个时代，它是工业革命错综复杂的关系中的一部分，在时间和空间上都是重要的典

---

①   James Belich, *Replenishing the Earth: The Settler Revolution and the Rise of the Anglo-World* (Oxford: Oxford University Press, 2009).

范。①成为盎格鲁-世界网络标识的一般性工业线索，是理性、
机械化、标准化、效率和利润的成果，建立在资本投资、奴隶
和聘用劳动，以及帝国结构的基础之上，当时的英国人称其是
"举世无双的"。②新出现的生产技术意义深远，它们使帝国的
政策得以巩固，之后，一代又一代的经济史学家汲汲以求，
都将注意力集中在工业和技术方面的丰功伟绩上。直到20世
纪90年代，过去的史学才断断续续地对妇女和儿童在这种情
境下所扮演的角色予以重视，与此类似，妇女和儿童在增进
了的消费实践中所起到的作用最近才受到重视。③这些种植园

---

① Giorgio Riello and Prasannan Parthasarathi, eds., *The Spinning World: A Global History of Cotton Textiles, 1200–1850* (Oxford: Oxford University Press, 2009); Beverly Lemire, *Cotton* (Oxford: Berg, 2011); Giorgio Riello, *Cotton: The Fabric That Made the Modern World* (Cambridge: Cambridge University Press, 2013); Sven Beckert, *Empire of Cotton: A Global History* (New York: Vintage Books, 2014); Robert Duplessis, *The Material Atlantic: Clothing, Commerce, and Colonization in the Atlantic World 1650–1800* (Cambridge: Cambridge University Press, 2015); Beverly Lemire, *Global Trade and the Transformation of Consumer Cultures. The Material World Remade, c. 1500–1820* (Cambridge: Cambridge University Press, 2018), chapters 2 and 3.

② *Aberdeen Magazine, Literary Chronicle, and Review 1 (1788–90)* in *The British Cotton Trade, 1660–1815*, 4 vols, ed. Beverly Lemire (London: Pickering and Chatto, 2010), 4: 201.

③ Ivy Pinchbeck, *Women Workers and the Industrial Revolution* (London: Routledge, 1930); Maxine Berg and Pat Hudson, "Rehabilitating the Industrial Revolution", *Economic History* Review 45, no. 1 (1992): 24–50; Maxine Berg, *The Age of Manufactures 1700–1820: Industry, Innovation and Work in Britain,* 2nd ed. (London and New York: Routledge, 1994), especially chapter 7; Jan de Vries, *The Industrious Revolution: Consumer Behavior and the Household Economy 1650 to the Present* (Cambridge: Cambridge University Press, 2008); Jane Humphries, *Childhood and Child Labour in the British Industrial Revolution* (Cambridge: Cambridge University Press, 2010).

和工业体系也重新定义了物质生态，这一点相当重要。纤维和织物作为帝国生命力的一部分被人加以调遣，这是一个由针线和布匹组成的巨大产业，由此产生了一个非同寻常的物质生态系统。[1]经济史应该扩大自己的关注范围，以便更充分地解决社会和历史生态问题，而在历史文物和独特的生产、消费体系中，是能够反映出这些生态问题的。

　　将新兴工业体系的产品与杂交的本土造来做比较，而它们都是通过这些相同的网络来进行传播的。笔者重点研究的是北美洲北部被殖民的原住民为市场生产的各色商品，这些商品商业流通的规模远比从工厂倾泻而出流向市场的规模要小。然而，这些独特的物品使盎格鲁-世界的物质生态更为多样，这种多样性关紧要，而人们对其尚未充分加以评定。此外，本土与西方制造商在文化方面迥然不同，这些物品使本土在文化上占据了优先权。本章对这些产品和它们的意义进行初步的探讨：到20世纪，随着美洲原住民社区陆源生态系统和本土知识体系的发展，艺术品和工艺品的流通量不断增加。上一代艺术史学家展示了本土创作物重要的艺术技巧。[2]在世界范围内

---

[1]　Riello, *Cotton*.

[2]　Ruth B. Phillips, *Trading Identities: The Souvenir in Native North American Art from the Northeast, 1700–1900* (Montreal and Kingston: McGill-Queen's University Press, 1998); Janet C. Berlo and Ruth Phillips, eds., *Native North American Art*, 2nd ed. (New York: Oxford University Press, 2015); Cynthia Lamar Chavez, Sherry Farrell Racette, and Lara Evans, eds., *Art Is Our Lives: Native Women Artists in Dialogue* (Santa Fe: School for Advanced Research Press, 2010).

引人注目的媒质，其品类已经扩展到了欧亚纤维、纺织品和具有美感的材料之外，将雪松木、桦树皮、豪猪棘刺和驼鹿毛等北美物品包含在内。认识到在有史以来在盎格鲁-世界，包括在英国本身和其他欧洲国家中流通的商品，这很重要。对本土制造的时兴式样、家具陈设和附件配饰进行交易，使产品从离散的物质生态系统转移到了帝国的体系当中。本土制造的时兴式样体现了知识的生态状况，而且这些物品主要由女性制作，意味着"非凡的知识、技术和艺术遗存"。[①]作为反抗殖民主义的象征，这些商品具有政治影响力，它们以新的形式表现出所应用的传统知识，坚定地参与到国际市场中，给买者带来多样的闲适逸乐，通过商品本身的"印第安特性"带给买者的乐趣尤甚。此外，在逐渐收紧的帝国和殖民地行政机构中，这些流行风尚是经过精心打造的。

令人困惑的媒介和新颖的时尚

几个世纪的全球化贸易对产品流动起到了推动作用，丰富了人们的物质生活。事实上，这些产品中有许多来自土著和非

[①] Sherry Farrell Racette, "Looking for Stories and Unbroken Threads: Museum Artifacts as Women's History and Cultural Legacy", in *Restoring the Balance: First Nations Women, Community, and Culture*, eds. Gail Guthrie Valaskakis, Madeleine Dion Stout, and Eric Guimond (Winnipeg: University of Manitoba Press, 2009), 285.

西方的社群，它们是全球化的附属品，被人们转变成了商品，随着时间的流逝，又在新的区域被本土化。曾经的"外国"物品，在日常生活中被人所接纳，甚至成为必要成分，诱发出人们的各种习性，从而使多样的世界区域得以形成：[1]在一些地区，烟草、棉花、茶叶和食糖能集中体现这一点；在另一些地方，红木、丝绸、玳瑁、甲虫翅膀和象牙是其代表。物品的清单很长，触及各个阶层的人们，并且确立了新的品位标准。埃里卡·拉帕波特（Erika Rappaport）观察到，茶叶就是"英国对土地、劳动、口味，以及生活在世界各地数百万人的日常习惯施加影响"。[2]在英国，这与"让人安闲舒适"有关，这个概念由凯瑟琳·霍尔（Catherine Hall）和索尼娅·罗斯（Sonya Rose）提出，它的物质性前提是"在不平等的权力关系背景下……全球范围内的联系"。[3]通过物质文化，通过商品经由全球商业和帝国基础设施的流通，可以体现出这些戒律，由此产生的集合，通常是由精英和政治家进行排序，不一定以制造者的技能或事物本身的质量为前提。帝国居民对待事物的方式，通常与整个西方的人类等级体系理论联系在一起，

[1] Maxine Berg, *Luxury and Pleasure in Eighteenth-Century Britain* (Oxford: Oxford University Press, 2005).

[2] Erika Rappaport, *A Thirst for Empire: How Tea Shaped the Modern World* (Princeton: Princeton University Press, 2017), 6–7.

[3] Catherine Hall and Sonya Rose, "Introduction: Being at Home with the Empire" in *At Home with the Empire: Metropolitan Culture and the Imperial World*, eds. Catherine Hall and Sonya Rose (Cambridge: Cambridge University Press, 2006), 5.

这些理论包括"种族"理论和"白种人"理论。①来自非西方地域和非西方知识体系的艺术，尤其是那些来自定居者殖民主义地区的艺术，往往会引起人们的反应，而这些反应根植于帝国所热切的急务。②尽管如此，被殖民的土著民族所制造的商品其流通与一般的种族主义或帝国主义政策相背离。北美殖民地涌现出来的本土艺术品和商品，使盎格鲁-世界的物质生态更加复杂繁难，尤其是在英国，这种情况更加严重。

笔者在历史语境下使用了"物质生态"（material ecology）一词，对"生态"的概念进行了延伸，因为正如蒂莫西·莱肯（Timothy LeCain）所言，"当代的'生态'概念太过狭隘"。莱肯指出，人类与事物的互动"的确改变了我们的大脑和身体，或者我们与强大的事物共同进化，并与其纠缠在一起，或者仅仅是文化和物质以各种意想不到的方式混合在一起，彼此密不可分"。③蒂莫西·莱肯要求历史学家要留意更具多样性的现象，比如艺术、烹饪和音乐，以"更加关注物质环境变化的历史"。④土著本体论也包含着更为广泛的"物质"

---

① Nell Irvin Painter, *The History of White People* (New York: W.W. Norton & Company, 2010), esp. chapter 5.

② Charles Dickens reflected these racialist theories, discussed in Coll Thrush, *Indigenous London: Native Travelers at the Heart of Empire* (New Haven: Yale University Press, 2016), 9–10.

③ Timothy J. LeCain, The Matter of History: *How Things Create the Past* (Cambridge: Cambridge University Press, 2017), 128.

④ LeCain, *Matter of History*, 133.

律例，①经济史学家也必须能够对这些动态做出解释。

美洲的土著民在与众不同的自然生态和文化知识体系中制作物件，其结果是，在装饰物方面形成了许多传统，欧洲人最初对此并不了解。雪莉·法雷尔·拉塞特（Sherry Farrell Racette）描述了许多现在被摆放在博物馆里的物品："是经过知识编码的物品，尽管有时高深莫测，晦涩难懂……但博物馆的藏品通过色彩和设计的力量，不仅呈现出了强大的审美效果，而且还揭示了有关诞生它们的地域和环境的重要信息。"②豪猪刺（经过染色和压平）、驼鹿毛（着色绚烂夺目）、塑形过的树皮，再加上形形色色的毛皮（有的质软，有的坚硬），这些资源都被人们用来制造贸易所用的商品。美洲原住民对原材料的理解，是从动物、岩石或者植物的精神层面来加以领会，尽管只有"一些"是有生命的，一位奥吉布瓦（Ojibwa）的年长者如是说。③拉塞特指出，在土著社区中，"妇女有责任（通过她们的艺术作品）以视觉的方式将这种尊重呈现出来"。④参与制作这些商品的，多数情况下是女性劳动力，她们也依赖代代相传的知识，知悉如何对资源善加利用，来产

① David C. Posthumus, *All My Relatives: Exploring Lakota Ontology, Belief, and Ritual* (Lincoln: University of Nebraska Press, 2018).

② Racette, "Looking for Stories and Unbroken Threads", 285.

③ Alfred Irving Hallowell, "Ojibwa Ontology, Behavior, and World View" in *Readings in Indigenous Religions*, ed. Graham Harvey (London: Continuum 2002), 362.

④ Racette, "Looking for Stories and Unbroken Threads", 287.

生最令人满意的结果。尽管殖民地化的压力急剧增加，但随着
设计美学的发展，适合制造商、定居者和大都会市场口味的技
术仍然存在。露丝·菲利普斯（Ruth Phillips）认为："原住
民为了使自己的商品更能迎合潜在买家的口味和欲望，他们学
习了关于物件的新语汇，也学习了协商种族差异符号学的新方
法。"①当地的生产者掌控着一场关于物质的对话。②

　　这个创新的过程，可以从维多利亚和阿尔伯特博物馆
（Victoria and Albert Museum）里大约1700年左右的一个被
描述为"法式"的皮夹中一窥端倪。它的部件反映出对欧洲和
本土的材料与技术有所借鉴，这个特别的配饰将白色绸缎、丝
质绣线和豪猪棘刺组合在了一起，闪闪发光。在东北海岸、圣
劳伦斯和五大湖这些地区，土著民非常擅长制作羽饰，而欧洲
人最初对这些毛饰品颇感困惑。新法兰西（New France）的
耶稣会士在17世纪早期的书信中描述了这种媒介。③1639年，
法国乌尔苏拉修女会（Ursuline Sisters）在魁北克市（Quebec
City）建立了一座修道院，她们是一个非常著名的女性宗教团
体，与邻近的土著群体合作，执行的是象征皈依的物质标准。
修女们本身就是娴熟的刺绣师，她们所使用的，是欧洲女性中

---

① Phillips, *Trading Identities*, 261.

② Lemire, *Global Trade*, chapter 6.

③ Reuben Gold Thwaites, ed., *The Jesuit Relations and Allied Documents: Travels and Explorations of the Jesuit Missionaries in New France 1610–1791*, vol. 1, *Acadia 1610–1613* (Cleveland: The Burrows Brothers, 1898), 279.

常见的元素：丝绸、珠子和金线。她们的土著学生按照自己装饰的侧重点对这些材料做了调整，由此产生了一种混合物。[①]在这些声名卓著的乌苏拉修女中，有一位是圣·玛莉·马德莲嬷嬷（Mère Sainte-Marie-Madeleine），她出生于1678年，父亲是法国人，母亲是温达特（Wendat，休伦族，Huron）人。她掌握了两种文化的媒介，并且"利用闲暇时间教授年轻人在丝绸、金饰和树皮上刺绣"。[②]法式皮夹是交流和创新的纪念物，而我们就是在上述的环境背景中对其作出评价。[③]

　　无论这个皮夹是否由美洲原住民制造，它的毛饰物都是本土的物质文化和物质生态的象征。这个配饰还显示，人们在审美上重视光亮闪耀的物件，这是北美东北部的原住民一项弥足珍贵的特色。在这个皮夹上，人们将缎子、丝质绣线和豪猪棘刺组合在了一起，基于此，将上述特征明确地表达出来。[④]重要的是，这个时尚物件将本土的知识带到了更为广阔的领地之内。它表明，通过土著妇女所完成文化成果，简单的殖民分类遭到了破坏，帝国体系内部物质的多样性有所增加。自18世

---

① Natalie Zemon Davis, *Women on the Margins: Three Seventeenth-Century Lives* (Cambridge, Ma: Harvard University Press, 1995), 96–7.

② Quoted in Phillips, *Trading Identities*, 106.

③ 同上，第106–107页。

④ 同上。George R. Hamell, "Strawberries, Floating Islands, and Rabbit Captains: Mythical Realities and European Contact in the Northeast during the Sixteenth and Seventeenth Centuries", *Journal of Canadian Studies/Revue d'Etudes Canadiennes* 21, no. 4 (1986): 75–6.

纪末以来，无数实用且又时尚的物件上都以毛饰物为特色，对家庭和社区而言，这些商品日益成为他们重要的收入来源。由土著妇女承担这些具有装饰性的生产任务，后来有一位对这些艺术品颇为痴迷的美国人对其中的细节进行了描述："对棘刺进行分类和上色，在烧熟的皮子或者桦树皮上描摹设计图样……（并且）刺绣工作完全由（土著）妇女承担……有技术的，或有绘画天赋的妇女会用写意的方法临摹一幅图案，只不过她要先测量了一下尺寸，以便使图案的位置和比例恰到好处。有些人甚至会设计图案，会设计样式、搭配颜色，并且，在刺绣的过程中会将上述几个方面呈现出来。"①

经常将羽饰用在毛皮和桦树皮上，制作出独特的物品类型，其装饰图案会随着时间的推移而发生改变。在重要的学术研究中，人们已经对近代早期和近代时期亚洲对欧洲物质文化和设计所产生的影响进行了阐释。②因为影响是多向度的，因此，我们应该做出同样的努力，来剖析针对同一时期来自美洲

---

① James Mooney (Ethnologist, Smithsonian Institution, 1885–1921), "Note", in "History of the Savage Peoples who are Allies of New France; by Claude Charles Le Roy, Sieur de Bacqueville de La Potherie", in *The Indian Tribes of the Upper Mississippi and Region of the Great Lakes*, vol. 1, ed. Emma H. Blair (Cleveland: Arthur H. Clark Company, 1911), 327, n220.

② 马克辛·伯格在这些修订中表现突出。Maxine Berg, Felicia Gottman, Chris Nierstrasz, and Hannah Hodacs, eds., *Goods from the East, 1600–1800: Trading Eurasia* (London: Palgrave, 2015); Maxine Berg, *Luxury and Pleasure*; Maxine Berg, "In Pursuit of Luxury: Global History and British Consumer Goods in the Eighteenth Century", *Past & Present* 182 (2004): 85–114.

的土著材料所采取的复杂的干预措施。虽然本土制造的商品在数量上无法与其他美洲或亚洲交易的大宗商品相比拟，但土著产品意韵深长，它们激起的反应需要引起人们的注意。例如，众所周知，北美原住民用树皮这种物质来制造远距离行驶的独木舟，"其中一些……能够装载两吨（货物）"，[1]桦树皮还发挥了其他作用，被用来制作纪念品和创造时尚的概念。[2]到18世纪90年代末，当爱尔兰人艾萨克·维尔德（Isaac Weld）在五大湖及圣劳伦斯河周围的殖民政体游览时，他对自己所看到的刺绣赞不绝口："她们的鹿皮软鞋（moccasin）和其他服饰上的刺绣图案说明，妇女们别出心裁，在这方面并不比男性逊色。他们由豪猪羽饰制成的工艺品，在任何一个欧洲国家都能得到人们的赞赏。"[3]殖民地定居者凯瑟琳·帕尔·特雷尔（Catherine Parr Traill）是一位作家，也是一位英国退休官员的妻子，和她的丈夫定居在现在的多伦多以北的地区，她也详细叙述了可以从当地的阿尼希纳贝格人（Anishinaabeg）——也有奥吉布瓦人（Ojibwa）等名号——那里能够能得到的商品的范围。特雷尔的例子表明，殖民者对于生产和销售商品的

---

① Isaac Weld, *Travels through the States of North America, and the Provinces of Upper and Lower Canada, during the years 1795, 1796, and 1797*, 2nd ed., vol. 1 (London: John Stockdale, 1799), 318.

② Phillips, *Trading Identities*, 106–7.

③ Isaac Weld, *Travels through the States of North America, and the Provinces of Upper and Lower Canada, during the years 1795, 1796, and 1797*, 3rd ed., vol. 2 (London: John Stockdale 1800), 259.

土著妇女五味杂陈，尽管她们所制造的商品在质量上得到了认可。在她的评论中，种族主义充斥其间："美洲印第安女人（squaws）①的许多手工制品都非常精巧。我们发现，他们的桦树皮篮子有多种用途，非常方便。我的面包篮、刀盘、糖篓，都使用了这些不起眼的材料。如果用染色的棘刺来装饰和制作花样，我可以向你保证，它们非常优雅……印第安人熟悉各种各样的染料，他们用这些染料来给那些更为优美的手提篮和豪猪棘刺染色。我们的客厅里就装点着好几件经由她们如此巧思制成的样品，非常漂亮，满足了便签、文书夹、花架和工具筐的功用。"②

在图13-1中，是一个用染色的豪猪棘刺装饰的托盘，由几何图案构成，它是伦敦的维多利亚和阿尔伯特博物馆收藏的一件物品。这个托盘名不见经传，它来自哪个社区，人们现在尚不知晓，但十有八九是由如今的加拿大东部地区的一位手艺人制成，比如说米克马赫人（Mi'kmaq），他们居住在加拿大和美国的大西洋地区，米克马赫妇女非常擅长制作毛饰物。在大西洋世界各地的博物馆中，保存着幸存下来的羽饰商品，其中包括做装饰用的大号家具，这证实了为市场生产的产品非常多样。在图13-2中，是一个样式截然不同的托盘（或盘子），

---

① 常含冒犯之意。——译者注

② Catherine Parr Traill, *The Backwoods of Canada: Being Letters from the Wife of an Emigrant Officer Illustrative of the Domestic Economy of British America ...* (London: C. Knight, 1836), 68, 169.

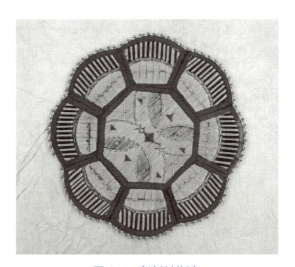

图13-1 豪猪棘刺托盘

注:产自加拿大,大约在1830—1872年由不知姓名的本土手工艺人制作。

图13-2 托盘(桦树皮和染色驼鹿毛)

注:来自美国的学校,约1840年制成。

由桦树皮制成，上面有引人注目的动植物，还有由染色驼鹿毛构成的象征性设计，十分醒目。

定居者和美洲土著居民皆纵享烟斗之乐，在图中也将其异想天开地呈现了出来。中央广场上的那只狼也很显眼，在它的两爪中间，有一只小鸟。狼被赋予了强大的属性（勇气、忠诚和力量），并且在许多土著社区中，它是氏族共同的姓氏（clan name）。鸟类有时被认为携带着来自造物主的信息。在这件艺术品中，实用性和符号化的复杂性合而为一，表明了美洲土著居民所面临的挑战，以及他们面对这些压力所作出的反应，他们采用的设计方式不太可能被殖民地的消费者所理解。尽管如此，这些艺术品依旧有广阔的市场。这件作品是皮博迪·埃塞克斯博物馆（Peabody Essex Museum）藏品的组成部分，大约可以追溯至1840年。这类物品昙花一现，但在公共博物馆和英国的私人收藏中都有留存，通常没有标明出处，它们表明本土制造的物品有"反向流动"的货流，而对这种交易的研究还很少见。就美洲土著居民制造的商品而言，其总体流动方向与帝国制成品的潮流背道而驰——因此，它是一种逆向流动的产品。[1]图13-3中，一个来自曼彻斯特博物馆的心形针垫就

① 作者使用"逆流"这个词的方式类似于迈克尔·费舍尔（Michael Fisher），他描述了印度人从次大陆到英国的逆流。Michael Fisher, *Counterflows to Colonialism: Indian Travellers and Settlers in Britain, 1600–1857* (Delhi: Permanent Black, 2004).露丝·菲利普斯（Ruth Phillips）首先指出了这些商品流向英国的情况。Phillips, *Trading Identities.*

图13-3 细长的心形针垫

注：正面是桦树皮，绣着四种颜色的驼鹿毛，背面是深红色的丝绸，用淡黄色的驼鹿毛包边，1770—1800年。

是这类物品的典型代表，它在帝国的日常环境中找到了自己的市场定位，但现在我们不知它出于何人之手。针垫的正面是树皮，上面用染过颜色的驼鹿毛绣成了精美的花卉图案，背面是深红色的丝绸。这件小小的家用装饰品大约可以追溯至1800年，它可能是一件礼品，也可能是一件货物，被人放置在箱子里，从北美运到英国最终用户的手里。[①]这件针线活表明，土著女性在技能上具有文化连续性，制造者群体在策略上富有创意。

———————————

① 细长的心形针垫。普拉特·霍尔服装画展（Platt Hall Gallery of Costume），曼彻斯特艺术画廊（Manchester Art Gallery），1982，325。

羽饰、树皮物件和驼鹿毛刺绣需要土著男女共同发挥各自的技能，来获取动物、植物和树木，并将这些元素投入使用。无法将这些过程进行机械化。另外，要处理的材料其物理属性通过深厚的传统知识中得以显现，染料就是如此，它能产生"可想见最美丽、最绚烂的色彩"，艾萨克·维尔德关于1800年的论述就证实了这一点。他指出，"其中许多（染料）仍旧不为（欧洲人）所知，许多药物也是如此，这些药物有时药效奇绝。他们的染料和药物全部取自蔬菜。①驼鹿毛刺绣用的是鬃毛或脸颊上的硬毛，一般有5~13厘米长。这些毛发被捆绑成束，经过染色后，又被用在布料、树皮，或者兽皮上，依照设计，将其缝成细密的针脚。欧洲人对这些商品有赞誉、有困惑，同时，这些商品也激起了他们强烈的好奇心。

在维尔德的记述一个世纪之后，另一位欧美裔男子目睹了这个物件，称其"独具匠心"，这种评论被西方观察家屡屡提及。人们对传统的染色技术守口如瓶，他对此甚为不满。②当地的艺术作品沿着盎格鲁-世界的网络流转着，使得对这些物品的需求得以增加。孕育这些商品的物质生态和文化传统，与从英国工厂倾泻而出的成捆布料形成了鲜明的对比。19世纪

---

① Weld, *Travels through the States of North America*, 3rd ed., vol. 2, 259–60.

② F.G. Speck, "Huron Moose Hair Embroidery", *American Anthropologist* 13, no. 1 (1911): 1–7; Anne de Stecher, "Souvenir Art, Collectable Craft, Cultural Heritage: The Wendat (Huron) of Wendake, Quebec", in *Craft, Community and the Material Culture of Place and Politics, 19th–20th Century*, eds. Janice Helland, Beverly Lemire, and Alena Buis (Farnham: Ashgate, 2014), 37–58.

末英国兴起了工艺美术运动（Arts and Crafts Movement），
其目的是对工业化进行具有创造力的批判性回应。本土制造的
艺术品除了用作纪念或者具有"异域风情"之外，类似的情愫
是否也能使它别具魅力？当然，一些土著社区根据需求变化进
行了调整，生产的产品数量相对较多，而其他社区销售的数量
并不多，他们的生产规模在很大程度上取决于他们所使用的材
料、原产地的景观、可使用的劳动力，邻近的网络，以及他们
置身其中的殖民地所施加的约束。

英国和土著的（物质）存在

温达特人居住在魁北克城（Quebec City）外，魁北克是
该地的首府，也是圣劳伦斯河上第一个重要的港口。温达特人
从事多项艺术实践，其中包括用驼鹿毛刺绣和建造房屋，后者
是为应对定居者的涌入和自己土地的丧失。他们还会利用旅游
业的优势，温达特领导人会颇具策略性地对商品运销予以指
导，在他们的运销渠道中，包括具有国际关系的欧美零售商。[1]
他们在魁北克市、蒙特利尔（Montreal）和巴黎都举办过工

[1] Annette de Stecher, "Wendat Arts of Diplomacy: Negotiating Change in the Nineteenth Century", in *From Huronia to Wendakes: Adversity, Migration, and Resilience, 1650–1900*, eds. Thomas Peace and Lathryn Labelle (Norman, OK: University of Oklahoma Press, 2016), 182–208; and Brian Gettler, "Economic Activity and Class Formation in Wendake, 1800–1950", in Peach and Labelle, *From Huronia to Wendakes*, 151–4.

业博览会，工业博览会在他们的促销活动中占据着一席之地。到1859年，这个社区生产了两万件海豹皮靴（mukluk）和鹿皮软鞋，许多鞋只上面都有刺绣，另外，他们还生产各种品质的刺绣制品，数量众多。在1858年，有一份报告显示他们赚取了3.4万美元的收入，到20世纪，发展出了一家健康的商业企业。[1]该地区的土著生产商重点关注远近闻名的本地市场，偶尔也会关注在遥远的地方举办的展览会。[2]早先在1851年举办万国博览会（Great Exhibition）前后的一段时间里，本土制造商被证实具备创业精神，尽管它差一点出了岔子。

东北部的美洲土著社区对区域性的展览活动非常熟悉，当他们听闻1851年会在伦敦举办万国博览会时，就打算在会场售卖商品，他们误解了博览会展出物品的意图。在这些英属北美地区的集会中，也展出过一些当地的物件，包括"几幅绣花（桌）布……尼亚加拉大瀑布（Niagara Falls）印第安人的作品……由驼鹿毛制成，长度均不足两英寸"。[3]然而，参展商并未能在这些场合销售物品。然而，有几批土著企业

[1] "The Last of the Huron", *The Middlebury Register* (Middlebury, Vt) 16 February 1859; Gordon M. Sayre, "Self-Portraiture and Commodification in the Work of Huron/Wendat Artist Zacharie Vincent, aka 'Le Dernier Huron' ", *American Indian Culture and Research Journal* 39, no. 2 (2015): 19–20; Gettler, "Economic Activity and Class Formation in Wendake", 151–3.

[2] Phillips, *Trading Identities*.

[3] "The Great Exhibition", *John Bull* (London, England) 30 August 1851, 4.这种对媒介的娴熟操作常常令观众感到惊讶。

家前往伦敦，其中有一个小团体来自魁北克省蒙特利尔附近的卡纳维克（Kahnawake），他们携带了价值3000美元的货物。当这些人的不幸遭遇被广泛报道以后，他们绝处逢生，读者们径直前往乔治·凯特琳（George Caitlin）在滑铁卢广场（Waterloo Place）举办的展览，在那里"可以看到，而且能够购买……这些物品的样品"。[①]伦敦的《广告早报》（Morning Advertiser）在头版大肆吹嘘，在凯特琳的展览上可以看到"易洛魁族（Iroquois）的酋长和战士"，还有成千上万的"鹿皮软靴、提包、网袋、帽子和手镯等，这些物品原本是为万国博览会准备的。女士们、先生们，现在您可以从印第安人手中购得。"[②]此次售卖与其他"北美印第安人"定期举行的拍卖一起，在当地的报纸上被广为宣传，其中就包括"英格兰学校的大集市"（Grand Bazaar at Albion School），兰开夏郡的一家刊物在1867年5月对此进行了报道。那位摊贩彬彬有礼，聚集在他那里的商品有："一把由加拿大印第安人制作的扇子，是用新大陆北部草原的火鸡毛制成。扇子的中间有一只小鸟，是由这些美洲荒野的居民染就；鹿皮软鞋，也是由加拿大印第安人制作，用驼鹿皮制成，鞋子的装饰极具艺术性。"[③]整个王

---

① "North American Indians Sufferers by the Great Exhibition", *The Colonial Intelligencer; or, Aborigines' Friend* (London, England) 1 October 1851, 304.

② "The Iroquois Chiefs and Warriors...", *Morning Advertiser* 19 August 1851. 我的重点。

③ *Ashton Weekly Reporter & Stalybridge & Dukinfield Chronicle* (Lancashire), 5.

国都在售卖美洲土著的工艺品，对于这些商品（包括鹿皮软鞋），人们详加检视，大量购入。[①]

在19世纪，哈德逊湾公司的（Hudson's Bay Company，简称HBC）雇员们在合同到期或探访亲人时，会携带中小型的土著物品返回故乡，前往苏格兰的雇员更是如此，而哈德逊湾公司的雇员主要来自苏格兰。但是在哈德逊湾公司所管辖的广阔的内陆地区，他们会对这种货物流动加以限制。1825年，哈德逊湾公司命令职员，要减少从西部平原运出当地制造的产品，他们指示："雇员或其他人员在离开（从事贸易的）区域时，任何人不得携带超过20双印第安鞋登船，并且，所有此类财物都要接受盘查"，"无论（这些东西）是被称作礼物、珍玩还是其他"，一旦违反规定，就会进行处罚。[②]几乎每年都会对这些命令加以重申，这表明，他们的贸易路线敝窦百出，而且，这些货物利润很高。诺伯特·韦尔什（Norbert Welsh）是梅蒂斯人（Metis），也是西部平原上的一名水牛猎

---

① *Dumfries and Galloway Standard*, 14 May 1856, 1; *Liverpool Daily Post*, 8 November 1862, 9; *Alloa Advertiser* (Clackmannanshire, Scotland) 7 December 1867; *London Evening Standard*, 13 March 1889; *Bristol Mercury*, 22 August 1896, 8; *Freeman's Journal* (Dublin), 2, 4, and 6 October 1897, 1. For a "Children's Exhibition and Sale of Work" including moccasins and snowshoes, *West Cumberland Times*, 26 April 1893, 4.

② R. Harvey Fleming, ed., *Minutes of Council, Northern Department of Rupert Land, 1821–1831* (Toronto: The Champlain Society, 1940), 124, 159, 191–2, 222, n1 p124.我感谢格哈德·恩斯（Gerhard Ens）教授和约翰·科尔（John Cole）教授提醒我注意这一指示。

人，他在1885年以后开了一家商店，经常从当地的土著制造商那里获取各种各样的鹿皮软鞋。哈德逊湾公司一直热衷于购买他的货品，并将这种商品大量运往英国，以满足人们的需求。[1]这就解释了哈德逊湾公司为何对似乎在侵害他们利益的员工怀有敌意。但是这也表明，与魁北克城外的温达特不同，西部平原的本土企业被更为广阔的市场隔绝在外。

图13-4和图13-5展示了鹿皮软鞋制造者所使用的各种装饰技巧，来说明诸如在东海岸买卖、手工精制的鹿皮软鞋之类的东西推动了流向英国的逆流贸易的发展。鹿皮软鞋和其他商品从北美大陆的许多地方出发，穿过帝国的网络，去往遥远的地方寻找买家。此外，大众对鹿皮软鞋很着迷——迷恋它们质轻、手感佳、有装饰性且声名卓著——掀起了一股风潮。尤林卡·罗布莱克（Ulinka Rublack）指出，多才多艺的精英们（Renaissance men）对鞋履非常着迷，“鞋子这类物品在文化和历史方面均具有重要意义，在它们的技术进步、怪癖和习俗中都反映出了社会文明”。[2]鹿皮软鞋依旧富有魅力，使得人们去购买、去收藏，尽管各自考量的侧重点不同。这种鞋子在虚构的殖民地冒险故事中备受推崇，后来在英国和爱尔兰各地又被广为宣传。它们是舒适、时尚和价值的理想之选，同时也能让人联想到物化到这款独特鞋履之上的帝国景致。20世纪

---

① Racette, "Looking for Stories and Unbroken Threads", 289. See also, *Norbert Welsh, The Last Buffalo Hunter* (New York: Thomas Nelson and Sons, 1939), 291–2.

② Ulinka Rublack, "Matter in the Material Renaissance", *Past & Present* 219 (2013): 56.

图13-4　黑色麂皮鞋

注：绣有染色驼鹿毛和豪猪棘刺，在东部五大湖区的第一民族社区（First Nations community）制造，或者是由易洛魁族（易洛魁人）制成，1780—1800年。

图13-5　可能产自美国北部的鞋子

注：生产者未知。深色皮革，鞋的翻边和鞋面用五色驼鹿毛刺绣，用红色丝绸镶边、衬里，1850—1879年。

20年代在"莫卡辛式室内便鞋"（moccasin slipper）的广告中，土著生产者就是质量的保证，阿伯丁郡（Aberdeen）的一位广告商明确指出："印第安鹿皮软鞋……保证是由休伦部落的印第安人手工制造，是很漂亮的商品。"①这样一来，专业贸易就发展成了一种结构化的国际贸易，将自己扎根于美洲土著居民的技术之中。②

人们对帝国的外来物品有着无尽的需求，土著的旅行者尽其所能地从中赚得利润。土著民族在英国长期存在，现在才得到应有的重视，这是凯瑟琳·霍尔和索尼娅·罗斯所谓"地理想象"的一剂良药，"这种地理上的想象将帝国的政治和经济空间一分为二，即划分出一个有界的'家园'……在物质上和文化上与被殖民的'他乡'分离开来。"③然而，正如科尔·斯拉什（Coll Thrush）所示，伦敦（以及整个英国）有土著作物存在这一点无可争议："数量很少，但其文化和政治影响却很大。"④土著制造的时尚也是如此，它们代表着一个承受了巨大压力下的族群，他们在广为流传的物质生态中被

① *Aberdeen Press and Journal*, 29 December 1926, 12.

② Advertisements of moccasin "slippers", in varieties of leather and finishings, include *Hastings & St Leonards Observer* (Sussex), 13 December 1924; *Derby Daily Telegraph*, 18 December 1924; *Aberdeen Press and Journal*, 12 December 1925 and 29 December 1926; *Cheltenham Chronicle*, 26 December 1925; *Southern Reporter* (Selkirkshire, Scotland), 31 December 1925.

③ Hall and Rose, "Introduction", 25.

④ Thrush, *Indigenous London*, 3.

人铭记。土著的艺术品在不列颠群岛各地的工业展览会上出售和展出，其中包括1868年在苏格兰举行的"凯斯尼斯工业展览会"（Caithness Industrial Exhibition）[1]，以及1886年在邓迪（Dundee）城郊举办的"梅因斯与斯特拉斯马汀工业展览会"（Mains and Strathmartine Industrial Exhibition），美洲原住民制造的商品都打着"稀有针线活"（Rare Needlework）的旗号进行展示。哈德逊湾公司的员工主要在凯斯尼斯地区以及邻近的奥克尼群岛（Orkney Islands）招募。在土著商品的商业流通之外，这些媒介的渠道还包括人际关系。在展览会中展出的土著活计反映了连接英国与北美北部的家庭纽带，其中包括许多苏格兰男子和土著妇女的"事实婚姻"（country marriage），子女们经常会随父亲一起返回苏格兰，带着母亲给他们的绣花信物。[2]在英国，土著制造的物品象征着帝国错综复杂的关系：是土著知识和空间的有形证据，是血缘关系的提示物，也是他们提供或帝国索取的纪念物。这些物品也表明，土著的经济机构具有重要意义。我将用一块桌布和一段婚姻来结束本文的分析。

[1] "Opening of the Caithness Industrial Exhibition", *John o' Groat Journal* (Caithness, Scotland), 5 March 1868, 2.

[2] Alison K. Brown, with Christina Massan and Alison Grant, "Christina Massan's Beadwork and the Recovery of a Fur Trade Family History", in *Recollecting: Lives of Aboriginal Women of the Canadian Northwest and Borderlands*, eds. Sarah Carter and Patricia A. McCormack (Edmonton: Athabasca University Press, 2011), 89–111.

结论

　　1878年7月，第六代塞尔柯克伯爵(Earl of Selkirk)邓巴·詹姆斯·道格拉斯(Dunbar James Douglas)与塞西莉·路易莎·格雷-埃格顿(Cecily Louisa Grey-Egerton)在柴郡(Cheshire)完婚，地址在她父亲的庄园附近，从他们的宾客可以体现出英国的行政管理。像这样的王朝盛事显露出了艾玛·罗斯柴尔德(Emma Rothschild)所说的"帝国内部的生活"，其中包括物质文化各种各样的角色。[1]这些婚礼都是赠予礼物的场合，当地报纸对此有详细的报道。[2]在这场婚礼上，礼品具有英国气质，这是其最显著的特征。玛格特·芬恩阐述了"殖民地的礼物"在巩固帝国网络方面的力量，本体在这个网络中被揭示、被强化。[3]奢华的小饰品连同有刺绣的家具和服装一起，真正是"帝国的线索"，与工厂制造的商品截然相反，同样也为国家提供动力。在这些礼物中，有一件是"猩红色布料制成的加拿大桌布，由驼鹿毛制作，上面绣着驼鹿毛"，[4]这是一件原住民手工制成的产品，部分来源于北美生态系统。这种桌布在当时是一种特别时尚的物品，温达基

[1]　Emma Rothschild, *The Inner Life of Empires: An Eighteenth-Century History* (Princeton: Princeton University Press, 2011).

[2]　*Cheshire Observer*, 6 July 1878.

[3]　Margot Finn, "Colonial Gifts: Family Politics and the Exchange of Goods in British India, c. 1780–1820", *Modern Asian Studies* 40, no. 1 (2006): 205.

[4]　*Cheshire Observer*, 6 July 1878.

（Wendake）的一份英国游客报告指出，这种有驼鹿毛刺绣的桌布"非常漂亮，可能在英国很有名气"。[1]目力所及之处，时尚而独特的物品保持了其本土性，在大都市和都城以外，在商店橱窗和家屋空间，在帝国中心和整个殖民地都是如此。独特的物质文化和设计美学使这些产品与众不同，成为那个时代霸权体系中重要的附属品。最终，英格兰、苏格兰和爱尔兰各地的博物馆收藏了大量产自该处，幸存下来的物品。

在英国，反流商品是有意义的，与工厂的产出形成了鲜明的对比，也与在移民殖民地意图消灭土著居民形成了鲜明的对比。有些人可能会将美洲本土的商品登陆英国看成是帝国攫取过程的一部分。另外一些人则承认，帝国的网络带来了意想不到的机会，其中包括调配当地人制作的艺术品和手工艺品，这一点当局没有预料到。[2]事实上，殖民地人民的事业使他们能够使用深受习俗和传统熏陶的媒介，也能让他们应用型的知识、所使用的材料和传奇的技艺得以传播。他们为了一个重要的目标调整自己的产出。尽管驼鹿毛有时被缝在工业化生产的

---

[1] "Nine Months in America", *Exeter & Plymouth Gazette*, 25 February 1870; "A Narrative of a Short Residence in Lower Canada", *The New Monthly Magazine*, April 1868, 476.

[2] Tony Ballantyne, "The Changing Shape of the Modern British Empire and its Historiography", *Historical Journal* 53, no. 2 (2010): 451; Phillips, *Trading Identities*; Claire Wintle, "Negotiating the Colonial Encounter: Making Objects for Export in the Andaman Islands, 1858–1920", in *Craft, Community and the Material Culture*, 143–60.

布料上,而且鹿皮软鞋有时用丝绸作内衬,但这些商品的艺术技巧使人和物保持了多样性,帝国的体系和工业体系因此而受到限制。刺绣桌布和无数的莫卡辛鞋在英国四处移动,体现了土著社会主动进行干预,也反映了他们所调度的物质生态。

(贝弗利·勒米尔[①])

---

① 贝弗利·勒米尔,阿尔伯塔大学历史及古文化系教授,担任亨利·马歇尔·托里主席,2003年当选为加拿大皇家学会艺术与人文学院院士。她的著作有:《时尚的宠儿:1660—1800年英国的棉花贸易与消费者》(*Fashion's Favourite: The Cotton Trade and the Consumer in Britain, 1660–1800*, 1991)、《服饰、文化与商业:工厂前的英国服装贸易(1660—1800)》(*Dress, Culture and Commerce: The English Clothing Trade before the Factory, 1660–1800*, 1997)、《日常生活的商业:英格兰的性别、惯例和社会政治(约1600—1900)》(*The Business of Everyday Life: Gender, Practice and Social Politics in England, c. 1600–1900*, 2005),以及《全球贸易与消费文化的转变:物质世界的重塑(约1500—1820)》(*Global Trade and the Transformation of Consumer Cultures: The Material World Remade, c. 1500–1820*, 2018)。她的论著涉及时尚的历史、近代早期的全球贸易、性别与经济发展,以及英国、欧洲和全球各地比较的物质文化研究。她曾在澳大利亚国立大学、牛津大学万灵学院、维多利亚和阿尔伯特博物馆等地担任访问学者。

第四部分

全球贸易的时代：
商品、市场和贸易

第十四章
谁掌握了技术诀窍？
瓷器上陶瓷生产过程的视觉呈现

本章将讨论一套描绘在瓷器表面，反映瓷器生产过程的插图，笔者感兴趣的是制造容器的知识和这种知识的生产在何处交汇。本章重点介绍了两件18世纪的中国陶瓷，一件是来自海牙市立博物馆（Gemeentemuseum in The Hague）的鱼缸，一件是来自格罗宁根市（Groningen）格罗宁根博物馆（Groninger Museum）的盖碗，从这两件物品可见，知道如何制造容器的人，也创造如何制作容器的知识。在容器表面绘制插图的画家是一位生产者、一个工匠，他拥有制作这件作品所需要的具体知识（embodied knowledge），与此同时，这个人也是一名创造者，创造的东西我们可以称之为"编码型知识"（codified knowledge）以视觉形式呈现，明确表达了制作瓷器的技术，使其可以被远距离传播。本章想要证明，这些物品体现出一个人既可以懂得制造，又可以参与生产，这种结合很有意义，因为它表明这种结合并不只出现在18世纪的欧洲地方，而一些早期的学术研究就是这么认为。[①]此外，它提醒我们在关于技术变革的讨论中，不仅要加入有关制作物品的知识，而且要加入物品本身的知识，并将其作为理解技术变革的社会经济影响的原因，这很重要。

这短短的一章回应了乔尔·莫基尔在《雅典娜的礼物》（*The Gifts of Athena*）中提出的一个问题："谁知道什么'已为人所知'。"[②]这并不是一个认识论问题，而是一个社会历史问题，有助于解释工业革命何时、何地以及为何发生。据莫基尔所言，只要"那些知晓物品的人"（即知者）和"那些制造物品的人"（即制者）[③]之间还是割裂的，就不可能取得进步。在他看来，这两个群体只是在他所谓的欧洲"工业启蒙运动"中走到了一起，那也只是在1750年之后，当"知晓事物的人和创造事物的人之间共享知识"开始成为"现实"的时候。[④]莫基尔在《启蒙经济》一书中提出，18世纪的欧洲出现了一种"公众知识文化"，它使知者比较抽象的知识和从业者的技

① 后文将进行详细的讨论，但首先，我要提到乔尔·莫基尔的研究。

② Joel Mokyr, *The Gifts of Athena: Historical Origins of the Knowledge Economic* (Princeton: Princeton University Press, 2002), 2. 在另一部论著中，莫基尔提出了这样的一个问题："谁知道什么'已为人所知'，他们是如何使用这种知识的？" 见Joel Mokyr, "Long-Term Economic Growth and the History of Technology", in *Handbook of Economic Growth*, vol. I, part B, eds. Philippe Aghion and Steven Durlauf (Amsterdam: Elsevier, 2005), 1119.

③ Mokyr, "Long-Term Economic Growth", 1138.

④ Mokyr, *Gifs of Athena*, 35.

术和工艺能够易于传播、广为流传。[1]这种欧洲独有的现象性
与在此之前以及世界上大多数其他地区的情况存在差异，在那
些地区"只要有足够多的工人和农民去做那些懂得更多的人告
诉他们要做的事情，他们中间大多数人知道什么、相信什么无
关紧要"。[2]

在莫基尔观点几经反复在此之后所做的讨论中，莉莉
安·希莱尔-佩雷斯主张在讨论中加入手工知识，并将传播模
式和类型的范围扩大，将其纳入我们的分析中来，她认为这很
重要。[3]马克辛·伯格展示了将"欧洲"延伸到欧洲地理边界
之外的重要性，因为学者们也对（比如）在印度可以收集到的
有用知识很感兴趣。[4]莫基尔认为在欧洲发生的事情在其他任
何地方都不可能发生，从理论上讲，这个观点能站得住脚。事
实上，莫基尔明确指出，除医学领域之外，在诸如"工程、机
械、化学、采矿和农业等领域，中国的知者与制者彼此之间的

---

[1] Joel Mokyr, *The Enlightened Economy: Britain and the Industrial Revolution, 1700–1850* (New Haven: Yale University Press, 2009).

[2] Joel Mokyr, *A Culture of Growth: The Origins of the Modern Economy* (Princeton: Princeton University Press, 2017), 282.

[3] Liliane Hilaire-Pérez, "Technology as a Public Culture in the Eighteenth Century: The Artisans' Legacy", *History of Science* 45, no.2 (2007): 135–53; 另见Maxine Berg, 'The Genesis of "Useful Knowledge" *History of Science* 45, no.2 (2007): 123.

[4] Maxine Berg, "Passionate Projectors: Savants and Silk on the Coromandel Coast 1780–98", *Journal of Colonialism and Colonial History* 14, no. 3 (2013).

距离和欧洲知者与制者以前的距离一样遥远，或者更远"。①
在这里我想说的是，在这两件瓷器上描绘的制瓷图表明，在欧
洲之外知者和制者也可能合二为一，如果这样的话，18世纪中
国的这两件物品至少表明存在一种可能性，即工匠也参与到制
作知识的生产中来。为了证实这一说法，我将首先证明在17世纪
和18世纪中国瓷器生产文字记载的传统应该被理解为编码知识，
所生产的关于制瓷过程各个步骤的视觉材料同样也应被视为"编
码知识"。这种描述制瓷过程的视觉材料被称为"图（插图）"，
几个世纪以来，它们以各种形式出现在各种各样的表面上，在
宫廷、产地和全球艺术市场之间流转，黄艾伦（Ellen Huang）
对此进行过展示。此处讨论的两件瓷器让我们注意到了工匠的
视角，他们既装饰了器皿，也参与了创造编码知识的过程。

　　《景德镇陶录》是中国制瓷方面重要的文献之一。这本集
子里所记载的资料最初由兰浦编撰，他于1795年去世。1815
年，郑廷桂对兰浦的材料进行了校订和增补，1891年修订版
问世，书中有插图。②《景德镇陶录》中详细地记载了瓷器的

① Joel Mokyr, "King Kong and Cold Fusion", in *Unmaking the West: 'What-If' Scenarios That Rewrite World History*, eds. Philip E. Tetlock, Richard Ned Lebow, and Geoffrey Parker (Ann Arbor: University of Michigan Press, 2006), 303；彭慕兰在同一本书的文章中，也或多或少地提出了同样的观点，他说："据我们所知，甚至连17世纪、18世纪中国发展来的科学通信网络，在很大程度上工匠们也是格格不入的。" Kenneth Pomeranz, "Without Coal? Colonies? Calculus? Counterfactuals & Industrialization in Europe & China," in *Unmaking the West*, 260.
② 兰浦，郑廷贵：《景德镇陶录》，京都书业堂藏版，1891。

制造过程，不仅记述了18世纪末和19世纪的情况，而且还汇集了相当久远的文献中的信息。景德镇是江西省南部的一个城市，到18世纪末，大多数的官瓷都在这里烧造，几个世纪以来，记述陶瓷生产过程的文献都以其为中心，其中包括《陶记》。《陶记》成书于13世纪描述了在景德镇生产并且在整个地区交易的各种商品，16世纪江西的一本县志（《浮梁县志》）中有一部分详细记载了关于制作过程、原材料价格和生产数量的信息。[①]儒莲（Stanislav Julien，1797—1873年）于1856年将《景德镇陶录》翻译成法文（法文书名为*Histoire et Fabrication de la Porcelaine Chinoise*），早在19世纪中期，西方即通过法译本知晓了《景德镇陶录》一书。[②]在马克辛·伯格对莫基尔概念的讨论中，她指出"有用的知识"应该包括命题知识（propositional knowledge）和规范性知识（prescriptive knowledge）——换言之，就是"是什么"的知识和"怎么做"的知识——此外，知识应该是"整个社会共有的""可获得的"，以及"与他人共享的"。[③]有鉴于此，我认

---

① 有关这些文本更多的详细信息，请参见如，Anne Gerritsen, "Ceramics for Local and Global Markets: Jingdezhen's Agora of Technologies", in *Cultures of Knowledge: Technology in Chinese History*, eds. Dagmar Schäfer and Francesca Bray (Leiden: Brill 2012), 164–86.

② Stanislas Aignan Julien, trans., *Histoire et Fabrication de La Porcelaine Chinoise* (Paris: Mallet-Bachelier, 1856) 英文版见Lan Pu, *Ching-Te-Cben T'ao-Lu or the Potteries of China; Being a Translation with Notes and an Introduction by Geoffrey R. Sayer, trans, Geoffrey Robley Sayer* (London:Routledge and K. Paul, 1951).

③ Berg, "Genesis of 'Useful Knowledge'", 124; 引用Mokyr, *The Gifts of Athena*, 6–7.

为这些文稿中所包含的有关瓷器制造的信息是"有用的知识"。

人们制造的关于陶瓷生产的文本知识，与视觉形式的材料相辅相成。对制瓷过程进行视觉呈现的历史，可以追溯到宋应星的《天工开物》。[①]这部17世纪的文献详细描述了物质世界的诸多方面，其中有一卷分六节介绍了陶瓷生产的各个方面。黄艾伦对此进行过讨论，如其所言，书中包含13幅雕版印刷的插图，提供了有关陶瓷制作的视觉线索，包括造瓷坯、造瓦、罂瓮，以及装器入窑。[②]这些插图并没有按照特定的顺序呈现，当然，这13幅画也没有完全说明宋应星所描述的制瓷过程中72个独立的步骤。在清朝乾隆时期（1735—1796年）有人曾绘制了几套工艺图说，装裱成册，将制造过程以独立的步骤呈现。可以将这些图看作是依次排列的，从采石制泥和原材料的运输开始，一直到包装和运输成品瓷器的最后阶段。学者们指出，这类插图是一种特殊的类型，被称为"图"，即指导观看者付诸实施的"技术图"，有别于画和像等更具描述性的视觉类型。[③]这些图通常配有文字说明，不管它们是具象的

---

① 宋应星：《天工开物》，中国社会出版社2004年重印版，第203–230页。

② Ellen C. Huang, "From the Imperial Court to the International Art Market: Jingdezhen Porcelain Production as Global Visual Culture", *Journal of World History* 23, no. 1 (2012): 125–6.

③ Bray refers to *tu* as "templates for action". Francesca Bray, "Introduction: The Powers of Tu", in *Graphics and Text in the Production of Technical Knowledge in China: The Warp and the Weft*, Sinica Leidensia, v. 79, eds. Francesca Bray, Vera Dorofeeva-Lichtmann, and Georges Métailie (Leiden: Brill, 2007), 2.

（例如，包括农具图或纺织机器图）还是图解的（例如启蒙变革之路的符号表征，这需要对其进行深思并加以研究），应该都是富有教益的。图"被认为能够传递范围广泛的专业知识和技能，这些知识和技能是'技术性'的，因为它们应该具有某种'实际'的用途"。①从这个意义上说，这些视觉材料也应该被视为编码知识。

在这些图册中，有一些是专门为进呈御览而作，其中有3部留存至今。有一个图册包含次第排列的20幅陶冶图，并附有唐英（1682—1756年）于1743年撰写的说明文字。唐英以内务府员外郎衔驻景德镇，做了几十年的御窑厂督陶官。②宫廷内绘制的陶冶图是为恭呈御览，并没有在宫廷之外流传，但唐英对景德镇制陶过程附以文字说明的《陶冶图说》却流传开来，在上文所述1815年版《景德镇陶录》中也出现了一套新的插图。③在《景德镇陶录》中，插图的顺序是从景德镇图开始，之后是制陶的基本工序，如取土、炼泥、做坯、画坯、荡釉、满窑，其间穿插着各种辅助工序，如洗料、镀匣、烧炉。从17世纪早期开始，关于制造过程的文字和视觉知识在整个

---

① Peter J. Golas, *Picturing Technology in China-From Earliest Times to the Nineteenth* Century (Hong Kong: Hong Kong University Press, 2015), xix.

② Peter Lam, "Tang Ying (1682–1756): The Imperial Factory Superintendent at Jingdezhen", *Transactions of the Oriental Ceramics Society* 63 (1998–99): 65–82; 关于这三册的详细信息，见Huang, "From the Imperial Court to the International Art Market", 127–8.

③ Huang, "From the Imperial Court to the International Art Market", 137.

中国流传。

图14-1由两幅图组成，展示了陶瓷器皿的塑形过程。在右图的前景中，有一个人右肩挑着一块长长的木板，木板上至少放置着12只碗，碗的重量将木板压弯了。在他的右边是敞开的坯房，我们看到一名拉坯工正在工作，他的两脚张开搁在轮车的两边，他的背向前弓着，双手将泥坯在车盘上拉提成型。他的车盘四周有一个车架，在车架上搁着一块木板，这样陶工就可以把拉成的泥坯放置在木板上。另一名陶工似乎正匆匆经过，手里拿着一个较大的泥坯。左图展示了另一个敞开的

图14-1 《景德镇陶录》中的插图

注：兰浦，郑廷桂，1815年初版，1891年重刻。

坯房，有3个独立的工作空间。右边的那位正在揉泥，中间的3名陶工正一起在轮车上制作一个较大的器皿，在这个坯房的最左边也有人在车削泥坯。右图中，以及左图两个工作空间的左边都放有大瓮，右图的大瓮有盖子。在前景中，一名陶工似乎正在制作一个高细颈花瓶。坯房周围是树木、山峦和岩石，意指环境处于乡野。右图的右下角写着两个字，为"做坯"。[1]

关于瓷器制作过程的视觉信息也以画册的形式在西方流传，这些画册由6～50片丝绸或纸页制成。这些外销画册包含着详细的商业流程信息，而皇家瓷器的视觉故事并不包含这些信息，其中包括在货品上绘制海外消费者特别感兴趣的装饰性元素（比如外国旗帜或船只），以及围绕广州瓷器商店所发生的商业交易。总的来说，黄艾伦在一篇重要的文章中表明，应该将这些图集理解成是制瓷过程视觉信息统一体的一部分，事实正是如此。制瓷图以各种形式流传，比如在宫廷里创作和撰配文字的图册，在景德镇或附近地区制作的雕版画，以及深受日本、欧洲和美国消费者欢迎的水彩画册或水粉画册。[2]黄艾伦认为，不应将这些材料视为完全独立的媒介、类型和市场，而应将其视作一个相互联系的国际艺术市场的组成部分，并非

---

[1]　Jane Sze and Caroline Lang, eds., *Trading China: Paintings of the Porcelain Production Process in the Qing Dynasty* (Hong Kong: Hong Kong Maritime Museum, 2015), 84–5.

[2]　同上，第143页。

"只属于不断扩大的欧美陶瓷市场"。[1]在中国内部乃至全世界的流通、交换和文化互动中，关于制造过程的知识生产应运而生。

黄艾伦只是简单提到了在瓷器上呈现制瓷过程的这种视觉描绘类型。[2]图14-2中的鱼缸就是一个能阐释这种类型的例子，这个鱼缸在1730—1750年制成，现藏于海牙市立博物馆（荷兰）。鱼缸内壁画有一条颜色鲜艳的鲤鱼，表明这只鱼缸用来养鱼。

图14-2 描绘制瓷过程的陶瓷鱼缸

注：1730—1750年，中国景德镇。

---

[1] Huang, "From the Imperial Court to the International Art Market", 144–5.

[2] 同上，第135页。

　　在鱼缸的外壁上，我们能看到一系列描绘陶瓷制作过程的场景。这些场景由木梁隔开，形成了独立的坊屋。在图14-2的最左边，有一个人坐着，背对着我们，摆弄着放在他面前的瓶状泥坯。在同一间坊屋里，有一些造型奇特的泥坯放在桌上晾晒，桌下似乎放置着一些匣钵。与其相邻的坊屋内，在鱼缸朝向观众那一面靠近中心的地方，两名陶工并排工作。他们背对着对方，但又转过头来，表示两人之间有互动。左边的陶工正在做坯，有两个泥坯放置在他旁边的小桌上；右边的陶工在一张比较高的桌子旁边弯腰揉泥。在这两名陶工旁边，也就是在图14-3a的中央，有一名陶工跨坐在一个带车架的陶轮上，拨动轮盘转动的竹杖横放在车架上。他手中的黑色工具用来利坯，也就是镟削他面前倒扣着的碗底部的边缘。图14-2的左边有两个陶工面对着彼此，其中一人站立在一个大缸旁边，右手持小型杯状物，另一个人跨坐在另一个轮车上（图14-3）。①

　　在鱼缸的另一侧，即图14-2中人看不到的地方，画着一个砖砌的窑门，还有一堆匣钵，一名男子肩挑两块木板，上面装着碗的成坯，走向晒棚的木架（图14-4）。

———————

① 海牙市立博物馆的鱼缸是这种类型的仅有的两个已知例子之一。另一个是装饰非常相似的鱼缸，日期为1735年，销售信息为：Cohen and Cohen. See Cohen and Cohen, Chinese export porcelain and oriental art.

图14-3　图14-2的细节图

图14-4　图14-2的细节图

　　书中的黑白图案无法展现这个鱼缸的鲜艳色彩。陶土和陶罐呈浅黄色，工匠的衣服被绘制成灰粉、淡紫和碧绿色，树木是鲜绿色，窑砖是暖赤陶色。场景的四周饰以花卉纹，且在近足底处、内壁口沿均绘有一圈花卉纹，为这件作品增添了更多色彩。显然，这个鱼缸的设计是要达到引人注意的效果，或许是想要把它作为精心装点的餐桌上重要的装饰品，激发人们与人交谈？在18世纪的餐桌上，尽管一般的潘趣酒碗在高度和直径上都比这个鱼缸小得多，但它确实起到了这种作用。[1]无论将这个鱼缸放在哪里，目的都是为了让人们能够看到，而它细致的装饰也是为了能够传达瓷器制造方面的一些信息。

不仅制造的方法是知识，可视化方法和想象、转化和传播、视觉语言、口头语言和书面语言都是知识。[2]视觉表现形式以与文字表现形式截然不同的方式来传递信息。在传递信息的这个过程中，还有其他的参与者，即构思出这个设计的人和实际上在容器上绘制装饰图案的人。我们对这两类人一无所知，然而，当我们观看一位陶瓷画家描绘制瓷过程的作品时，我们的视线会移动，跟我们在画家的画室观赏一幅画作时的做法一样。将行为以及对行为的描绘相结合，诱使我们以不同的方式来"阅读"图中的信息。我们想象画工环视他周围的环境，并以这种视域来进行刻画。当然，实际情况远非如此。在瓷器装饰图案的这个例子中，我们所看到的东西受到了瓷器装饰这种样式惯常做法的影响。红色的蝙蝠飞过窑门，因为

---

[1] Maxine Berg, *Luxury and Pleasure in Eighteenth-Century Britain* (Oxford: Oxford University Press, 2010), 72–3.

[2] Katie Scott and Helen Clifford, "Introduction: Disseminating Design: The French Connection", *Journal of Design History* 17, no. 1 (2004): 1.

"蝠"也有"福气"的意思，而红色是喜庆的颜色，蝙蝠也起到了补白的作用。蹲坐着有点像狗的动物可能是鹿，它也意指"俸禄"，即财运亨通。云彩、岩石、树木和花朵的样子都与传统画法相符，因此，它们当然传达的是一般信息，而不是关于瓷窑自然环境的具体信息。此外，在这里表现的可能性也存在技术上的限制。鱼缸的颜色不仅取决于画工的艺术偏好，还取决于18世纪早期在景德镇可用的瓷釉主要有哪些颜色。细致程度并不被画工的知识水平所制约，而是受笔刷大小、器物尺寸和画家目力的限制。

然而，这些细节在某些方面并不受惯常做法或技术性问题的限制，这让我们能够洞察画工的心与手。例如，工匠们的帽子和发型都略有差异，有各种各样的棉帽和草帽，有松散的发辫，也有结辫，还有两名工人将发辫盘在头上，看起来好像在他们头发剃光的额头上有一顶薄冠。有一名工匠坐在陶轮上，他的两膝之间倒扣着一个碗状物，他在利坯，同时将烟斗里的一点烟草压实。一名工匠肩挑两块木板，上面放着罐子，他用指尖来控制木板的移动，而不是用整只手紧抓着木板。这些细节看起来似乎无关紧要，但却向缺乏经验的观众传达了个人见解和身体经验的信息。透露出了这样的信息，即观众是门外汉，而绘图者是知情人。因此，图像的创作者是具有制作知识的人，即他"知晓如何制造"。

图14-5中的盖碗（1750—1775年在景德镇制造）阐释了这些观点。画工遵循制作这种物件的成规，在盖碗外壁创作了

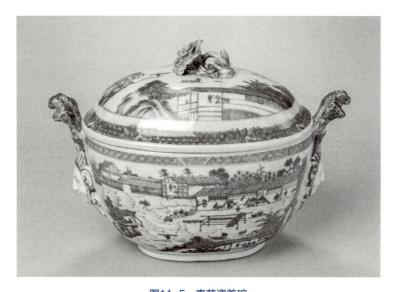

图14-5 青花瓷盖碗

注：用描绘瓷器生产的图案装饰，1750—1775年，中国景德镇。

一个装饰图案，在盖面边缘、碗口外缘均装饰一圈几何纹，树木、岩石和花丛也是瓷器画师装饰技能的一部分。场景的构图也遵循绘制瓷器制作插图的惯例：坯房斜顶，前端敞开，面向中央晾场，那里有晾架，可以晾晒搁在长木板上的坯体。工人在坊屋中穿梭，完成各道工序，他们身处不同的工位，或单独工作，或几个人合作。在这幅图中描绘了各种工序和坊屋方面的专业知识，描绘了如何制造出不同的外形和尺寸，还包括不同的搬运和晾晒方法，以及匠人劳动时身体的各种姿势。正如白馥兰（Francesca Bray）所言，它不是一幅画作，也不是一种符号表征，而是一种对动作所作的描绘。信息通过瓷器装饰这种形式语言的方式传达出来，在构图中使用一种隐含的"语法"使细节得以传达，从这个意义上说，它是编码知识。瓷器绘画中的常规做法，例如通过工人双脚的短斜线，能够让观看者了解到身体和物品在不同工位间的移动，能够让他思考这种运动的频率和它反覆的性质，能够让他想象匠人所负载的物品的重量。观众如果了解透视法，就可以将蓝色和白色的斜线理解成屋顶瓦片的高低错落，屋瓦可以使坊屋免遭日晒雨淋，也将有遮盖的坊屋和晒场区分开来，在晒场上，需要阳光来晾晒物品。姿势也有重复的情况：在碗盖最上方的工作区域里，以及在盖碗近足底处都有人站立着，他将笔刷举到与头平齐，笔刷触及他/她面前放置在搁架上的物件，这证明在多个工位上都在进行着类似的工序。在每一个工位上，工匠都面向放置在宽阔的台案中央将要被描绘的物品，台案下窄上宽，它所传达的意思是，要在圆形物品上创作连续的装饰图案，需要有宽敞的空间。这种类型的"语法"，或者说是惯例使得知识的生产者能够传递细节详情，不管这种知识的生产者和消费者之间的时空距离有多远。

在亚洲和欧洲之间交易的物品，通常被称为"邂逅的物品"（objects of encounter）[①]。维多利亚和阿尔伯特博物馆

[①] 例如，参阅马克辛·伯格的介绍Berg. *Goods from the East, 1600–1800: Trading Eurasia*, eds. Maxine Berg, Felicia Gottman, Chris Nierstrasz, and Hannah Hodacs (Basingstoke: Palgrave, 2015), 5, 或者，另一例为Nicholas Thomas et al., *Artefacts of Encounter: Cook's Voyages, Colonial Collecting and Museum Histories* (Honolulu: Otago University Press, 2016).

（Victoria and Albert Museum）在2004年专门针对此类物品举办了一场展览，恰如其分地将其命名为"邂逅：1500—1800年的亚欧会面"（Encounters: The Meeting of Asia and Europe 1500-1800）。[1]然而，"邂逅"一词意味着亚洲和欧洲之间的分离且存在差异，意味着它们之间开始接触至关重要。邂逅的叙述对全球史领域大有助益，因为它使得物品"提供了一种研究全球历史的方法"，并且充当起全球和本地之间的中间人。[2]然而，正如本章中的物品所展示的那样，物体并非只是就一种文化加以呈现，它们还将自己的故事传递给了另一种文化。这些物品是协力完成、多方合作的产品，在连接亚欧的空间中移动，因此，它们在知识的生产和流传中发挥了重要作用。更重要的是，这些物品让我们看到博学之士和制造之才——知者和制者——是如何结合在一起的。这一特例可能不足以反驳莫基尔建立在大量范围广泛的证据基础上的论点，然而，有一个反例存在至少表明，莫基尔论点的对立面在理论上可能是正确的。本文所讨论的两个物体表明，这种结合不仅仅出现在欧洲，在18世纪的中国，也有人能做到知行合一。

（何安娜）

---

[1]　Anna Jackson and Amin Jaffer, eds., *Encounters: The Meeting of Asia and Europe 1500–1800* (London: V&A Publications, 2004).

[2]　Berg et al., *Goods from the East*, 4.

第十五章

工厂前的工场：英国东印度公司在印度的纺织品采购和英国的工业化（1650—1750年）

苏格兰经济学家约翰·雷姆赛·麦克库洛赫（John Ramsay McCullock）在其1838年出版的《商业和商业航行词典：实务、理论和历史》（*A Dictionary, Practical, Theoretical and Historical, of Commerce and Commercial Navigation*）中给出了"工厂"（factory）一词的定义，但是这个定义很快就过时了。他解释说，从1612年开始，英国东印度公司效仿葡萄牙和荷兰的做法，在苏拉特建立了自己的第一家"工厂"，"将其作为仓库——储存在印度收集，出口到欧洲的货物"。[①] "工厂"这个名称源自有一个掌管贸易港口的"代理"（factor），由港口负责将亚洲商品进行组装、加工和包装，并且最终将其运往欧洲。约翰·麦克库洛赫解释说，在17世纪和18世纪，工厂对英国和其他欧洲公司"垄断印度商

[①] John Ramsay McCulloch, *A Dictionary, Practical, Theoretical and Historical, of Commerce and Commercial Navigation* (London: Printed for Longman, Orme, Brown, Green and Longman, 1838), 521.

业的图谋"至关重要，在纺织业方面更是如此。[1]

如今，"工厂"一词仅指生产商品的地方，在19世纪，它已经把"加工厂"（mill）和"制造厂"（manufactory）这两个词取代了。然而，用"工厂"一词既表示生产空间，又表示商业空间，这并非巧合。有研究强调，在全球商业和欧洲经济体引致工业化生产与经济转型之间存在关联，本文首先会对这些文献进行分析。对于在印度采购亚洲商品（由"商业化"工厂来负责）在激发欧洲创新（以及随后"工业化"工厂的兴起）方面发挥的作用，本文也会给予特别的关注。在本研究中，将亚洲产品与经典工业化时代欧洲生产中技术和材料的变革联系在了一起。英国东印度公司采购纺织品时遇到了一些困难，促使人们对英国制造业进行重构，导致一种新型工厂：工业革命中的大型加工厂得以勃兴。本文以马德拉斯（Madras）[2]为例，对印度的工场进行了回溯，对东印度公司遭遇的挑战如何促成英国制造业的重构进行了阐释，通过这两个方面，对上述观点进行了拓展。

全球贸易和优质产品

直到20世纪80年代，有关商业和制造业的文献依旧相

[1]　John Ramsay McCulloch, *A Dictionary, Practical, Theoretical and Historical, of Commerce and Commercial Navigation* (London: Printed for Longman, Orme, Brown, Green and Longman, 1838), 521.

[2]　即今天的金奈（Chennai）。——译者注

当分散。有的理论提出，18世纪的欧洲贸易——主要在大西洋——对为满足大规模机械化生产资金需求而进行的资本积累至关重要，除此之外，还有人认为英国和欧洲的工业化依赖其经济体系内生的因素。[①]承认大量的亚洲商品出口到欧洲并在欧洲消费在修正既定的工业叙事方面收效甚微。由于经济史学家依赖供给驱动模型，所以他们仍然不愿意承认消费在重塑生产中起着重要作用。

从20世纪80年代末开始，"消费革命"和"勤勉革命"方面的新研究在修改这些叙述方面出力不小。值得注意的是，简·德·弗里斯将消费者偏好、工作时间和参与劳动力市场的情况（尤其是女性）联系在了一起。他对工业化的叙述进行了扩展，将分散的、劳动密集型的活动也囊括在内，这些活动增加了家庭收入——被用来购买生活必需品和被归为"精品"的东西（即奢侈品），其中包括亚洲商品。[②]

21世纪初，马克辛·伯格提出，亚洲商品，例如中国的

[①] Patrick O'Brien, "European Economic Development: The Contribution of the Periphery", *Economic History Review* 35, no. 1 (1982): 1–18.

[②] Jan de Vries, *The Industrious Revolution: Consumer Behavior and the Household Economy, 1650 to the Present* (Cambridge: Cambridge University Press, 2008); Joan Thirsk, *Economic Policy and Projects: The Development of a Consumer Society in Early Modern England* (Oxford: Clarendon, 1978); Neil McKendrick, John Brewer, and J.H. Plumb, *The Birth of a Consumer Society: The Commercialisation of Eighteenth Century England* (London: Europa, 1982); John Brewer and Roy Porter, eds., *The World of Goods* (London and New York: Routledge, 1993).

瓷器、印度的纺织品和日本的漆器，不仅改变了欧洲人的消费习惯，也改变了他们对产品的看法，进而改变了他们的生产实践。她解释说，这些"外来的"商品在欧洲引发了一场"产品革命"，刺激了技术创新，也改变了消费者与生产者的预期。[1] 每年有数以百万计的印度印花布被出口到欧洲，在18世纪所有运抵英国的纺织品中，印度印花布大约占1/4。这些印度布料印染精美、上色漂亮，成了消费者梦寐以求的产品，但它们也促使纺织品制造商和销售商对产品进行创新。因此，英国如何成为爆发棉纺革命的国家，这个故事与其一直以来在仿效印度棉布方面所作的尝试密切相关。这不是发展经济学家的老生常谈，不是简单的进口替代过程，而是一个调试产品、熟悉口味和技术创新的过程。[2] 寻找可以与印度或中国同行一较高下的商品，致使人们发明了新技术、新方法和新工序，它们反过来又发展成为全新的生产方式，例如，棉织物的铜板印花和新

---

[1] Maxine Berg, "New Commodities, Luxuries and Their Consumers in Eighteenth-Century England", in *Consumers and Luxury in Europe, 1650–1850*, eds. Maxine Berg and Helen Clifford (Manchester University Press, 1999), 63–85; Maxine Berg, "In Pursuit of Luxury: Global History and British Consumer Goods in the Eighteenth Century", *Past & Present* 182 (2004): 85–142. 另 见 John Styles, "Product Innovation in Early Modern London", *Past & Present*, 168 (2000): 124–69; Maxine Berg, *Luxury and Pleasure in Eighteenth-Century Britain* (Oxford: Oxford University Press, 2005); Beverly Lemire and Giorgio Riello, "East and West: Textiles and Fashion in Eurasia in the Early Modern Period", *Journal of Social History* 41, no. 4 (2008): 887–916.

[2] Maxine Berg, "From Imitation to Invention: Creating Commodities in Eighteenth-Century Britain", *Economic History Review* 55, no. 1 (2002): 1–30.

出现的媒染技术、在瓷器上转印，以及生产亚洲不知名漆器的新方法。[1]

全球的奢侈品贸易对欧洲产品的质量产生了深远的影响。从材料方面来看，亚洲商品质量上乘，备受青睐，欧洲陶器透光度差，与其相比，亚洲瓷器晶莹剔透，纤巧浮薄；欧洲许多羊毛织品和亚麻制品容易掉色，染色模糊，而印度印花棉布色泽鲜艳，色彩牢固。玛克辛·伯格和普拉桑南·帕塔萨拉蒂都认为，不能将欧洲的工业化进程理解为只是在找寻成本更低的生产方法，或者只是为了提高生产效率，以便使欧洲生产商能够与18世纪的低工资经济体印度和中国相竞争。[2]传统降低成本的模式，必须附随对技术创新和因追求质量而导致工业化的诠释。[3]欧洲工业生产的商品之所以能够取得成功，不仅是因为

---

[1] Giorgio Riello, "Asian Knowledge and the Development of Calico Printing in Europe in the Seventeenth and Eighteenth Centuries", *Journal of Global History* 5, no 1 (2010): 1–29; Anne Gerritsen and Stephen McDowall, "Material Culture and the Other: European Encounters with Chinese Porcelain, ca. 1650–1800", *Journal of World History* 23, no. 1 (2012): 87–114.

[2] Maxine Berg, "Quality, Cotton, and the Global Luxury Trade", in *How India Clothed the World: The World of South Asian Textiles, 1500 –1850*, eds. Giorgio Riello and Tirthankar Roy (Leiden: Brill 2009), 391–414; Prasannan Parthasarathi, "Historical Issues of De-industrialisation in Nineteenth-Century India", in *How India Clothed the World*, Riello and Roy, 415–35; Prasannan Parthasarathi, *Why Europe Grew Rich and Asia Did Not: Global Economic Divergence, 1600–1850* (Cambridge: Cambridge University Press, 2014), xx.

[3] 关于经典的提高生产率的方法，在全球范围内具有可比性，请参阅：Robert C. Allen, *The British Industrial Revolution in Global Perspective* (Cambridge: Cambridge University Press, 2009).

它们价格低廉，还因为这些产品的质量可以与亚洲产品相匹敌。

如今，不能将工业革命作为英国，甚或是欧洲工业化史上一个独立的篇章来进行叙述。全球史提出了贸易塑造"全球工业革命"的观点。然而，在这个关于经济发展和全球分流更为宽泛的叙述中，暗含着两个缺陷：第一，事实上欧洲表现出在对外部挑战做出反应。现在有足够的理由认为，欧洲和亚洲的产品都因为世界贸易发生了改变，这个过程可能会反复发生。[①]尽管事实上在18世纪（甚至更早之前）欧洲的制造业中，亚洲产品对欧洲的创新至关重要，但我们对它们的生产和销售却所知不多。第二，南亚及其生产者承担了较多的经销业务虽说没错，但是不要落入这样的陷阱，即认为亚洲产品总是正好与欧洲消费者的需求相契合，或者是认为他们的采买业务总是一帆风顺。恰恰相反：在英国东印度公司的信函和工厂的报告中，详细描述了该公司在供应类型合适的布料时所遇到的巨大挑战。后文重点讲述英国东印度公司在马德拉斯圣乔治堡（Fort St George）的业务运营情况，圣乔治堡是17世纪下半叶和18世纪上半叶东印度公司采购纺织品最重要的港口。展现标准如何成为质量定义的核心，是笔者最为关注的。在此，笔者的观点是：质量是核心，但欧洲生产者和消费者对质量的界定，与亚洲手工业者和欧洲公司南亚雇员的界定一样重要。

[①] Giorgio Riello, *Cotton: The Fabric That Made the Modern World* (Cambridge: Cambridge University Press, 2013).

印度的采买体系：
以马德拉斯为例

欧洲消费者所需要的印度棉布从何而来？工场充当了信息节点和集合点，在这里，对返回欧洲或去往印度洋其他地区的贸易品进行检查、分类、包装，并将其装船。[①]在南亚不同的纺织品生产区域，内陆广大地区都从事纺织生产，特别是在古吉拉特邦（Gujarat）、马拉巴尔海岸（Malabar Coast）、科罗曼德尔海岸（Coromandel Coast）和孟加拉，纺纱业的的确确雇用了数以百万计的女性，织布业则雇用了数十万男性。这家欧洲公司的生产组织形式千差万别，但其纺织品采买业务有两个特点：第一个特点是，织布是在村庄里进行的，这些村庄通常专门生产一种或几种布料，而织工是独立的手工业者。英国东印度公司进入印度的渠道有限，他们在刚进入印度时就承认这一点。在科罗曼德尔海岸，织布的村庄往往分散在郊野，以小型社区为特征，有时会整体被人聘用，织造不同类型的布料，布料种类多达150种。[②]有时也会深入内陆，深入较

①   Jan de Vries, "Understanding Eurasian Trade in the Era of the Trading Companies", in *Goods from the East*, ed. Maxine Berg et al. (Basingstoke: Palgrave 2015), 14–15. 另见Emily Erikson, *Between Monopoly and Free Trade: The English East India Company* (Princeton: Princeton University Press, 2014).

②   K.N. Chaudhuri, "The Structure of Indian Textile Industry in the Seventeenth and Eighteenth Centuries", in *Cloth and Commerce. Textiles in Colonia India*, ed. Tirthankar Roy (New Delhi: Sage, 1996), 44.另见Karuna Dietrich Wielenga, 'The Geography of Weaving in Early Nineteenth-Century South India', *Indian Economic and Social History Review* 52, no. 2 (2015): 147–84.

大的社区进行采购。从马德拉斯朝内陆方向走150英里，就到了泰米尔纳德邦（Tamil Nadu）的阿拉尼（Arani），它是一个纺织城镇，规模相当大，1772年对其进行了人口调查，结果显示，在246户人家中，有99户织布，68户纺棉，有40户属于洛马蒂（lomatties）和切蒂（chetties）种姓，表明他们从事布料贸易。[1]

　　欧洲人进入阿拉尼这样的生产地会受到限制，他们买卖的大多数亚洲商品在生产过程中也都有这样的特点。在本书中，何安娜提到了中国的瓷器，它们产自通商口岸数百英里以外的地方。同样，印度的白棉布和印花棉布也经常在远离贸易港口的地方织成。东印度企业采买体系的第二个特点是，它们必须依赖一系列的中间人：首先，委托代理人在主要的沿海中心开展业务，通常是以合伙的形式；代理人继而利用其他"中间商"[或掮客，有时被称为德洛尔（delols）]，就所要生产的布料在类型、数量、价格和交货日期上达成一致；中间商可以继续转包，使用村子里一系列其他中间人[有时被称为皮卡尔（picars）]，将订单委托给这些人，支付一笔小额佣金，大约是价格1%~2%；其他中间人可能包括总管（gomastas，或gumashtas）和织工头目（head-weavers），他们聘用的织工

---

[1]　Sinnappah Arasaratnam, *Merchants, Companies and Commerce on the Coromandel Coast, 1650–1740* (Delhi: Oxford University Press, 1986), 267–8.

有时多达100名。①

这些复杂的、地理上相互联结的关系由合同和预付现金来进行约束。在生产布料的几个月（最多6个月）里，有必要预付现金来资助织户。如果布料生产分散且难以控制，那么整理阶段（染色、印花和设计）通常都在离工厂较近的地方进行。在17世纪70年代，欧洲的贸易商报告说，在马德拉斯，通过染整、雕版和城市附近在纺织品上用木炭进行设计，整理工作的劳动分工被高度细化。②这在一定程度上使定制生产成为可能，可以迎合欧洲人的口味。印度的印染商长期以来一直在为印度洋彼岸的市场生产布料，但这一事实并不意味着他们总是乐意接受欧洲商人的要求：从印度生产商的角度来看，欧洲的东印度公司只是国际市场众多布料买家中的一家。

负责工场的头目（"代理"）接到了精确的指示，并且拿到了样品（muster，即所需布料的样品）。有一封信发自马德拉斯圣乔治堡的工厂，寄往库达洛尔（Cuddalore）以南100英里处圣大卫堡（Fort St David）的分厂，信中解释道，样品是用来"向你们展示布料的好坏和染色的辉度"，不过信中

---

① 这些中介系统的复杂性源于在该国不同地区设立了不同的组织。例如见Carla M. Sinopoli, *The Political Economy of Craft Production: Crafting Empire in South India, c. 1350–1650* (Cambridge: Cambridge University Press, 2003), 186; and Ian C. Wendt, "The Social Fabric: Textile Industry and Community in Early Modern South India" (unpublished PhD thesis, University of Wisconsin–Madison, 2005), 145.

② Mattiebelle Gittinger, *Master Dyers to the World: Technique and Trade in Early Indian Dyed Cotton Textiles* (Washington, dC: The Textile Museum, 1982), 61.

还补充道："当织工在调整格子布（check）时，你们必须给予指导，一种样式的布料不能生产太多，并且在任何一种图案中都不能混入红色。"①从17世纪最后的25年开始，棉布印花在欧洲兴起，人们将其理解为英国东印度公司难以获得合适类型的设计时对此所作出的理性反应。由于欧洲人偏爱浅底碎花，他们找到了一种解决方案，那就是在欧洲印染从南亚进口的本白棉布。在18世纪，英国东印度公司纺织品货物中很大一部分不是由印花纺织品构成，而是由白色和漂白的印度布组成，这些布料将被运往诸如伦敦、法国的奥朗日（Orange）、米卢斯（Mulhouse），以及瑞士的几个城市进行印染，这一点笔者已经在别处展示过了。在18世纪上半叶，白棉布印染在欧洲成了一个技术难题，通过印度和中东的知识转移，这个问题得到了解决。②生产环节中，只有一部分由在印度购买的半成品（白布和漂白布）替代，使人们能够生产出适合欧洲消费者的样式，从而也使从向印度发出订单到收回成品布料这个过程不再耗时过长（长达两年），还使国内在生产过程的高附加值部分实现了专业化。

---

① "To the Worsh. James Hubbard Esq. Deputy Governor & C. Council of Fort St. David, 10 July 1739", in *Letters from Fort St George*, 1739. vol. 23 (Madras: Printed by the Superintendent, Government Press, 1931), 31.

② Giorgio Riello, "The Indian Apprenticeship: The Trade of Indian Textiles and the Making of European Cottons", in *How India Clothed the World: The World of South Asian Textiles, 1500 –1850*, eds. Giorgio Riello and Tirthankar Roy (Leiden: Brill, 2009), 309–46; Riello, "Asian Knowledge".

　　如马克辛·伯格所述，亚洲商品在欧洲的进口替代过程也是一个模仿和创新的过程。[1]大多数欧洲政府明令禁止进口亚洲纺织品（不仅有印度的棉花，还有中国的丝绸），这可能为在欧洲发展棉花工业提供了必要的体制框架和贸易保护制度。然而，还有其他因素在起作用，其中有一个因素是在印度采购的棉纺布料价格不断上涨。尽管17世纪上半叶东印度公司在印度的采购价格一直很低，但在18世纪却显著提高了。[2]到17世纪50年代，荷兰东印度公司（Dutch East India Company，简称VOC）注意到，自1690年以来，圭内斯布（guines）、萨拉姆普里布（salampuri）和其他布料价格的上涨幅度超过了50%。[3]英国东印度公司的情况也是如此：不可否认，17世纪90年代形势尚好，当时价格低廉，加价（伦敦的销售价格除以印度的购买价格）4倍。到18世纪50年代，布料的价格上涨了一倍多，加价下降了50%。[4]

---

[1] Berg, "In Pursuit of Luxury"; Berg, "From Imitation to Invention".

[2] 科罗曼德尔沿海地区（Coromandel Coast）的布料价格见 Kanakalatha Nukund, *The Trading World of the Tamil Merchant: Evolution of Merchant Capitalism in the Coromandel* (London: Sangam, 1999), esp. 181–2; and Chris Nierstrasz, *Rivalry for Trade in Tea and Textiles: The English and Dutch East India Companies (1700–1800)* (London: Palgrave, 2015), 171–4.

[3] Om Prakash, *The New Cambridge History of India*. Vol. II.5: *European Commercial Enterprise in Pre-Colonial India* (Cambridge: Cambridge University, Press 1998), 299.

[4] Riello, Cotton, chapter 4; 亚洲商品在欧洲价格的趋同，加价降低。见Pim de Zwart, "Globalization in the Early Modern Era: New Evidence from the Dutch-Asiatic Trade, c. 1600–1800", *Journal of Economic History* 76 no. 2 (2016): 520–58.

　　通过增加产量来满足欧洲旺盛的需求，英国东印度公司利润率较低的问题迎刃而解。17世纪90年代，该公司每十年向英国输入230万匹布料，到18世纪50年代，输入量增加到560万匹。这一战略为东印度公司在印度的采购体系带来的压力，东印度公司也感觉到了这一点，公司档案中满是对布料成本上涨和无法取得充足供应的抱怨。公司之间存在竞争是一个原因：英国人抱怨说，荷兰东印度公司在科罗曼德尔海岸有更好的供应体系，①这家荷兰公司在普利卡特（Pulicat）有一家工厂，就在马德拉斯以北30英里处，他们以此为据点，交易各种各样的优质布料，其中包括格子亚麻布（rumal）②、贝锡勒条子布（bethille）③、薄平纹棉布（gingam）④、塔夫太绸⑤（tafta）、切拉（chela）⑥和穆里布（muri），从海岸地区一直向南延伸到距马德拉斯300英里的纳加帕蒂南（Nagapattinan）。就马

---

① K.N. Chaudhuri, *The Trading World of Asia and the English East India Company, 1660–1760* (Cambridge: Cambridge University Press, 1978), esp. 245–53 and 299–305.

② 通常是一种丝质的印度平纹织物；或者是格子棉或方头巾，在印度被用作男子的头饰。——译者注

③ 印度手纺手织。——译者注

④ 该词17世纪来自荷兰语的gingang，马来语的genggang，起初意指条纹布。为薄平纹棉布，通常为白色和亮色织成的格子布。有的地方译为柳条布、方格花布、条子布。——译者注

⑤ 有人认为，他是麻织物，或一种丝织品，线缎；也有人认为它是塔夫太绸，为多股强捻蚕丝织就，平纹。——译者注

⑥ 切拉（也称chela，或chello, chillae），是一种棉方巾，多为蓝白条纹或方格，出自印度东北部。转引自 [意] 乔治·列洛著，刘媺译.棉的全球史 [M].上海：上海人民出版社，2018年版，第10页。——译者注

德拉斯地区本身而言，在海滨所有地方获得的印花棉布中，荷
兰东印度公司收到的印花棉布不论是材料还是工艺都是最优
的。①到18世纪早期，法国人也在本地治里（Pondicherry）
港开展业务活动，使东印度公司的布料供应压力倍增。②

　　英国东印度公司认为，采购价格不断上涨，布料供应遇到
困难，原因不仅是因为与其他公司的竞争日趋激烈，还因为当
地商人势力强大。位于圣乔治堡的工厂起初并不大，长约1/4
英里，宽不超过100码（图15-1）。③然而，英国东印度公司
的业务扩张明显，在17世纪七八十年代尤甚，马德拉斯市已
经深切地感受到了它的存在。1683年，新建了一座分拣布料
的大楼，1687年，英国东印度公司赋予该市法人资格。④

　　之所以能取得这样的增长，是因为这里有一个庞大的商
人群体，他们拥有每年采购数百万码布料所需的资金。⑤公司

①　Prakash, *The New Cambridge History of India.* Vol. II.5, 298–9.

②　Philippe Haudrère and Gérard Bouëdec, *Les Compagnies des Indes* (Rennes: Ouest France, 1999), 80.

③　John Fryer, *A New Account of the East India and Persia, Being Nine Years Travel, 1672–1681*, ed. William Crooke, 3 vols. (London: The Hakluyt Society, 1909), 1: 104. See also the print reproduced on the previous page.

④　H.D. Love, *Vestiges of old Madras, 1640–1800: Traced from the East India Company's Records*, 3 vols. (London: Murray 1913), 1: 471.

⑤　关于圣乔治堡（Fort St George）周边的所谓"白人小镇"（white town）和人口超过10万人的"黑人小镇"（black town）之间的社会隔离，见Søren Mentz, "Cultural Intersection between the British Diaspora in Madras and the Host Community, 1650–1790", in *Asian Port Cities, 1600–1800: Local and Foreign Cultural Interactions*, ed. Haneda Masashi (Singapore: National University of Singapore Press, 2009), 167.

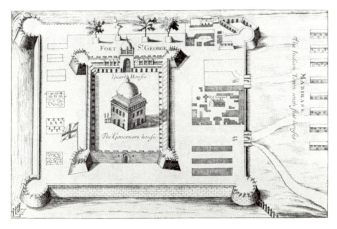

图15-1　马德拉斯圣乔治堡的平面图

注：英国东印度公司的工厂，建于1644年。

有时会在工厂门口张贴告示，要求商人们提供他们从织工那里取来的样品。[1]然而，市场并未开放。例如，在1669年，商人卡西·维兰纳（Kasi Viranna，或Veeranna）被任命为英国东印度公司在马德拉斯的总商（chief merchant）。在之后的十年里，据说他控制了英国东印度公司在南科罗曼德尔1/4的业务，在那里，从事织纴的村庄全部被称为"维兰纳的村庄"。[2]英国东印度公司无力与这种垄断力量相抗衡。对于英国东印度公司的抱怨，从商人们的回应中可以体味到他们

---

[1]　Jeyaseela Stephen, *Oceanscapes: Tamil Textiles in the Early Modern World* (New Delhi: Primus Books, 2014), 135.

[2]　*The Travels of the Abbé Carré in India and the Near East, 1672 to 1674*, ed. Charles Fawcett with Richard Burn, 3 vols. (London: The Hakluyt Society, 1947), 605. See also Stephen, *Oceanscapes*, 123–4.

的态度强硬，他们漫不经心地回答说："如果贵公司为了更准时地获得更便宜、更优质的商品，愿意去找其他商人，或者也能找到其他商人，那么您应该会为此感到欣悦。但是您办不到。"[1]

印度的质量标准
和英国东印度公司的采买

有人认为，印度棉布的采购价格不断上涨、难以获得所需要的各类布匹，传达设计规范过程复杂，这些都为欧洲棉花产业的发展提供了条件。然而，要想对欧洲生产的棉纱和布料质量的提升作出解释，就需要将其与印度采买的发展轨迹联系起来。在我看来，英国东印度公司在印度实施严苛的质量标准，对于塑造欧洲的棉花市场是有所助益的。该公司没有大量进口劣质布料，而是坚持要高标准，使得在英国和北美销售的印度棉纺织品在欧洲的销售价格保持稳定，而当时纺织品的价格普遍在下降。[2]然而，这种策略给英国棉花工业的发展带来了两个始料未及的后果。第一，通过让价格保持稳定，当地生产商

[1] *Records of Fort St George: Diary and Consultation Book; Vol. 1. 1672–1678* (Madras: Government Press, 1910): "Consultation in Fort St George 29 September 1674", 27.

[2] Riello, Cotton, 108; Maxine Berg, " 'The Merest Shadows of a Commodity': Indian Muslins for European Markets, 1750–1800", in *Goods from the East*, eds. Berg et al., 124–5.

更容易与进口的印度布料相抗衡，为向来有限的南亚供应提供了补充（而不是替代）。第二，该公司创造了"柠檬市场"（market for lemons）的反面，将可能会导致质量和价格普遍螺旋式下降的低等品排除在外。[1]高质量标准反而得以维持，这正是英国生产商最终设法要达到的标准。

或许在这里应该问一句，英国东印度公司是否在采购时有意推行质量优先的策略？初步的回答是并不存在这样的策略，这只是英国东印度公司实务中一种普遍的僵化做法。当然，该公司非常清楚，由于需求增加，质量普遍在下降。1723年，马德拉斯的磋商会（consultations）对工厂的业务情况进行了详细的说明，他们报告说，商人"告诉我们，他们不可能佯装能够提供4000包与样品完全一致的布料，他们竭尽所能，所能做的也只是尽可能让他们的织工在自己旁侧"。又补充道：

> 最近由于需求畅旺，所以布匹下机很快，不可能让它们跟样品一样优质，织工们总能满足数量要求，甚至能提供更多布匹。要是他们这么做了，那就不能假装自己能保证质量。因为我们可以肯定，工作匆忙的人，准是比自己时间富余时更粗心大意。因此，当这个地方每年提供1000包布料时，要是他们想与样

---

[1] 关于"柠檬市场"的最初提法，见George Akerlof, "'The Market for Lemons': Quality Uncertainty and the Market Mechanism", *Quarterly Journal of Economics* 84 no. 3 (1970): 488–500.

品保持一致，这很容易办到。但是，需求量现在已
经增加到了4000包，还指望质量能跟以前一样，这不
合理。[①]

　　英国东印度公司试图通过建立一个质量分类体系来扭转这
种不利的情况，该系统适用于带到工厂的所有布料。对于商人
提供的每种布料，这个体系至少包含3种不同的质量等级（一
等，二等，诸如此类）。然而，英国东印度公司的档案中充斥
着公司和商人之间的纷争。例如，在1674年人们就注意到，
商人们毫不怀疑"自己能让织工们更严格地遵守规定"，尽管
他们坚持认为"无论布料的种类或者质量如何，要是不允许有
二等和三等布料，那交易就无法达成。为什么它们达不到一等
布料的完美要求？因为他们已经购入了，所以他们必须要将这
些布料销售出去。"[②]显然，就算织布工提供的布料不合标准，
商人们也觉得必须予以接受。而英国东印度公司拒绝接受这类
布料，他们辩称，自己不能像荷兰东印度公司一样出售劣质
产品："那家荷兰公司的做法也一样，只不过他们大部分的二
等和三等布是在其香料群岛（Spice Islands）、日本、望加锡

[①] *Records of Fort St George: Diary and Consultation Book, 1722–1724* (Madras: Madras Government Press, 1930), 145 (20 December 1723).

[②] *Records of Fort St George: Diary and Consultation Book; Vol. 1. 167–1678* (Madras: Government Press, 1910): "Consultation in Fort St George 29 September 1674", 28.

（Maccassar &c.），以及南太平洋（South seas）的部分地区
售卖，只将他们的一等布运到欧洲。"①

对布料质量进行检查，是英国东印度公司的工场开展的一
项重要活动。这是"库管员"（warehousekeeper）的工作，
他必须要确保交付的布料在纱线支数、精整加工程度和整洁度
方面与样品相符。总督和委员会有时会要求将不同类型的布
料包带到磋商室，"将它们与样品进行比较"。②更常见的情况
是，由分拣员承担此项工作，他们将整包布料拆开，以避免有
人作假，将优质的布料放在布包的顶部，将廉价布料放在下
面。他们还必须检查同一块布料上面纱线支数是否相同，因为
织工刚开始织的时候，布料支数较高，再继续织，就会降低支
数，而布料折叠部分支数就低，这种情况很常见。③库管员的
工作并不容易：他们抱怨说，由于布料在装运之前时间通常已
所剩无多，所有的检查都要很快做完。他们反过来又会被指
控收受商人贿赂，接受他们质量低劣的布匹，并将其标记为

① *Records of Fort St George: Diary and Consultation Book; Vol. 1. 167–1678*
(Madras: Government Press, 1910): "Consultation in Fort St George 29 September
1674", 28.

② *Records of Fort St George: Diary and Consultation Book, 1699–1702* (Madras:
Madras Government Press, 1922), 39 (7 June 1700).

③ 关于织工隐藏疵点的方法，见Prasannan Parthasarathi, *The Transition to a
Colonial Economy: Weavers, Merchants and Kings in South India, 1720 –1800*
(Cambridge: Cambridge University Press, 2011), 25–6. 最终在18世纪下半叶，
英国东印度公司引入了一种由商人和工厂进行双重检查的制度。同上，92–3.

质量一等。①

　　质量不仅仅关系到布料本身的特性或者纱线的支数，也需要对尺寸加以控制，匹长和幅宽必须一致，这个要求必须达到。1722年，公司在马德拉斯的一位雇员提出："我们必须提醒您，要让商人们严格遵守布料匹长、幅宽和质量方面的要求。"②这决计不是一件小事：长度要非常精确，欧洲消费者对这一点已经习以为常。对进口的纺织品而言，既不能与质量理念相背离，又要遵循各项法律规程。③法国东印度公司的信函中解释说，在法国，只有某些尺寸的布料容易售卖。信中建议，身处印度的代理人要弄到"为法国人印染的那种普通轧光印花布（chittes），④因为它们宽度（合适）"。尽管法国人承认，价格低廉的品类"不可能会跟这些布料一样长"，它们可能会适用于要求比较低，由"普通人"组成的市场，也可能会

---

① *Records of Fort St George: Diary and Consultation Book; Vol. 11. 1692* (Madras: Government Press, 1917): "Letter of John Nick, 5 July 1692", 27–9.

② *Letters from Fort St George, 1722–1723*. Vols. 18 and 19 (Madras: Printed by the Superintendent, Government Press, 1931): "To the Worship. [Will.m] Jennings Esq., Deputy Governor of Fort St David & C., Council, 9 March 1721–2", 7 (no. 9).

③ Philippe Minard, "Réputation, normes et qualité dans l'industrie textile française au XVIIIe siècle", in *La qualité des produits en France, XVIIIe-XXe siècle*, ed. Alessandro Stanziani (Paris: Belin 2004), 69–92.

④ 与chintz同，是表面经过轧光整理的版印印花棉布，布面光滑平襟，图案设计以花卉为题材，色彩鲜艳。转引自：乔治·列洛著，刘媺译：《棉的全球史》，上海人民出版社2018年版，第11页。

适用于"美洲岛屿"。①信中还解释说，即使在尺寸上已经达成一致，"即使是同样的工人，在匹长上也会有所不同——有些人会比规定的多出一两指，而有些人会少给一些"。英国东印度公司也得出了类似的结论时，当时它观察到"即使一个织工穷尽了自己所有的技能，也不能把一块巴夫棉布（bafta）②或一幅丝织品（stuffe）③织得又厚又好，就算他使用相同的纱线，而且他所使用的纱线数量也相同，也很难做到这一点。在干燥的时候和在雨天或湿润天织出来的东西也是不一样的"。④

所有的欧洲公司都要面临质量问题。想要明确地对不同公司所采取的策略进行区分，目前这方面的研究还不充分，尽管如此，我们还是可以谨慎地得出一个结论：英国东印度公司始终反对接受低质量标准。1726年，居住在马德拉斯以北500公里处安得拉邦（Andhra Pradesh）梅奇莱帕坦（Metchlepatam）的一位居民被他在圣乔治堡的上司告知，尽

---

① Archives Nationales de France, Archives d'outre Mer (Aix-en-Provence), C2 67f, 189–189v, Ougly 18 December 1704. Cit. in Indrani Ray, "The French Company and the Merchants of Bengal (1680–1730)", in *The French East India Company and the Trade of the Indian Ocean: A Collection of Essays by Indrani Ray*, ed. Lakshmi Subramanian (New Delhi: Munshiram Manoharlal, 1999), 68.
② 原为波斯语，意思是："机织成的"，是非洲和印度贸易中的常用术语。源于印度，长度较短，有译作平纹印花棉布，也有译作丝棉混织品。——译者注
③ 有译作丝织品和锦缎，还有译作棉毛交织衬里布，呢绒。——译者注
④ William Foster, ed., *English Factories in India: Vol. 11. 1661–64* (Oxford: Clarendon Press, 1923), 112.

管他们已经知悉"你所提到的困难，但你必须让织工们接受公司萨兰波小彩格布（Salampores）的宽度标准"，但是这位居民"绝不能接受任何低于这个幅宽的布料，必须是全幅"。[1]几年以前，在马德拉斯自身的表述中，这个原则已经成了惯常做法："那里的商人希望我们带着尺寸不足的布料离开，可以适当减量。我们决心已定，并且一致同意：对于任何接受这种布料的行为，我们不会放任不管。必须满足通常的匹长、幅宽标准。除非确有必要，需派遣船只填补吨位空缺，否则，我们这样做是正确的。"[2]

结论

本章追溯了1650—1750年英国东印度公司在印度采购纺织品与英国棉花工业发展之间的关系，以马德拉斯为中心，表明不应该将欧洲进口的布料视为一个特定的类别，来对其质量进行衡量。对于英国乃至整个欧洲能独立发展的棉花产业而言，关键问题依旧是质量而不是生产力。然而，本章已经说明这样的"质量"是如何产生的：一是由于未能获得大量的印度

---

[1] *Letters from Fort St George; Vol. 20. 1726* (Madras: Printed by the Superintendent, Government Press, 1931): "To Mr John Sanderson Resident at Metchlepatam, 18 August 1726", 36 (no. 58).

[2] *Records of Fort St George: Diary and Consultation Book, 1709–1711* (Madras: Madras Government Press, 1929), 129 (13 December 1710).

布料，二是由于英国东印度公司只接受最高标准布料的僵化做法。因此，要通向"质量驱动"的工业化道路，不能仅仅依赖于欧洲消费者设定的标准以及英国、法国和欧洲其他地区的生产商随后所采取的行动，还应该与下述三个方面相联系：一是印度复杂的纺织品采购体系，二是当地的商人和织工所扮演的角色，三是英国东印度公司在亚洲的雇员构建和维护质量观念的方式。

（乔治·列洛）

第十六章
作为有用知识的植物学：
旧制度末期法国的全球植物采集

在18世纪80年代或90年代早期，法国皇家植物学家兼植物猎人安德烈·米肖（André Michaux，1746—1802年）写下一封提议，大概说明了在法国南部港口城镇巴约讷（Bayonne）建立一个新植物苗圃的计划。提议的副本被送到了他的赞助人皇家医生兼植物学教授纪尧姆·勒莫尼埃（Guillaume Le Monnier，1717—1799年）那里，可能另外还有副本被呈送给了巴黎及周边地区其他有影响力的人士。安德烈·米肖的目标是获得皇室批准，获取资金支持，来创建园圃，用以"驯化大量的（外来）植物"。苗圃将在成功引进新药物、食品、用于艺术和制造的材料，以及"经济用途"尚未确定的植物方面发挥重要作用。安德烈·米肖总结道，在像巴约讷苗圃这样的地点专门来培育和研究外来样本，将会"使植物学更有用处"。①

---

① 巴黎国家自然历史博物馆（Muséum National d'Histoire Naturelle，简称MNHN，后同）中央图书馆（Bibliothèque Centrale），Ms357 Le Monnier, XX, André Michaux, "Projet concernant l'etablissement d'une pépinière d'arbres et plantes étrangères dans les environs de Bayonne". 未注明日期的文件，写于18世纪80年代末或90年代初。

有鉴于此，安德烈·米肖拟议的计划恰好与18世纪法国历代政府所宣扬的一个更为广泛的目标相契合：先收集商业原材料，然后增强时人对如何培育这些原材料，以及随后如何将其转化为商品的认识，通过这一过程来改善经济。这类举措目标明确，那就是发展植物栽培和使用方面实用的专门知识，这使得其稳固地置身经济史学家和技术史学家所谓"有用知识"的范畴之内。[①]从科学的角度来看，对这些自然产物进行系统的研究促使一个研究领域得以发展，这个领域现在被称为植物经济学。

像安德烈·米肖这样的项目，以及本章将要讨论的其他项目，让我们能够探索科学知识和经济概念在18世纪的法国是如何交织在一起的。本章着重研究为了便于对植物进行转移，人们如何对有用的自然知识加以发展。对于从东方运往欧洲的植物来说，这一点尤为重要，因为与那些穿越大西洋的植物相比，它们所经过的距离要长得多，而学术界对植物的跨大西洋移动研究得比较多。[②]虽然法国建在殖民地的植物园确实使在

---

① Maxine Berg, "The Genesis of 'Useful Knowledge' ", *History of Science* 14 (2007): 123–33; Maxine Berg, 'Useful Knowledge, Industrial Enlightenment", and the Place of India', *Journal of Global History* 8, no. 2 (2013): 117–41.

② James E. McClellan Ⅲ and François Regourd, "The Colonial Machine: French Science and Colonization in the Ancien Régime", *Osiris* (2001): 31–50; Christopher Parsons and Kathleen S. Murphy, "Ecosystems Under Sail: Specimen Transport in the Eighteenth-Century French and British Atlantics", *Early American Studies: An Interdisciplinary Journal* 10, no. 3 (2012): 503–29; Londa Schiebinger, *Plants and Empire: Colonial Bioprospecting in the Atlantic World* (Cambridge, Mass. and London: Harvard University Press, 2004).

不同的阶段对植物进行转移更容易成功，但航程缓慢而艰辛，意味着样本的存活率整体上仍然很低。解决全球植物长途运输带来的实际问题刻不容缓。①

笔者首先考察了在经济史和科学史领域如何理解有用的知识，探讨了具体来说重商主义的经济思想如何对法国的自然历史收藏产生影响。之后，笔者从一组档案中抽取了几个实例，它们将法国与马斯克林群岛（Mascarenes）、印度和中国联系在了一起。在每一例中都要介绍一位采集者，他们迥然不同：一位是懂行的领事、一位是热心公益的船厂，还有一位是皇家植物猎人。在每一例中都将揭示，在法国从东方竭力获取或者培育植物的举措中，有用的自然知识是多么重要。笔者所举的三个例子指向了各种各样的正式机构与非正式机构，它们在不同程度上促进或阻碍了与植物相关的有用自然知识的传播。

有用的知识

乔尔·莫基尔解释说，有用的知识是实用的知识形式，它将隐性知识和显性知识两个方面结合在一起。隐性知识很难用文字或图像来表达，它往往看起来不那么正式，经常与技术的历史放在一起讨论。另一方面，显性知识可能会被编撰，因此更容易被

---

① Sarah Easterby-Smith, "Recalcitrant Seeds: Material Culture and the Global History of Science", *Past and Present*, Supplement 14 (2019): 215–42.

传播。[①]有用知识的历史是整个技术史的核心，特别是对于18世纪的研究，讨论的重点是理解推动工业化，并最终促成工业革命的过程。[②]过去几年里，有用知识研究的全球史转向将关于有用知识出现、分布和积累的讨论放置在了一个更大的框架之内。全球史最初重视对世界不同地方的工业扩张进行比较，很少特别关注有用的知识。[③]然而，随后的研究，尤其是马克辛·伯格、帕尔萨南·帕塔萨拉蒂（Parsannan Parthasarathi）、乔治·列洛等人的研究坚持认为有用的知识在全球经济发展中处于中心地位。他们的研究使得争论发生了改变，从研究比较性问题转向对互联互通和交流进行研究。总而言之，它强调了理解社会联系和文化背景的价值，它们不仅对制成品的开发和流通至关重要，对包含有用知识的技术和实践的发展和流通也很重要。这些工作引发了一系列细致入微的研究，它们将技术发展的历史置于全球交流这一更为广泛的地理背景之中。[④]

---

① Joel Mokyr, *The Gifts of Athena: Historical Origins of the Knowledge Economy* (Princeton: Princeton University Press, 2002).

② Peter M. Jones, *Industrial Enlightenment: Science, Technology and Culture in Birmingham and the West Midlands, 1760–1820* (Manchester: Manchester University Press, 2008).

③ 现在最经典的例子当然是彭慕兰，见Kenneth Pomeranz, *The Great Divergence: China, Europe, and the Making of the Modern World Economy* (Princeton: Princeton University Press, 2001).

④ Berg, "Useful Knowledge"; Prasannan Parthasarathi, *Why Europe Grew Rich and Asia Did Not* (Cambridge: Cambridge University Press, 2011); Giorgio Riello, Cotton: *The Fabric That Made the Modern World* (Cambridge: Cambridge University Press, 2013).

后一类研究所采用的方法，与科学史中最近发展起来的方
法密切相关，后者倾向于研究联系而不是进行比较，钟情于使
用微观史学的方法。信息必须移动，才能成为知识，通常要就
知识展开讨论并重新对其进行诠释，而不是简单地加以吸收和
消化，基于这样的原则，大量出版物探讨了中间媒介、可移动
的个人和便携式物体在促进不同文化间信息的传递和新知识的
发展方面所起的作用。[1]要对18世纪进行研究，关键是要清楚
地理解构成信息交流和流通框架的殖民与非殖民联系在形式上
存在什么差别：18世纪的全球形势在很大程度上（虽然不完全
是）是由帝国势力（imperial dynamics）来决定。对18世纪进
行研究，有助于我们理解与世界某一地区相关的知识体系是如
何在与其他地区的知识体系进行接触时崭露头角。[2]认识到欧
洲的知识积累实际上就是全球流通和交流的产物［利萨·罗伯
茨（Lissa Roberts）称之为"弥散"（dispersion）］，从根本上
改变了经济发展和科学方面所有研究的性质。[3]这种观点促使

---

[1] Ursula Klein and E.C. Spary, eds., *Materials and Expertise in Early Modern Europe* (Chicago: University of Chicago Press, 2006); Simon Schaffer, Lissa Roberts, Kapil Raj, and James Delhourgo, eds., *The Brokered World: GoBetweens and Global Intelligence, 1770–1820* (Sagamore Beach, Ma: Science History Publications, 2009).

[2] Sujit Sivasundaram, "Sciences and the Global. On Methods, Questions, and Theory", *Isis* 101 (2010): 146–58; Kapil Raj, *Relocating Modern Science: Circulation and the Construction of Knowledge in South Asia and Europe, 1650–1900* (New York: Palgrave Macmillan, 2007).

[3] Lissa Roberts, "'*Le Centre de toutes choses*': Constructing and managing centralization on the Isle de France", *History of Science* 52, no. 3 (2014): 322.

我们对当地环境和全球框架之间的关系仔细地进行定性分析。

法国自然历史的采集过程

欧洲的植物科学在全球交流中受益颇多，植物学通常被认为是18世纪的一种"大科学"（big sciences），历史学家们已经展示了欧洲政府是如何投入大量的时间、金钱和精力，来获取本土和外来植物的数据。从植物学研究中获取有用的知识，可以促进国内、欧洲殖民地和贸易点的农业、医药和制造业的发展。科学显然有潜力服务于经济发展的实用主义目的，这意味着在整个18世纪，科学在许多欧洲国家的议程中占据了首要位置。事实上，植物学与18世纪欧洲殖民的期冀之间纠葛如此之深，以至于诸如"殖民植物学"或"帝国植物学"之类的短语现在已经成为常见的史学习语。[1]

鉴于对植物进行的科学研究在支持欧洲殖民主义方面起着核心作用，因此我们可以假设，这门学科是18世纪在国家的密切监督下发展起来的。历史学家詹姆斯·E. 麦克莱伦三

[1]　Yota Batsaki, Sarah Burke Cahalan, and Anatole Tchikine, eds., *The Botany of Empire in the Long Eighteenth Century* (Washington, dC: Dumbarton Oaks, 2016); Londa Schiebinger and Claudia Swan, eds., *Colonial Botany: Science, Commerce and Politics in the Early Modern World* (Philadelphia: University of Pennsylvania Press, 2005). See also Richard Drayton, *Nature's Government: Science, Imperial Britain, and the "Improvement" of the World* (New Haven and London: Yale University Press, 2000); Schiebinger, *Plants and Empire*; Spary, *Utopia's Garden*.

世（James E. McClellan Ⅲ）和弗朗索瓦·勒古尔（François Regourd）认为，法国极权主义政府开发了一种"殖民机器"，用来指导和组织在其殖民地开展的大部分自然历史研究。[1]这种对集权主义法国国家运转的机械隐喻尚存争议，这一直也是广泛的史学争论的主题。[2]不管人们是否同意他们的机器论，但他们强调重商主义，将其作为旧体制下法国自然历史采集的总体框架，这是恰当的。本文将会对此做进一步的阐释：我们将会看到，重商主义者在积累和权力之间建立起了联系，为许多法国采集者提供了一个重要的结构性工具。[3]

最近在文化思想史方面的研究探究了政治经济学理论与数据收集项目之间相互影响的方式。弗雷德里克·奥尔布里顿·琼索（Fredrik Albritton Jonsso）研究了"全球商业的

---

[1] James E. McClellan Ⅲ and François Regourd, *The Colonial Machine: French Science and Overseas Expansion in the Old Regime* (Turnhout: Brepolis, 2011), 24.

[2] Loïc Charles and Paul Cheney, "The Colonial Machine Dismantled: Knowledge and Empire in the French Atlantic", *Past & Present* 219 (2013): 127–63; Kenneth Banks, "Communications and 'Imperial Overstretch': Lessons from the Eighteenth-Century French Atlantic", *French Colonial History 6* (2005): 17–32; Roberts, "Le Centre".

[3] 最近，历学中不少人强调以去中心的方式来思考18世纪的采集和知识转移的价值，对这种方法我深表赞同。见Roberts, "Le Centre"; John McAleer, "'A Young Slip of Botany': Botanical Networks, the South Atlantic, and Britain's Maritime Worlds, c. 1790–1810", *Journal of Global History* 11, no. 1 (2016): 24–43; Dorit Brixius, "French Empire on the Ground: Plants, Peoples, and Knowledge in the Service of Eighteenth Century Isle de France" (unpublished PhD dissertation, European University Institute, 2017).

竞争生态"，这种生态在18世纪欧洲关于自然界的学术研究中显而易见。这些商业生态并不一定是按照国家界限来划分，大多数国家在如何最好地对自然界加以开发方面展开过激烈的辩论。法国旧政权大体上可以被概括为是重商主义者，但重商主义倡导者并不总是彼此相互认同，而且他们面临着来自其他经济理论，尤其是重农主义支持者激烈的角逐。①尽管如此，重商主义者强调积累——不仅积累金银，而且积累信息——在政府政策和收集实践中仍占有重要地位。

正如雅各布·索尔（Jacob Soll）所展示的那样，17世纪在让-巴普蒂斯特·柯尔贝尔（Jean-Baptiste Colbert）领导下创建的皇家机构，如国王图书馆（Bibliothèque du Roi），提供了一个可以收集新信息的官僚体系，这些机构也明显体现出了专制国家的影响力。当然，早在路易十四和柯尔贝尔建立国王图书馆之前，王公贵族的收藏就已经与权力联系在一起了。但是，因为柯尔贝尔相信积累的知识对国家有实际价值，

---

① Fredrik Albritton Jonsson, "Rival Ecologies of Global Commerce: Adam Smith and the Natural Historians", *American Historical Review* (2010): 1342–63; Fredrik Albritton Jonsson, *Enlightenment's Frontier: The Scottish Highlands and the Origins of Environmentalism* (New Haven and London: Yale University Press, 2013); E.C. Spary, "'Peaches which the Patriarchs Lacked': Natural History, Natural Resources, and the Natural Economy in EighteenthCentury France", in Œconomies in the Age of Newton annual supplement to vol. 35 *History of Political Economy*, eds. Neil De Marchi and Margaret Schabas (Durham and London, Duke University Press, 2003): 14–41.

所以知识和权力之间的联系有了新的适切性。因此，他坚持将
收藏的书籍和手稿归入政府档案。①

史蒂芬·范达姆（Stéphane Van Damme）借鉴索尔的
观点，认为推动17世纪和18世纪法国东方主义研究的逻辑是
一种"知识重商主义"。范达姆解释道，"手稿研究显然与一
种重商主义的知识观类似，其基础是富国、强国的愿望……
在图书管理员的话语中，手稿的丰富程度与金钱的富足程度
相对应"。②范达姆通过研究东方主义学者和旅行者亚伯拉罕-
亚森特·安格提勒·杜佩隆（Abraham-Hyacinthe Anquetil
Duperron，1731—1805年）的活动，对这种关系进行了探
索。杜佩隆获取手稿的方法，突出了这一时期科学、商业和政
治之间存在密切的联系。③因此，重商主义不仅只与经济活动
有关。

知识重商主义也鼓励取法自然。事实上，杜佩隆的亲兄
弟艾蒂安-让·恩奎蒂尔·德·布里昂科特（Étienne-Jean

---

① Jacob Soll, *The Information Master: Jean-Baptiste Colbert's Secret State Intelligence System* (Ann Arbor: University of Michigan Press, 2009).

② Stéphane Van Damme, "Capitalizing Manuscripts, Confronting Empires: Anquetil-Duperron and the Economy of Oriental Knowledge in the Context of the Seven Years' War", in *Negotiating Knowledge in Early Modern Empires. A Decentred View*, eds. László Kontler, Antonella Romano, Silvia Sebastiani, and Borbála Zsuzsanna Török (Basingstoke and New York: Palgrave MacMillan, 2014), 109–28（引自第114页）。

③ Van Damme, 'Capitalizing Manuscripts', 111–15.

Anquetil de Briancourt，约1727—1793年）的例子富有
教益，并将成为笔者的第一个研究案例。1758—1779年
间大部分的时间里，德·布里昂科特在繁荣的古吉拉特邦
（Guajarati）港口城市苏拉特（Surat）做商人（最后成为法
国领事）。然而，1779年编制的德·布里昂科特财产的部分
清单显示，他和他的家人不仅从事贸易，而且广泛从事学术
研究。他们的图书馆里收藏了1000多本欧洲书籍，而且他们
还拥有大量的科学仪器，主要用来研究天文学和电学。[1]在
德·布里昂科特写给他巴黎赞助者的信中透露，他还在附属
于他住宅的法式花园（jardin français）里收集有用的植物样
本，还试图将可获得的一些最具经济价值的样本，尤其是茶树
（Camellia sinensis）引入到古吉拉特邦。[2]然而，除了恩奎蒂
尔·德·布里昂科特请求给予指示的地方之外，法国其他各色
知识机构并未给予他其他方面明确的指示，他的兄弟也是一
样。1761年，德·布里昂科特写信给他巴黎的赞助人，他解

---

[1]　Minstre des Affairs Étrangères, Nantes, 2mi 2153, Consulat de France-Comptes de
commerce des navires, 1774–1784. "Copie du Brouillon de la note d'une partie des
effets de M. Anquetil, qu'il demandoit à M. Gambier (Tannoh, 8 Mars 1779)".

[2]　法国国家档案馆（Archives nationales de France，简称AN，下同），177 mi
198；Dossier 149；Papiers de Malesherbes, Pièces 15–18。艾蒂安-让·恩奎蒂
尔·德·布里昂科特（苏拉特）写往马勒塞布（Malesherbes）的信，1761年
4月；1762年2月。从现存的档案资料来看，尚不清楚艾蒂安-让·恩奎蒂尔·
德·布里昂科特是否有真正的茶叶标本。

释道，"我不能在这里研究自然以外的任何东西，为了更好地研究它，我恳请（您）给我发来明确的指示，以及一些新的（关于自然历史的）回忆录。"①尽管七年战争（Seven Years' War）造成的混乱意味着发出的东西几乎没有什么能真正送达德·布里昂科特那里，但他的赞助人还是尽其所能对他予以帮助。

恩奎蒂尔兄弟并不是按照法国方面的指令行事，而是要求法国方面给予指示。他们之所以从事研究，主要是因为他们认为自己是鉴赏家，他们的活动是其试图建立受人尊敬的学者声誉尝试这种的一个部分（兄弟俩都没有成功，尽管原因各不相同）。他们独立的活动与重商主义数据收集项目的总体目标相契合，表明这种经济框架具有文化影响力。

然而，更仔细地审视他们的活动，也会发现知识重商主义具有局限性。到目前为止，所发现的证据表明恩奎蒂尔·德·布里昂科特对具体细节似乎并没有兑现。尽管他在给巴黎的信中提到，他参与了植物驯化项目和其他有用的实验，但对成功实施他的计划所需的实用知识却只字不提。在他的信中，只是列出了他所获得的物品。②关于德·布里昂科特在苏拉特最初几年的学术活动，可能还有更多的材料尚待发掘。然而，原始资料目前给人的印象是，德·布里昂科特没有参与实

① 法国国家档案馆，177 mi 198，艾蒂安-让·恩奎蒂尔·德·布里昂科特写往马勒塞布的信，1761年4月，1762年2月。
② 同上。

际事务。这似乎很奇怪，因为在18世纪针对海外收集者出版了许多指南，明确要求他们注意有关植物生长和栽培特性的实际问题，移植的项目要想取得成功这些信息至关重要。[①]当然，恩奎蒂尔·德·布里昂科特可能对这些细节一无所知，特别是如果他将栽培他所收集的经济样本的任务委派给仆人的话。由此看来，尽管德·布里昂科特知晓收集和栽培有用植物的大体方向，但要么是没有人指点过他18世纪在植物学界出现的更为精确的要求，要么就是——他得到了这样的指导——他并不愿意照此办理。

功用与采集

恩奎蒂尔·德·布里昂科特作为采集者的这个例子，与主要城市的机构之间关系相当松散。本文所举的第二个例子，让我们思考在巴黎皇家机构内部和周围工作的人们在多大程度上能够就内部结构、赞助关系和官僚主义的约束达成一致，这3个方面都是18世纪后期大都市科学的特点，它还凸显了征聘合适的人员进行知识转移的重要性。为此，我们回到巴黎，特别是回到与皇家花园有关的由植物学的赞助人和园丁组成的小圈子。

1788年2月，一位热心公益的海军上校富尼耶船长

---

① 例如，见Parsons and Murphy, "Ecosystems Under Sail".

（Captain Fournier）①给朗布依埃（Rambouille）皇家农场的主管亨利-亚历山大·特西尔神甫（Abbé Henri-Alexandre Tessier，1741—1837年）写了一封信。福尼耶表示，他希望将有用的蔬菜运输到法兰西岛（Île-de-France，指毛里求斯），这些蔬菜可能在那里能适用于农业用途，他可以以此实现自己报效国家的愿望。他解释说，他的船只下一次航行时只装载少量货物，因此，将会有足够的空间来运载植物活体。他提供足够的空间和给养运输蔬菜活体的承诺很新奇，几乎闻所未闻。特西尔立即行动起来，将这封信的副本呈送给了皇家大臣兼法国科学院（Académie des Sciences）成员克雷蒂安-纪尧姆·拉穆瓦尼翁·德·马尔泽布（Chrétien-Guillaume Lamoignon de Malesherbes，1721—1793年）、海军大臣塞萨尔·亨利·德拉·卢塞恩（César Henri de La Luzerne，1737—1799年），以及皇家花园（皇家植物园）的首席园丁安德烈·图因（André Thouin，1746—1824年）。随后他们进行了长达6周的通信，在信件中，他们决定该将哪些蔬菜送到马斯克林群岛（Mascarenes），如何确保他们在旅途中存活下来，以及最重要的是，如何为整个规划筹集资金。②

① 这个富尼耶和我在莎拉·伊斯特比-史密斯一文中提到的那个富尼耶船不是同一个人，见Sarah Easterby-Smith, "On Diplomacy and Botanical Gifts: France, Mysore and Mauritius in 1788", in *Botany of Empire*, eds. Batsaki *et al.*
② 巴黎国家自然历史博物馆，Ms 47, "Documents divers concernant les îles de France et de Bourbon". Letters exchanged between 14 February and 1 April 1788.

这个项目在两个方面具有启发意义：首先，信件揭示了在构成集权主义国家的各个机构中，要获得支持和获取资金牵涉复杂的社会和政治问题。安德烈·图因是这些谈判的核心人物，为了给这个项目安排资金，他设计了一套复杂的障眼戏法。总的来说，他首先向皇家花园的主任孔德·德·布封（Comte de Buffon）提出了这个建议。一旦布封被说服，会对这个项目予以支持，图因就会对外描述整个项目是由布封倡导的——而不是他自己倡议的。随后，他与卢塞恩谈判，以争取海军的资金，卢塞恩表示会对该项目予以大力支持，并承诺（据图因所言）"将欧洲最有用的产品发往我们的殖民地，作为回报，（你们）把那些可能对法国有用的东西带回来"，但他不愿意在这上面投入大量的海军经费。图因最终达成了一项协议，即海军只资助运输费用，而皇家花园必须承担所有的其他费用。①这些谈判错综复杂，凸显出即便是那些直接服务于专制国家抱负的计划，要筹备任何涉及多个部门的新方案，都是一件极具挑战性的事情。

从这个例子中得出的第二个启示，将我们明确无误地带回到有用知识的领域。从商谈一开始，图因就坚持认为不应该将这些植物托付给船长一个人。他向卢塞恩解释说，"不幸的是，长期的经验常常告诉我们，在很多时候，在如此长的旅途

---

① 巴黎国家自然历史博物馆，Ms 47，"Documents divers"，Copy of letter from André Thouin to comte de La Luzerne, 14 February 1788.

中它们（植物）的保存很大程度上取决于航行中对它们的照料，而且一般来说，水手们很少能够做到这一点。我相信，为了确保这次运送能够成功，我们必须将植物托付给一位年轻、活跃而且还聪明的园丁。"①接着，图因又刻意强调了自己的观点："英国人很长一段时间以来一直遵循这种方法。"②因此，他指派一名园丁的请求得到了准许。

上面的引文显示，图因担心要是没有一位有技能的保管员加以照料，这些植物无法在被运往法兰西岛的旅途中存活下来。被委任的园丁是约瑟夫·马丁（Joseph Martin, 1788—约1819年），他曾在皇家花园接受过培训，在他离开之前得到了图因的悉心指导，学习了如何记录可能有助于发展有用自然知识的信息。图因给了这位年轻的园丁一套事先准备好的簿子，他要在簿子上详细记录他在旅途中观察到的植物生长的每一个变化。总之，图因非常迅速地炮制出一个方案，不仅可以转移物品，而且还将会使这项技能进一步得到发展，从而有助于从整体上积累有用的自然知识。约瑟夫·马丁的参与绝对至关重要：他有技术，也有植物学知识，将会使他能够在旅途中学到东西。要成功收集有用的自然知识，实用的专门知识必不可少。

---

① 巴黎国家自然历史博物馆，Ms 47, "Documents divers", Copy of letter from André Thouin to comte de La Luzerne, 14 February 1788.
② 同上。

观赏效用

有用的植物和有用的自然知识是两码事。全球的植物迁移并不可靠，而且高度依赖实用的专门知识，在这种情况下，转移任何种类的植物（不管是观赏植物还是"有用的"植物）都可能对有用知识的整体发展做出贡献。本文第三个例子考虑了这两个范畴之间的关系，让我们再回到安德烈·米肖在巴约讷建立驯化苗圃的提议。

"有用的"和"装饰性的"东西往往被分开处理：对效用的研究被置于经济史和工业化的历史中，对"美"的考量则被置于设计史，尤其是园林史中。然而，在18世纪重商主义的框架内，漂亮的物品发挥了实用的功能，尽管大多数是奢侈品，没有直接的经济用途（除了几笔高价出售给富有收藏家的交易之外）。史蒂芬·范达姆展示了法国收藏家在知识重商主义的范围是如何操作的，他们重数量、轻质量，并且表露出明显偏爱具有美感的东西。[1]这种偏好是一个重要的提示，它提醒人们：早期现代的收藏家们在多大程度上对信息收集的象征维度做出反应；对政治声望的渴求如何成为一种重要的驱动力。因此，漂亮的物品很容易融入到重商主义的收藏经济之中。

从植物学的角度来看，收藏观赏性的奢侈品可以极大地促

---

[1]　Van Damme, "Capitalizing Manuscripts".

进实用的自然知识。安德烈·米肖在巴约讷修建苗圃的提议揭示了这些有用的知识是如何发展起来的。米肖在阐述修建苗圃的理由时，对种植"未栽培的"（野生）植物所需的知识和方法，以及在其来源国的农业或园艺环境中已经种植的植物所需的知识和方法仔细地进行了区分。米肖解释说，以中国的植物为例，负责苗圃的园丁必须"格外注意观察未经栽培的植物所发生的所有变化……它总是自暴自弃"。然而，"人工栽培"的植物与之形成了鲜明的对比，因为"在这些植物中，我们可以辨认出被征服的大自然的印记"，他将这些样本与"从中国送来的家畜"直接进行了比较。米肖解释说，在欧洲的花园里，外来的园艺植物很容易种植，只要"让它们接受在我们的花园里使用的各种方法，例如剪枝、嫁接，（以及）在树篱上种植"。[①]与驯化了的植物相比，野生植物需要以截然不同的方法加以对待；了解它们独特的需求对于确保将其成功驯化至关重要。然而，一位经验丰富、思维敏锐的园丁可以很容易地将这两种植物区分开来。

米肖的建议明确提及栽培有用的植物。然而，该项目成功所必需的实用知识撷取自娱乐花园（Pleasure Garden）。米肖根据自己栽培园艺植物的经验得出了他的观点，特别讨论了在时髦的欧洲中国园林（jardins chinois）里种植的中国观赏

---

① 巴黎国家自然历史博物馆，MS357, Le Monnier, XX, André Michaux, "Projet concernant l'etablissement d'une pépinière d'arbres et plantes étrangères dans les environs de Bayonne".

植物群。因此，实用性和观赏性并不是相互对立的。从培育观赏性植物中获得的知识可以用于培育实用性植物，从而获得更大的经济收益。通过处理漂亮的植物而发展起来的有用的自然知识，当然也能用于象征意义和声望的用途。

结论

在有用自然知识发展的过程中，经济概念和科学实践是其中的一个部分，本章简要探讨了它们是如何相互影响的。在某种程度上，本文受到了玛克辛·伯格2013年的文章《有用的知识，工业启蒙和印度的地位》（"Useful Knowledge, the Industrial Enlightenment and the Place of India"）的启发，[①]在这篇文章中，马克辛·伯格明确提出了将经济史与科学史相结合的观点。在本文中，我对经济概念和科学实践结合的方法其中一些方面进行了发展，借鉴史学观点的不同方面，来考量18世纪的经济概念如何影响收集科学数据的实践。[②]有用的知识，在这里被理解为对植物应该如何加以照料和栽培的实际

---

① Berg, "Useful knowledge".

② 与马克辛·伯格最初的讨论（侧重于技术）有一点不同的是，我一直把重点放在植物学上。马克辛·伯格指出，我们需要"超越二十世纪八九十年代对帝国和植物学广泛的研究核心，探究欧洲启蒙运动研究在艺术和制造业上更广泛的延伸"（第119页）。本章根据近代的史学发展，重新考虑了这些早期的植物学史。

认知，对于18世纪所有的植物采集项目而言，都是必不可少的。然而，我所讨论的这些例子表明也存在一些问题，也会有一些限制，它们使植物采集项目的发展变得复杂。

有用的自然知识开始与知识重商主义联系在一起，重商主义文化使恩奎蒂尔·德·布里昂科特有机会在苏拉特从事学术活动，并且也受到了支持。然而，他的例子也表明这种文化具有局限性，因为德·布里昂科特似乎没有向欧洲传播实用的知识。造成这种情况有一部分原因可能是起码在18世纪60年代初期，恩奎蒂尔·德·布里昂科特与法国大都市科学机构间的联系还相当松散。我们在第二个例子中看到，大都市的机构当然认识到了转移具备有用自然知识的物品所具有的价值，但即使在18世纪80年代，这项工作也仅只是权宜之计。围绕富尼耶船长植物转移任务所进行的协商，揭示了体制内机构间的竞争一直存在，它们决定了此类项目的组织和融资方式，也破坏了平稳运行的"殖民机器"的史学隐喻。最后，安德烈·米肖的提议完全符合我在前两个例子中展示的殖民地收藏文化。米肖的例子特别有用，因为它凸显了通常在不同经济圈中流通的商品——"有用的"和"装饰性的"——可以为同样的知识和实践目标服务。因此，即便是奢侈品，对有用的自然知识的发展也会有所贡献。

从更广阔的视野来看，本章所讨论的例子说明在国家的帝国框架下，以及在贸易公司内部，重视低级别的官员和中间人是由价值的。他们还凸显出尽管有用的自然知识对每个项目的成功至关重要，但对其进行编纂和传递仍然面临着巨大的挑战。在全球植物转移中所用到的植物能否存活，几乎完全取决于受托照顾它们的园丁的技艺，或者换句话说，取决于那些能够携带有用知识的人的积聚和移动。

（莎拉·伊斯特比–史密斯[①]）

---

① 莎拉·伊斯特比–史密斯（Sarah Easterby-Smith），在圣安德鲁大学教授和研究欧洲近代史。2010年，她被华威大学授予博士学位，曾为亨廷顿图书馆、耶鲁大学刘易斯·沃波尔图书馆、欧洲大学学院的成员。她的研究重点是科学、社会和文化之间的关系，以及信息、知识和文化的影响如何在国家之间和社会群体之间传播（或未能传播）。2017年，她出版了《培育商业：英国和法国植物学的文化（1760—1815）》。

第十七章

帝国的摩擦：18世纪80年代英国殖民统治时期孟买的遗嘱认证和财产网络

　　在此文中历史学家们界定了英国东印度公司在南亚次大陆上殖民地与宗主国之间财产与资金的流动，本章会对此详细地加以论述。[1]本章关注英国驻印军人和公务人员所积累的资产，这些人的资产比在英属殖民地成功发家的"大富豪"（nabobs）[2]的资产要少，而后者的财富太过庞大，对英-印社会的历史表象造成的影响特别巨大。[3]将这些财产关系置于跨大陆的人员、商品和信息流动中，促成了一个史学流派，它将扩展了的网络、圈子和关系网视作基本的经济引擎。在"新的"英国文化史学家、全球史学家和历史地理学家之间生动

---

① 本章引自玛戈特·芬恩的论述，Margot Finn, "'Frictions' d'empire: les réseaux de circulation des successions et des patrimoines dans la Bombay coloniale des années 1780", *Annales* 65, no. 5 (2010): 1175–204.

② 指在印度发了大财的英国人。——译者注

③ 对于富豪，见Tillman W. Nechtmann, *Nabobs: Empire and Identity in Eighteenth-Century Britain* (Cambridge: Cambridge University Press, 2010).对富豪的刻板印象和规范经济经验之间的巨大差距，见P.J. Marshall, *East Indian Fortunes: The British in Bengal in the Eighteenth Century* (Oxford: Clarendon Press, 1976).

有趣、持续不断的对话的启发下，"关注英国及其殖民地的互动关系"的方法丰富了英国经济增长的国家和都市/殖民地模型。然而，通过对孟买公司（Company Bombay）财产有限的流动性进行研究，笔者认为有必要精心构思帝国的网络模型，来解释帝国网络内部对流动的限制。

摩擦与流动

经济史学家们所争论的是，资本、商品和买卖从东印度公司流向宗主国的腹地，在多大程度上促进了近代英国空前的扩张和繁荣。这场争论的中心问题是对制度机制和绩效进行量化测度，它催生了关于国际收支、契约履行和财政国家兴起方面的文献，令人印象深刻。[1]然而，后殖民主义史学家越来越多地对帝国的方法予以批评，这些方法认为经济结果反映市场机制的透明运行和理性的经济选择。艾伦·莱斯特（Alan Lester）观察到，"不能认为资本主义具有某种存在于文化之

---

[1]　例如，Javier Cuenca-Esteban, "India's Contribution to the British Balance of Payments, 1757–1812", *Explorations in Economic History* 44, no. 2 (2007): 154–76; Santhi Hejeebu, "Contract Enforcement in the East India Company", *Journal of Economic History* 65, no. 2 (2005): 496–523; Patrick O'Brien, "Inseparable Connections: Trade, Economy, Fiscal State, and the Expansion of Empire, 1688–1815", in *The Oxford History of the British Empire; Volume II: The Eighteenth Century,* ed. P.J. Marshall (Oxford: Oxford University Press, 1998), 53–77; and Ralph A. Austen and Woodruff D. Smith, "The Economic Value of British Colonial Empire in the Seventeenth and Eighteenth Centuries", *History Compass* 4, no. 1 (2006): 54–76.

前，或者文化之外的逻辑或结构"。①相反，"新"帝国史学家
认为，资本主义的文化在塑造帝国经验方面起着决定性的作
用。目前，许多史学家将殖民地的经济文化放置在多层次的网
络或"有联系的地理环境"之中，认为英国及其殖民地"在
全球文化和政治结构中被紧密地交织在一起"，其中不仅包含
经济物品的流通，还包括话语、信息、人员和社会习俗的交
流。②帝国史将殖民地和宗主国之间的差异具体化了，新近的
殖民地文化史将精力倾注在话语构成上，与其相比，帝国网络
的方法预示着能够提供一个整合成一体的领域，在这里，可以
系统地将殖民主义的物质历史与殖民地权力和差异的历史重新
连接起来。③

---

① Alan Lester, *Imperial Networks: Creating Identities in Nineteenth-century South Africa and Britain* (London: Routledge, 2001), 2.

② Lester, Imperial Networks, 5; Natasha Glaisyer, "Networking: Trade and Exchange in the Eighteenth-century British Empire", *Historical Journal* 47, no. 2 (2004): 451–76; Zoë Laidlaw, *Colonial Connections, 1815–45: Patronage, the Information Revolution and Colonial Government* (Manchester: Manchester University Press, 2005); and Kerry Ward, *Networks of Empire: Forced Migration in the Dutch East India Company* (Cambridge: Cambridge University Press, 2009).

③ Alan Lester, "Imperial Circuits and Networks: Geographies of the British Empire", *History Compass*, 4, no. 1 (2005): 124 41; Claude Markovits, *The Global World of Indian Merchants, 1750–1947: Traders of Sind from Bukhara to Panama* (Cambridge: Cambridge University Press, 2000); Claude Markovits, Jacques Pouchepadass, and Sanjay Subrahmanyam, eds., *Society and Circulation: Mobile People and Itinerant Cultures in South Asia, 1750–1950*(London: Anthem Press, 2006); and Kapil Raj, *Relocating Modern Science: Circulation and the Construction of Knowledge in South Asia and Europe, 1650–1900* (Basingstoke: Palgrave, 2007).

然而，网络模型有一种侧重于"流动"——流畅的或不受阻碍的流通——的倾向，且深受其苦。研究殖民地的史学家认为，"流动"是帝国网络中占主导地位的模式。因此，莱斯特强调了连接英国、开普殖民地（Cape colony）和新南威尔士的线路，他说："殖民地和宗主国地区之间最明显的联系方式，经由资本、商品和劳动力的物质流动来完成。"① "流动"在水力方面的隐喻成功地传达出这样一个意思，即帝国网络具有力量和活力，它们有能力将存在文化差距的广阔地域覆盖和连接起来。但是弗雷德里克·库珀（Frederick Cooper）却认为它低估了这种差距，他指出，"经济和政治关系非常不平衡……凹凸不平，权力聚集之地，周围各处权力不太集中，社会关系密集之处，四周的社会关系比较分散。"②

在这一背景下，民族志学者罗安清（Anna Lowenhaupt Tsing）阐述了"摩擦"的概念，提供了一个富有吸引力的工具，可以用其增强英国帝国主义的网络化方法。罗安清对全球化模式提出异议，在全球化模式下"商品、思想、金钱和人员的流动……无处不在，畅通无阻"，对全球联系主流的分析假设"运动……在完全没有摩擦的情况下进行"，而罗安清认为这个假设是错误的。她分析，摩擦是一般化的历史力量和特定的文化背景在接触时所产生的空隙。罗安清认识到，资本

---

① Lester, *Imperial Networks*, 6.

② Frederick Cooper, *Colonialism in Question: Theory, Knowledge, History* (Berkeley: University of California Press, 2005), 91.

主义依赖于"全球联系"，这种联系"通过实现普遍梦想的渴望"得以传播，但她强调这些流动存在局限性，因为"这种普遍性很特殊：只有在实际遭遇棘手的实质性问题时才会发生"。在这个表述中，摩擦是资本主义（和其他）的普世主义（universalisms）与具有文化特异性的历史行为者（historical actor）之间的接触地带。对罗安清来说，摩擦是一个具有创造力的地方，而且它还富有成效，其中可以包含阻碍在网络中流动的阻力（但不仅限于此），这一点至关重要。因为摩擦，因为流动的中断，全球联系、社会互动和政治实践产生了新的可能性。按照这种解释，网络不断吞噬这些摩擦，而这些摩擦是由构成"跨越全球的资本和商品链条""不一致、难处理的联系"造成的。在全球网络中，汇兑的比率以及汇兑的资产取决于她所说的这种"附着性约定"（sticky engagement）所起的作用。"摩擦不仅仅会让事情慢下来"，罗安清总结道，"它也是让全球力量保持运转所必需的"。[1]

罗安清关于摩擦的概念与大卫·汉考克（David Hancock）关于18世纪商业的观点产生了共鸣。汉考克重点关注苏格兰商人，他们使马德拉（Madeira）葡萄酒能够在大西洋和印度洋世界生产和流通，汉考克也强调有必要将全球网络中成功的交流与失败的交流并置，并将这些结果理解为相互关联的（而

---

[1] Anna Lowenhaupt Tsing, *Friction: An Ethnography of Global Connection* (Princeton: Princeton University Press, 2005), citations 5, 1, 6, 4, 6.

非全然对立的）现象。18世纪的马德拉的商人将他们的经济
交易建立在个人关系基础之上，特别是建立在家庭、亲属、民
族和种族的关系之上，以此来补偿受运输和通信网络所限而造
成商品流和信息流的中断。这些个人关系增进了信任，降低了
风险，促进了商人之间信息的流动，但它们也为商业网络带来
了源源不断的摩擦，有时会阻碍沟通和交流。与商人只和与其
有合同关系的雇员沟通与交流相比，家庭成员和私人朋友不太
遵从市场规则。亲属依赖默许的、约定俗成的协议，这降低了
商人对新的市场机会快速做出反应并精确计算损益的能力。[1]
在这个动态关系中，摩擦和流动相互对立，但又紧密地联系在
一起，成为流通体系中同一枚商业硬币的两面。

　　尽管罗安清的流通、摩擦和流动模型优先考虑了经济网络
的政治动因，但汉考克的研究提醒我们，社会形态在地方和全
球之间的交流中起着重要作用。在这一点上，汉考克的方法与
布鲁诺·拉图尔（Bruno Latour）的社会概念是一致的，[2]它
让我们知晓全球贸易商的社交圈是由他们的商业网络构成的，
也是通过这种商业网络得以运行的，并不是在这些流通体系之

---

[1]　David Hancock, "The Trouble with Networks: Managing the Scots' EarlyModern
　　Madeira Trade", *Business History Review* 79, no. 3 (2005): 467–91, esp. 478–84.
　　另见David Hancock, *Citizens of the World: London Merchants and the Integration
　　of the British Atlantic Community, 1735–1785* (Cambridge: Cambridge University
　　Press, 1995).

[2]　Bruno Latour, *Reassembling the Social: An Introduction to Actor-Network Theory*
　　(Oxford: Oxford University Press, 2005), 204, 241–2.

前就有，也并非存在于这些流通体系之外。在研究东印度公司
财产在孟买的流动时，笔者同意罗安清的观点，她强调全球网
络中的摩擦具有创造潜能，并且将这种"黏附的"特质应用在
殖民地的财产形式中，罗安清认为，这种"特质"与全球接触
固有的摩擦相关联，而这正是拉图尔的社会表现模型的核心。
历史学家们广泛地分析了支撑印度和英国之间大规模资金流动
的金融机制，[1]也充分证明了印度本地的商人和小贩在这些交
易中发挥了关键作用。[2]人们很少关注公司员工将其在印度积
累的财富从亚洲转移到英国这个比较平凡的过程。[3]汇款是公
司雇员建立婚姻家庭，从而重现殖民社会秩序能力的重要组成
部分。英国人将资本资源从印度输送到英国，通过这些资源缔
结婚姻、养育子女，购置资产，资产包括地产、议会席位，以
及收费公路、运河和铁路的股票。印度从来都不是公司统治下
的殖民聚居地，对英国人而言，只有当在次大陆上积累的财富
随后能够被寄送回国内时，投资于印度才具有吸引力。因此，

[1] John F. Richards, "Imperial Finance under the East India Company, 1762–1859", in *Decentring Empire: Britain, India and the Transcolonial World*, eds. Durba Ghosh and Dane Kennedy (London: Sangan Books, 2006), 16–50.

[2] 特别参考C.A. *Bayly, Rulers, Townsmen and Bazaars: North Indian Society in the Age of British Expansion, 1770–1870* (Cambridge: Cambridge University Press, 1983); Lakshmi Subramanian, *Indigenous Capital and Imperial Expansion: Bombay, Surat and the West Coast* (Delhi: Oxford University Press, 1996).

[3] 对于汇款，见Holden Furber, *John Company at Work: A Study of European Expansion in India in the Late Eighteenth Century* (Cambridge, Ma: Harvard University Press, 1951), esp. 45–50, 79–80, 89–96, 114–28.

个人汇出财富的体系成为殖民网络的重要组成部分，确保了英国在印度的统治。[①]

　　这些财产的转移过程中满是摩擦。公司雇员依赖长距离的信誉网络，他们对市场状况的了解差距很大，再加上公司自身拜占庭式的制度惯例（以及不断增长的赤字），经常会扰乱殖民网络中财产的流动。[②]公司雇员在印度的死亡率过高，也会扰乱这种流动，这既使得英印财产不断易手，也扰乱了遗嘱认证机制，而正是意欲通过这种机制将财产有序地从印度转移到英国。[③]这些人的大部分财富都是通过汇票汇往英国，但这种金融工具是有缺陷的。桑蒂·赫杰布（Santhi Hejeebu）对1746—1756年间孟加拉国的汇票进行了系统的分析，据她描述，汇款很容易从印度流向英国。[④]她强调汇票"设计清楚易懂"，将其描述为能够确保无虞将储蓄顺利转移的渠道，"像现代支票存款一样运作"。[⑤]相反，索伦·门茨（Søren Mentz）根据商人的私人信件和商业账簿对马德拉斯的贸易进行了分析，突出

[①]　见Margot Finn and Kate Smith, eds., *The East India Company at Home, 1757–1857* (London: UCl Press, 2018).

[②]　胡博文讨论了这些沟通障碍，见Huw Bowen, *The Business of Empire: The East India Company and Imperial Britain, 1756–1833* (Cambridge: Cambridge University Press, 2006), 151–81.

[③]　对于高死亡率，见Philip D. Curtin, *Death by Migration: Europe's Encounter with the Tropical World in the Nineteenth Century* (Cambridge: Cambridge University Press, 1989).

[④]　Hejeebu, "Contract enforcement", 511–13.

[⑤]　同上，第500、503页。

强调了急于从亚洲汇回财富的公司员工所面临的种种限制。他
指出，汇票只是众多将财富汇回英国的机制中的一种。门茨指
出，钻石是迅速将款项汇出特别有效的工具，他还强调商人在
多大程度上受到社会和文化期望的制约。管理退休的公司雇员
留在印度的资金为东印度公司的官员们提供了赚钱的机会，他
们可以由此而增加自己的个人财富，但在马德拉斯，这些业务
往往被标记为摩擦而非流动：沟通上的失误，以及账目核对上
长时间的拖延，意味着处理这些事务持续了数年甚至数十年，
依旧没有完全被解决。[1]经济史学家"交易成本"的概念无法
充分反映这些对财产流动的干扰，因为摩擦在东印度公司的殖
民网络中起着生产力的作用：它不仅引起了价格差异和贸易障
碍，而且还产生了交易的动力，为新的社会关系创造了机会。[2]

亚历山大·达勒姆的信札

安德鲁·达勒姆（Andrew Durham）是东印度公司的外科

[1] Søren Mentz, "English Private Trade on the Coromandel Coast, 1660–1690: Diamonds and Country Trade", *Indian Economic and Social History Review* 33, no. 2 (1996): 155–73, esp. 171; Søren Mentz, *The English Gentleman Merchant at Work: Madras and the City of London, 1660–1740* (Copenhagen: Museum Tusculanum Press, 2005), esp. chapter 4.

[2] Jacob Price, "Transaction Costs: A Note on Merchant Credit and the Organization of Long-distance Trade", in *The Political Economy of Merchant Empires*, ed. James Tracey (Cambridge: Cambridge University Press, 1991), 276–97.

医生，他的私人信件展示了殖民地网络中的摩擦让人深受挫折，但它也可能富有成效。这本信札让我们能够检视汇付网络中的摩擦和流动。汉考克观察到，在大西洋贸易中个体商人的书信和账簿"展示了不同的视角，与皇家特许经营公司的官方记录存在差异"。[①]官方的公司记录未能全面记录商人的私人交易，而且关于政治、社会和文化因素渗透到经济活动中的信息尤其匮乏。[②]安德鲁·达勒姆的信札记录了18世纪80年代孟买省（Bombay Presidency）私下贸易和遗产管理的情况，这给我们提供了一个难得的机会，能够用其来估量使公司雇员的资产得以从印度流向英国的，那些复杂且又经常令人担忧的过程和关系。

　　1662年孟买被割让给英国，之后它迅速崛起，成为东印度公司繁荣的贸易中心，出于军事和政治方面的考量，东印度公司于1687年将其在印度西部的总部从苏拉特（Surat）迁至孟买。[③]尽管孟买在19世纪成为印度首屈一指的港口，但它在18世纪却很不景气，在18世纪80年代有一段时间经历

---

① David Hancock, "'A World of Business to Do': William Freeman and the Foundations of England's Commercial Empire, 1645–1707", *William and Mary Quarterly*, 3rd series, 57, no. 1 (2000): 6. 相似的还有 Toby Ditz, "Shipwrecked or, Masculinity Imperilled: Masculine Representations of Failure and the Gendered Self in Eighteenth-century Philadelphia", *Journal of American History* 81, no. 1 (1994): 51–80; S.D. Smith, "The Account Book of Richard Poor, Quaker Merchant of Barbados", *William and Mary Quarterly*, 3rd series, 66, no. 3 (2009): 605–28.

② 详见 Mentz, "English Private Trade", 158 和 Webster, *Richest East Indian Merchant*.

③ Holden Furber, *Rival Empires of Trade in the Orient, 1600–1800* (London: Oxford University Press 1976), 90, 92–4, 198.

了特别严重的危机。私底下的交易依旧能为欧洲人提供大量累积资本的机会，但孟买的公共财政急剧恶化。东印度公司的商人们决定从私人投资中获利，这让他们不再专注于销售每年从伦敦运来的官方货物，也不留意对这些货物进行再投资，没有获得来自印度统治者的领土同盟的反补贴收入，孟买的财政处境更加窘迫。①到18世纪80年代，孟买政府被公共债务缚住了手脚：只有反复求助于当地商人和银行界广泛的信贷网络，东印度公司的这个西部前哨才能作为一家殖民企业得以运转。②对马拉地（Maratha）政权的军事行动使事态更为严重。公务人员的工资连续几个月没有发放，由于资金和信贷严重短缺，该公司在胡椒等大宗商品方面的投资陷入停滞。帕梅拉·南丁格尔（Pamela Nightingale）注意到，"在1784年，该公司在西印度是否还保有一些控制权，仍存在很大的疑问"。③

在这种极其不利的情况下，安德鲁·达勒姆试图通过进入孟买的金融市场来保护自己和同僚的财富，但他很快就发现，

---

① Holden Furher, "Trade and Politics in Madras and Bombay", in *Trade and Finance in Colonial India 1750–1860*, ed. Asiya Siddiqi (Delhi: Oxford University Press, 1995), 66–88, esp. 81–8.

② Lakshmi Subramanian, "Banias and the British: The Role of Indigenous Credit in the Process of Imperial Expansion in Western India in the Second Half of the Eighteenth Century", *Modern Asian Studies* 21, no. 3 (1987): 473–510.

③ Pamela Nightingale, *Trade and Empire in Western India, 1784–1806* (Cambridge: Cambridge University Press 1970), 13–14.

在这些网络中的所存在摩擦使得他也需要依赖社会关系附着于他物的物质性。达勒姆于1768年加入东印度公司，担任外科助理医师，1790年退休。1784年，他被任命为综合医院的外科主任医师，1787年升任孟买的总医师，并在1788年加入总督军事委员会，这些职位让他获得了大量的资本资源。[1]作为总医师，他的年薪是1500英镑，另外，他在医疗委员会的职位给他带来了报酬丰厚的合同，那就是为孟买的综合医院提供服务。[2]除了这些公务和薪酬之外，他还另外承担了两项经济职能，未收取报酬。他负责管理几名因休假或退休返回英国的公司雇员在印度的资产，他还担任许多位已故驻印英国人的遗嘱执行人。执行这些重要任务的代理人和执行人，是英印世界财产流通网络中关键的节点。[3]分析达勒姆为管理这些资产和安置缺席或已故的公司员工的财产所做的努力，能够说明在公司网络中普遍存在阻碍"流动"的因素，也能说明这些摩擦是如何进入殖民地社会形态中，以及殖民地社会形态是如何滋生这些摩擦的。

---

① 孟买总统，公司的外科医生名单，见大英图书馆（British Library，简称BL，下同），亚洲和非洲研究（African and Asian Studies，下文的引文简称a&a），ior l/Mil/12/86: Andrew Durham, M.D.

② D.G. Crawford, *A History of the Indian Medical Service 1600–1913*, 2 vols (London: W. Thacker, 1914), 2: 25, 473.

③ 对于遗嘱认知，重点参阅T. Arkell, Nesta Evans and Nigel Goose, eds., *When Death Do Us Part: Understanding and Interpreting the Probate Records of Early Modern England* (London: Leopard's Head, 2000); Amy Louise Erickson, *Women and Property in Early Modern England* (London: Routledge, 1993).

在达勒姆长达222页的信札中，收录了他1783—1791年间写给各色各样欧洲通信者的商业信函。^①在第一批信件中，有一份写给伦敦孀居的玛丽·托马斯（Mary Thomas）。玛丽·托马斯与达勒姆没有私交，她是1779年在孟买省去世的陆军上尉塞思·洛夫特豪斯（Seth Lofthouse）的姐姐，洛夫特豪斯委任达勒姆为他的遗产在印度的执行人。从洛夫特豪斯去世到达勒姆去信，中间隔了4年时间，这本身就有力地提醒人们，英印遗嘱认证关系旷日持久，而且随之而来的是信息不对称，这在殖民网络中引起了摩擦。"洛夫特豪斯上尉已经故去，很庆幸您已收到他遗嘱的核证副本，以及他财产的往来账目"，达勒姆在开头说，"殷切期望我同样也能不费周章地将应付余款转交给您，但即便早承蒙您抬爱，令我着手处理此项事宜，我应该也会发现此事断断难行"。多重障碍使得洛夫特豪斯的财产难以移动。

洛夫特豪斯去世以后近4年的时间里，由于达勒姆缺乏授权委托书，他无法将任何收入汇往英格兰。但是这份法律文书的缺失也仅只是公司的遗嘱执行人所要协商的，存在重重困难的过程其中的一小部分：在达勒姆写给洛夫特豪斯姐姐的信件中，他耐心地解释到，公司巨额的赤字严重阻碍了将这些资产以有利可图的方式转移出，事实也正是如此。在等待托马斯从

---

① 亚历山大·达勒姆的信札，MD (1783–1791), Bl, a&as, Mss eur C82 [后文称之为达勒姆信笺（Durham letterbook）].

伦敦发出指示的时候，达勒姆按时收回了欠她弟弟的债务，并将这笔遗产投资于孟买国库券，该债券的年利率高达9%。但是投资孟买国库券不太安全，使得财产无法有序地流向洛夫特豪斯的继承人。达勒姆解释道，自1780年以来"由于几乎一半的欧洲列强和印度势力……团结一致，就好像决心要毁灭大不列颠一样……所以无论是国库券还是汇票……都不会被接受……许多人迫不得已，无论如何都需要筹集资金，被迫让出相当大的折扣"来进行回购。[①]"

在经济史学家的记述中，汇票是公司资本流动可靠的渠道，而在达勒姆的信札中，汇票却是产生财务摩擦关键的地方。到1783年，孟买票据的承兑贴现率已上升到40%以上，达勒姆当然不愿意汇付洛夫特豪斯的遗产，他估计洛其价值已不足3万卢比（约合3000英镑），损失惨重。他总结道，"夫人，现在您要明白，我一毛钱都给不了您，我有心无力，以后也做不到（如果财政部继续贴水）"。[②]

在安德鲁·达勒姆大量核实遗嘱的书信里反复提到交易成本过高，这是孟买金融交易的标志。在这些信件中，他接连记录了为确保财产能够持续地从印度流向英国，他所采取的嵌入到社会中的家庭和物质策略——这些策略在

---

① 　亚历山大·达勒姆的信札，MD (1783–1791), Bl, a&as, Mss eur C82 ［后文称之为达勒姆信笺（Durham letterbook）］，1783年12月27日。

② 　亚历山大·达勒姆的信札，达勒姆致信玛丽·托马斯夫人（Durham to Mrs Mary Thomas），1783年12月27日，3–4。

"新"制度经济史研究人员的分析中基本上被忽略了。①在达勒姆写给玛丽·托马斯的书信中，后半部分从强调政治和经济所造成的障碍转移到了通过借助社会形态和文化进程尽可能地从这些受阻的交易中解脱出来。开始的时候达勒姆强调法律文书、债券事宜和利率，之后转而开始讨论由纪念品、可信赖的朋友，以及家庭社会交往所缔结的网络。达勒姆提请注意，洛夫豪斯在遗嘱中留给玛丽一幅肖像画，他为了把这幅画作运到伦敦做了周密安排。达勒姆说："听闻它平安无恙送抵您处，我甚感欣慰。我对此深信不疑，因为赫达特（Huddart）上尉和我极为要好，他许诺会对其加以留意。"就像汉考克所研究的马德拉葡萄酒商人一样，当不得不与陌生人做生意时，达勒姆也会主动争取将自己的商业关系个人化。②鉴于通过正式的法律和财务程序无法出让逝者的财产，达勒姆提出，通过家庭生活中个人关系这种合宜的机制，可以加速将洛夫特豪斯的收入汇给他主要的继承人，也就是他的侄女。"在我之前的一封信中，我擅作主张，建议托马斯小姐来印度，因为这是接手她的财产最快，或许也是最有利的方法。"据达勒姆汇报："那时我尚有余力，能够让托马斯小姐达成所愿，

---

① 这种制度主义方法的基础文本是：Douglass C. North and Robert Paul Thomas, *The Rise of the Western World: A New Economic History* (Cambridge: Cambridge University Press, 1973).

② Hancock, "The Trouble with Networks", 480.

但其后我饱受丧妻之痛，就此事再给予您意见，我有心无力。"①

达勒姆自愿提供自己在孟买的房舍，供洛夫特豪斯的侄女居住，以此为据点，试着从公司金库中拿走属于她的财产，这提醒我们，在殖民时期的孟买仅凭金融工具去影响资本流动收效甚微。达勒姆在信中指出，孟买的社会关系对于有序转移公司员工积累的储蓄具有双重作用，即既阻碍其流动，又使之成为可能。达勒姆在写给玛丽·托马斯的信中指出，遗嘱执行人每月会就这笔遗产收取15卢比的费用，将其记入洛夫特豪斯前"管家"名下。洛夫特豪斯的遗嘱中清楚地写明，这位印度管家实际上是他的情妇，其中也揭示了他众多有附着力的家庭联系，这些联系围绕着、限制了、塑造着并推动了他在印度的财产在孟买内部和孟买之外的转移。"我的女孩，她现在和我住在一起，我称她为玛丽，她的葡萄牙名字叫什么，我不知晓"，他将2000卢比公司短期国债的利息留给了她，供其维生，"但如果玛丽生了我的孩子，而且她发誓这孩子是我的"，只要孩子还活着，玛丽将终生从他的遗产中获得1万卢比的利息。玛丽还继承了洛夫特豪斯的动产，在洛夫特豪斯过世之后，这些财产可以确保她未来能家庭安适。"我还要将6把茶匙，6把餐匙，衣橱和衣服，一张小桌子和6把小椅子留给

---

① 亚历山大·达勒姆的信札，达勒姆致信玛丽·托马斯夫人1783年12月27日，4–6。

她"，遗嘱中继续写道，"还有一个名叫特蕾萨的小女奴"。[①]
在达勒姆的信札中所显示，对于如何决定公司雇员汇款的流向，不仅取决于如何"理性地"对利润和风险进行计算，还取决于公司雇员在家庭和情感网络中的纠葛为资本流动所带来什么样的摩擦。

被奴役的特蕾萨是塞思·洛夫特豪斯争取在他过世之后通过他在孟买的私人关系网进行传送和加以安排的几个活遗产其中之一。洛夫特豪斯的遗嘱规定，他的朋友艾萨克·理查森（Isaac Richardson）继承他的剑、数学仪器、海图，和"我的男孩曼努埃尔（Manuel），他多年以来一直是我忠实的仆人"，而附带条件是理查森获"能（拥有）他，但不能售卖他"。洛夫特豪斯的遗嘱赠予达勒姆的共同执行人，同为外科医生的约翰·布莱克曼（John Blakeman）"我的男孩埃西亚（Essia）和我的金表"，通过旷日持久的金融交易，这些纪念品，不论是有生命的还是无生命的，都会使布莱克曼对洛夫特豪斯的记忆栩栩如生，最终以这份遗产的妥

[①] 塞思·洛夫特豪斯上尉的遗嘱认证（1780年2月14日）和遗嘱（1779年8月4日），见大英图书馆、亚洲和非洲研究，Bombay Wills and Estates（1776–1783），ior P/416/98, 107–111.对于英裔印度人留给印度妾室及其子女的遗产，见Indrani Chatterjee, "Colouring Subalternity: Slaves, Concubines and Social Orphans in Early Colonial India", in *Subaltern Studies* X, eds. Gautam Bhadra and Gyan Prakash (Delhi: Oxford University Press, 1999), 49–97；Durba Ghosh, *Sex and the Family in Colonial India: The Making of Empire* (Cambridge: Cambridge University Press, 2006)；C.J. Hawes, *Poor Relations: The Making of a Eurasian Community in British India 1773–1833* (Richmond: Curzon, 1996).

善安置而告终。洛夫特豪斯还通过这份遗嘱附着的财产关系将达勒姆绑在了一起，他吩咐道："同样，我也将我的伙计萨姆，他的妻子和家庭赠予安德鲁·达勒姆医生这名已婚男子……我知道他（萨姆）是一个忠实的好仆人，但是（达勒姆先生）不能售卖他。我也把我的马车留给达勒姆先生！"[①]诸如此类的英印遗产既是财产，也不是财产：它们在殖民网络中传播，这些网络包括资本和商品链，但又不仅只是资本和商品链。塞思·洛夫特豪斯的遗嘱表明，殖民地遗嘱认证的财产是有附着性的：它的流通或流动经过精心策划，是为了在殖民地环境下让欧洲经济行为人之间产生凝聚力，在这种环境下，交易成本高昂（由于限制货币和信息自由流动而产生的）是常态。在这种带有附着性的财产中，不论是人还是物，流动和摩擦相伴相生，从布鲁诺·拉图尔所定义的创造性和施为性的意义上讲，它是社会性的。这种财产反映的不仅仅是经济价值，而且在当地和跨越大洋的帝国线路中它的流通停滞不前、旷日持久，还框定了殖民地社会和经济关系的范围。

[①] 关于孟买的奴役，见Holden Furber, "Trade and Politics in Madras and Bombay", 87. 英印两国家奴与财产之间的问题关系详见Margot Finn, "Slaves out of Context: Domestic Slavery and the Anglo-Indian Family, c. 1780–1830", *Transactions of the Royal Historical Society* 19 (2009): 181–203.

结论

本文对18世纪80年代安德鲁·达勒姆及其同僚们的遗嘱认证记录进行了较为广泛的分析，揭示了"摩擦"以富有黏附力的英印财产关系的形式，用多种方式成为或者构成社会关系，从而使东印度公司在孟买的金融网络生机勃勃。[1]达勒姆的信札充分证明他有能力在殖民地的制度体系内有效开展工作，参与复杂的经济活动，并且能够精明老练地对损益做出估算。但是，他必须高度依赖个人之间的信任关系，以弥合殖民地财产所跨越的巨大的时空距离，那些由他负责办理遗嘱认证流程的昔日同僚也是如此。孟买已经存在正规的法律机关和经济机构，并且已经全面投入使用，但即便求助于这些机构也脱离不了基于信任，以人际关系为基础的交易。

（玛格特·芬恩[2]）

---

[1]　见Finn, "Frictions d'empire".

[2]　玛格特·芬恩（Margot Finn），英国皇家历史学会（Royal Historical Society）会长，在伦敦大学学院担任英国现代史教授。她是19世纪英国与英国殖民世界史学家。玛格特近来从事勒沃胡姆信托基金资助项目"1757—1857年东印度公司在英国国内的情况"的研究，为项目负责人。她的论著包括：《宪章运动之后：1848—1874年英国激进政治中的阶级与国家》（ "After Chartism: Class and Nation in English Radical Politics 1848–1874", 2004 ）、《信用的特征：英国文化中的个人债务（1740—1914）》（ "The Character of Credit: Personal Debt in English Culture, 1740–1914", 2003 ）。